Timm Eichenberg, Olga Hördt, Thomas Stelzer-Rothe
Management im globalen Kontext

Lehr- und Klausurenbücher der angewandten Ökonomik

Herausgegeben von
Prof. Dr. Michael Vorfeld und Prof. Dr. Werner A. Halver

Band 10

Timm Eichenberg, Olga Hördt,
Thomas Stelzer-Rothe

Management im globalen Kontext

Fälle, Klausuraufgaben, Übungen und Lösungen zu
interkulturellen und internationalen Fragestellungen

DE GRUYTER
OLDENBOURG

ISBN 978-3-11-073752-3
e-ISBN (PDF) 978-3-11-073754-7
e-ISBN (EPUB) 978-3-11-073273-3
ISSN 2364-2920

Library of Congress Control Number: 2022930072

Bibliografische Information der Deutschen Nationalbibliothek
Die Deutsche Nationalbibliothek verzeichnet diese Publikation in der Deutschen
Nationalbibliografie; detaillierte bibliografische Daten sind im Internet über
http://dnb.dnb.de abrufbar.

© 2022 Walter de Gruyter GmbH, Berlin/Boston
Satz: VTeX UAB, Lithuania
Druck und Bindung: CPI books GmbH, Leck

www.degruyter.com

Vorwort

Fragestellung des internationalen Managements zählen zu den spannendsten und gleichzeitig auch herausforderndsten Aufgabenstellungen innerhalb der Unternehmensführung. Dies gilt sowohl im akademischen als auch im unternehmenspraktischen Umfeld. Woran liegt es? Aus Praxisperspektive gewinnen „internationale" Fragestellungen durch die viel betrachtete Globalisierung zunehmend an Bedeutung und selbst zu einer Zeit, in der Globalisierung schon längst kein neues Phänomen mehr ist. Aus akademischer Perspektive wird das Themenfeld der Unternehmensführung mit seinen Teildisziplinen um eine weitere Dimension ergänzt: Das internationale Umfeld, welches geprägt ist durch landesspezifische Rahmenbedingungen im kulturellen und rechtlichen Bereich.

Das Buch soll unseren Lesern die Möglichkeit geben, anhand von Fällen, Klausuraufgaben und Übungsaufgaben das aktuelle Grundlagenwissen in dem Bereich internationaler und interkultureller Managementthemen zu erlangen und zu vertiefen.

Das Buch eignet sich zum Selbststudium, als Repetitorium und auch für Lehrende für den Einsatz in der eigenen Lehre. In den Übungsaufgaben können einzelne Wissensbausteine vermittelt werden und in den Fallstudien kann die Wissensvernetzung Anwendung finden. Kleine Fallaufgaben bieten eine ideale Möglichkeit komplexe und fachübergreifende Zusammenhänge greifbar und verständlich zu machen. Außerdem werden aufgabenbezogene Literaturhinweise angeführt, die konkrete Empfehlungen zum vertieften selbstständigen Studium geben sollten. Des Weiteren ist jede Aufgabe mit einer Angabe zum angestrebten Niveau sowie zum zeitlichen Arbeitsumfang versehen. Wir wünschen Ihnen viel Erfolg bei dem Studium des internationalen Managements in ihrem Studiengang.

Bedanken möchten wir uns bei Sabina Moser, die mit ihrem Einsatz dazu beigetragen hat, das Manuskript in eine druckreife Form zu bringen. Ebenso gilt unser Dank den Studierenden unserer Hochschulen, denen wir einen Teil der Aufgaben bereits präsentieren konnten und die uns ein hilfreiches Feedback gegeben haben. Dem De Gruyter Verlag sind wir für die vertrauensvolle Zusammenarbeit sehr dankbar.

Wir wünschen den Studierenden viel Freude bei der Bearbeitung der Aufgaben und viel Erfolg bei der Prüfungsvorbereitung. Für Anregungen und Feedback sind wir Ihnen dankbar.

Mülheim (Ruhr), Hagen und Hameln im Februar 2022

https://doi.org/10.1515/9783110737547-201

Inhalt

1 Internationalisierung

1.1 Internationalisierung und Außenhandel

Aufgabe 1: Begründung internationaler Tätigkeit

Wissen, Verstehen
10 Minuten

---

1. Fragestellung

Am Anfang und/oder im Verlaufe unternehmerischer Entwicklungen und daraus folgender Entscheidungen stehen grundsätzliche Erwägungen der Geschäftstätigkeit. Eine dieser Überlegungen ist die, ob ein Unternehmen international tätig werden soll.

Nennen und begründen Sie kurz anhand von drei Beispielen, warum es für Unternehmen sinnvoll sein kann, international tätig zu werden.

2. Lösung

Für nicht wenige Unternehmen dominiert zunächst das Motiv, in den ausländischen Märkten durch Wachstum höhere Gewinne zu erzielen (1). Dabei kann das Ausnutzen von freien Produktionskapazitäten im Vordergrund stehen oder aber der *Ausbau* der Produktionskapazitäten und dem daraus folgenden Effekt von Größenvorteilen (englisch *Economies of scale*).

Nicht unerheblich ist es, durch internationale Diversifikation Risiken zu verteilen. Zu bedenken ist, dass verschiedene Länder z. B. unterschiedliche politische Risiken aufweisen (2). In Frage kommt allerdings auch, dass es konjunkturelle Gefahren geben kann, die durch eine geschickte Internationalisierungsstrategie aufgefangen und/oder abgemildert werden können.

Nicht selten beschleunigt sich die Bereitschaft, international tätig zu werden, dadurch, dass Kunden des Unternehmens bereits im Ausland tätig sind. In solchen Fällen entsteht der Wunsch, dem Kunden als Lieferanten ins Ausland zu folgen (3). Derartige Reaktionen können die Kundenbindung spürbar stärken und entfalten dadurch positive Wirkungen auf die weiteren Geschäftsbeziehungen.

3. Hinweise zur Lösung

Ein wesentliches Motiv, das die Unternehmen dazu bewegt, sich im Ausland zu engagieren, liegt darin, neue Märkte zu erschließen. Bei den eben genannten drei Motiven der Aufgabenstellung kann eine Unterscheidung vorgenommen werden, die die Beweggründe in zwei Ansätze teilt (vgl. Sternad u. a. 2020, S. 10 ff.):
- proaktive Exportmotive (siehe Beispiel 1 und 2)
- reaktive Exportmotive (siehe Beispiel 3)

https://doi.org/10.1515/9783110737547-001

Internationalisierungsziele lassen sich grundsätzlich auch nach folgenden Punkten unterscheiden und machen deutlich, dass es in der Praxis eine Vielzahl von Notwendigkeiten gibt, die dazu animieren können, sich als Unternehmen international zu engagieren. Internationalisierung kann u. a. durch folgende, naheliegende Motive beeinflusst werden:

- Ressourcenorientierung (z. B. Verfügbarkeit von Rohstoffen oder Arbeitskräften)
- Effizienzorientierung (z. B. durch die Nutzung von Lohnkostendifferenzen)
- Strategieorientierung (z. B. Nutzung von Kompetenzen im ausländischen Markt)

Ob und in welchem Umfang eine Internationalisierungsstrategie angestrebt wird, hängt, wie gezeigt wurde, von sehr unterschiedlichen Motiven oder Motivbündeln ab. Je nachdem verlagern sich zum Beispiel ganze Branchen ins weit entfernte Ausland, um signifikante Unterschiede bei den Lohnkosten zu realisieren.

Dazu gehörte in der Vergangenheit zum Beispiel die Bekleidungsindustrie (allerdings vor allem im Bereich des niedrigpreisigen Warenangebotes), die mit massiven Abwanderungsprozessen aus bestimmten Regionen in Deutschland einen umfangreichen Strukturwandel hervorgerufen hat. Mit diesen Veränderungen und den damit verbundenen Bemühungen sind die Regionen zum Teil bis heute beschäftigt.

Auf die mit ethischen Fragen verbundenen Folgeprobleme bei den Arbeitsbedingungen sollte nach den vielen Erfahrungen in den letzten Jahrzehnten hingewiesen werden. Das rein wirtschaftliche Kalkül spart diese Fragen aus. Die Tatsache, dass in Zusammenhang von Internationalisierung sehr schnell wirtschaftsethische Entscheidungen hinzutreten können, die zumindest in den letzten Jahren zu Recht sehr viel stärker diskutiert werden, liegt mitunter nicht nur an ethischen Entscheidungen der Unternehmen selbst, sondern zunehmend auch daran, dass die Kunden von Produkten wissen wollen, unter welchen Bedingungen einzelne Produkte hergestellt wurden. Die mit vernünftigen Arbeitsbedingungen hergestellten Waren erhalten dann ein Siegel, das kennzeichnet, dass bei der Produktion zumindest auf ethische Gesichtspunkte Rücksicht genommen wurde (so zum Beispiel bei der Herstellung von Teppichen, bei denen der Ausschluss von Kinderarbeit in den Blick genommen wird).

4. Literaturempfehlungen

Krugman, Paul R. u. a. (2019): Außenhandel, Hallbergmoos, S. 28–31.
Sternad, Dietmar u. a. (Hrsg.) (2020): Grundlagen Export und Internationalisierung, 2. Aufl., Wiesbaden, S. 9–18.

Aufgabe 2: Risiken der Internationalisierung

Wissen, Verstehen
10 Minuten

1. Fragestellung

Bei den in Unternehmen vor einer Internationalisierung durchgeführten Abwägungen, stehen nicht nur die Motive und damit die (vor allem wirtschaftlichen) Chancen im Vordergrund. Darüber hinaus ist ein Unternehmen im Rahmen einer üblicherweise angewandten SWOT-Analyse (englisches Akronym für *Strenghts*/Stärken, *Weaknesses*/Schwächen, *Opportunities*/Chancen, *Threads*/Risiken) aufgefordert, die Risiken einer Internationalisierungsstrategie zu diskutieren und darauf aufbauende Entscheidungen zu legitimieren (vgl. dazu zum Beispiel Aharoni 2015, S. 10 ff.).

Nennen und erläutern Sie kurz jeweils ein Beispiel, was unter den im Folgenden genannten Risiken zu verstehen ist:
– wirtschaftliche Risiken
– politische Risiken
– Marktrisiken

2. Lösung

Zu den wirtschaftlichen Risiken zählen zum Beispiel Währungsrisiken (vgl. Sternad u. a. 2020, S. 12 ff.). Dieses Risiko betrifft Schwankungen der Wechselkurse, die zwischen Vertragsabschluss und tatsächlichem Zahlungsfluss entstehen. Dabei können zwar Wechselkursverluste (jedoch natürlich auch Wechselkursgewinne) entstehen.

Politische Risiken bestehen u. a. darin, dass es weltweit zum Teil erhebliche Unterschiede der Rechtssysteme gibt. Ein funktionierender und auf Gewaltenteilung basierender Rechtsstaat mit unabhängiger Justiz ist weltweit gesehen bei weitem nicht der Standard. Die Folge ist dann unter Umständen, dass Ansprüche, die aus dem Rechtsgeschäft mit ausländischen Vertragspartnern entstanden sind, nicht durchgesetzt werden können. Die Abschätzung politischer Risiken in labilen Regionen ist nicht zu unterschätzen, da Veränderungen gegebenenfalls das gesamte Engagement ruinieren können.

Bei den Marktrisiken wäre zu erwähnen, dass ausländische Märkte nicht von vorne herein zuverlässig eingeschätzt werden können. Damit besteht noch stärker als im Inland, in dem in der Regel über Jahre Erfahrungen gesammelt werden konnten, die latente Gefahr einer Über- oder Unterproduktion. Der mit dem Marktrisiko verbundene Aufwand zur Beschaffung zuverlässiger Daten in der neuen Umgebung darf sicher nicht unterschätzt werden und beeinflusst nachhaltig die Frage der Rentabilität einer Auslandsinvestition.

3. Hinweise zur Lösung

Außer den genannten Risiken werden in der Literatur häufig die folgenden Stichworte für Risiken der Internationalisierung gegeben (vgl. Sternad u. a. 2020, S. 10 ff.):

Tab. 1.1: Risiken der Internationalisierung.
Quelle: Modifiziert nach Sternad u. a. 2020, S. 10 ff.

Wirtschaftliche Risiken:
- Inflationsrisiken (Kaufkraftverlust bei Kunden durch Inflation im Auslandsmarkt)
- Kreditrisiken (Probleme bei der Zahlungsmoral)
- Transport- und Lagerrisiken (erhöhte Gefahr von Transport- oder Lagerschäden)

Politische Risiken:
- Risiken der Einführung von Handelsschranken (z. B. Importzölle, Einfuhrquoten)
- Kapitaltransferrisiken (z. B. Geldüberweisungsgrenzen)
- Sicherheitsrisiken (Krisen, Unruhen oder Kriege im Auslandsmarkt)
- Korruptionsrisiken (Verwicklung in Korruptionsaktivitäten und Auswirkungen auf den Heimatmarkt)
- Steuerliche Risiken (Rückgang der Nachfrage durch Steuererhöhungen im Ausland)
- Enteignungsrisiken (Gefahr der Verstaatlichung von Unternehmen)

Marktrisiken:
- lokale Marktrisiken (z. B. falsche Vertriebskanäle, falsche lokale Partner)
- Wettbewerbsrisiken (z. B. durch weniger Markt- oder Sprachkenntnisse)

---

4. Literaturempfehlungen

Aharoni, Yair (2015): The foreign investment decision process, in: Buckley, Peter und Ghauri, Pervez (Hrsg.), International business strategy: Theory and practice, New York, S. 10–20.
Sternad, Dietmar u. a. (Hrsg.) (2020): Grundlagen Export und Internationalisierung, 2. Aufl., Wiesbaden, S. 13–18.

Aufgabe 3: Komparative Kostenvorteile

Wissen, Erläuterung
20 Minuten

---

1. Fragestellung

Der Handel, den zwei Länder miteinander aufnehmen können, kann vorteilhaft sein, wenn beide Länder diejenigen Güter exportieren, die bei denen sie jeweils über komparative Kostenvorteile verfügen. Dieses Phänomen wird in der theoretischen Fundierung des Außenhandels beschrieben.

Erläutern Sie kurz, worin der Effekt der komparativen Kostenvorteile liegt. Verwenden Sie ein Beispiel, um das Phänomen zu veranschaulichen.

2. Lösung

Ausgangspunkt der Überlegung sind die sogenannten Opportunitätskosten. Es ist leicht vorstellbar, dass man in einem Wirtschaftsraum mit einem gegebenen Potenzial an Produktionsfaktoren entweder das eine oder ein anderes Produkt produzieren kann. Als Opportunitätskosten bezeichnet man ganz allgemein den entgangenen Nutzen einer nicht gewählten (oder nicht realisierbaren) Handlungsalternative.

Man könnte zum Beispiel innerhalb eines bestimmten Zeitraums in einem Land (Region 1) in Gewächshäusern frische Erdbeeren (3000 Tonnen) züchten, weil in bestimmten Jahreszeiten keine Erdbeeren in dem betreffenden Wirtschaftsraum (Region 1) wachsen. Alternativ könnte man aber auch mit den zur Verfügung stehenden Ressourcen andere Produkte herstellen – zum Beispiel 100000 Smartphones.

Die Opportunitätskosten der 3000 Tonnen Erdbeeren betragen in diesem Beispiel 100000 Smartphones. Umgekehrt würden die Opportunitätskosten der 100000 Smartphones 3000 Tonnen Erdbeeren betragen.

Statt die Erdbeeren in Gewächshäusern in der Region 1 zu produzieren, hätte man sie auch in einer Region 2 (mit günstigeren klimatischen Bedingungen) herstellen können, also ohne sie in Gewächshäusern zu züchten. In der Region 2 hätten für unser Beispiel statt der 3000 Tonnen Erdbeeren allerdings nur 30000 Smartphones hergestellt werden können.

Hier wird unterstellt, dass die Arbeitskräfte in der Region 2 weniger effizient bei der Herstellung von Smartphones sind, als diejenigen der Region 1 und deshalb mit dem gleichen Einsatz an Ressourcen weniger Smartphones produzieren können.

Aus dieser (!) Konstellation lässt sich weltwirtschaftlich eine für beide Seiten vorteilhafte Konstellation ableiten:

Tab. 1.2: Opportunitätskosten.
Quelle: Modifiziert nach Krugman 2019, S. 59 ff.

	Erdbeeren in Tonnen	Smartphones
Region 1	−3000	+100000
Region 2	+3000	−30000
Summe	0	+70000

Im Ergebnis produzieren die beiden Regionen zusammen genauso viele Erdbeeren, aber mehr Smartphones (+70000). Durch die in diesem Fall geschickte Aufteilung der Produktion auf die beiden Regionen wird also eine Verbesserung der Versorgungssituation bewirkt. Insgesamt wird nun mehr produziert und damit die Güterversorgung verbessert.

Allgemein ausgedrückt verfügt ein Land dann über einen komparativen Kostenvorteil, wenn die für die Produktion anfallenden Opportunitätskosten (ausgedrückt in anderen Gütern) geringer sind als in anderen Ländern.

3. Hinweise zur Lösung

Das Ergebnis des eben genannten Beispiels liegt auf der Hand. Der Handel zwischen zwei Ländern kann vorteilhaft sein. Dazu müssen die Länder diejenigen Produkte produzieren, bei denen sie komparative Vorteile haben. In der Realität gibt es allerdings keine Instanz, die dafür sorgt, dass komparative Vorteile entstehen.

Nicht eine Behörde regelt, wie sich die Dinge entwickeln, sondern der Markt. Um nachzuweisen, in welcher Form der Handel tatsächlich zustande kommt, muss man die Analyse der Vorgänge erheblich präzisieren. Das Modell, das dazu dient, geht auf den englischen Ökonom David Ricardo zurück (vgl. dazu Krugman 2019, S. 60 ff.).

Das Modell von Ricardo wird nicht durchgängig von allen Ökonomen als erschöpfend angesehen. Die Kernaussagen seines Modells, dass Produktivitätsunterschiede im Außenhandel eine wichtige Rolle spielen und dass es weniger auf absolute als auf komparative Vorteile ankommt, lässt sich allerdings durch empirische Daten belegen (vgl. Krugman 2019, S. 86, vgl. dazu auch Golub/Chang-Tai 2000, S. 221 ff.).

4. Literaturempfehlungen
Golub, Stephen/Chang-Tai Hsieh (2000): Classical Ricardian theory of comparative advantage revisited, in: Review of International Economics, Volume 8. Issue 2. 2000, S. 221–234.
Krugman, Paul R. (2019): Internationale Wirtschaft. Theorie und Politik der Außenwirtschaft, Hallbergmoos, S. 59–90.

Aufgabe 4: Grundfreiheiten (Binnenmarktziele EU)

Wissen, Erläutern
10 Minuten

---

1. Fragestellung

Die theoretische Begründung für den Außenhandel und die in der Realität zu beobachtenden umfangreichen Austauschbeziehungen zwischen den einzelnen Volkswirtschaften haben dazu geführt, dass eine weltweite Zunahme des Außenhandels entstanden ist. Förderlich für die Beziehungen sind vor allem Vereinbarungen, die Handelshemmnisse abbauen.

Seit 1968 existierte bereits in Europa eine Zollunion (vgl. Büter 2020, S. 28 f.). Am 1. Januar 1993 wurden mit der „Einheitlichen europäischen Akte" die Voraussetzungen für den europäischen Binnenmarkt geschaffen:

Art. 14 Abs. 2 EG-Vertragswerk:

> „Der Binnenmarkt umfasst einen Raum ohne Binnengrenzen, in dem der freie Verkehr von Waren, Personen, Dienstleistungen und Kapital gemäß den Bestimmungen dieses Vertrages gewährleistet ist."
> (Büter 2020, S. 28.)

Nennen und erläutern Sie die vier sogenannten Grundfreiheiten (Binnenmarktziele), die dazu beigetragen haben, dass nach der Zollunion weitere Handelshemmnisse in der Europäischen Union abgebaut wurden.

2. Lösung
(1) Freiheit des Warenverkehrs
 - Aufhebung der Grenzkontrollen im innergemeinschaftlichen Warenverkehr

(2) Freiheit des Personenverkehrs
 - Freier Grenzübertritt innerhalb der Binnengrenzen der Union für Staatsangehörige der Mitgliedsstaaten sowie Arbeitnehmerfreizügigkeit und Niederlassungsfreiheit

(3) Freiheit des Dienstleistungsverkehrs
 - Freizügigkeit der Finanzdienstleistungen und weiterer Dienstleistungsbereich (Liberalisierung der Telekommunikation, des Transportsektors und öffentlicher Auftragsvergabe)

(4) Freiheit des Kapitalverkehrs
 - Liberalisierung des Kapitalverkehrs (z. B. bei Wertpapieren, Investitionen und Freizügigkeit beim Zahlungsverkehr)

3. Hinweise zur Lösung
Bei der Entscheidungsfindung im internationalen Bereich wird zwischen supranationalen und intergouvernementalen Prozessen unterschieden. Beim letztgenannten Ansatz ist ein Konsens aller Beteiligten herzustellen (vgl. hierzu und zum Folgenden Büter 2020, S. 27 f.). Diese Unterscheidung im Verständnis internationaler Zusammenarbeit ist angesichts des sogenannten Brexits von fundamentaler Bedeutung.

Die Handelspolitik der Europäischen Union ist ein supranationaler Politikbereich. Die Handelspolitik gegenüber Drittstaaten wird in diesem Ansatz nach einheitlichen Grundsätzen gestaltet. Auf Grund des damit verbundenen Vorrangs des EU-Rechts sind die auf EU-Ebene zustande gekommenen Abkommen und Verträge für die Mitgliedsstaaten bindend.

In der EU war Großbritannien bis zum Austritt ein Vertreter des sogenannten Intergouvernementalismus. Der Verzicht auf nationale Souveränitätsrechte zugunsten der EU wurde und wird von den Briten weitgehend abgelehnt. Ziel dieser Sicht ist eher ein kooperatives Staatenbündnis der Nationalstaaten Europas statt eines föderalen und supranationalen Ansatzes. Nach einem Referendum 2016 erfolgte der Austritt Großbritanniens aus der EU am 31. Januar 2020 (vgl. dazu insgesamt zum Beispiel Wagener/Eger 2011, S. 189 ff.).

4. Literaturempfehlungen

Büter, Clemens (2020): Außenhandel. Grundlagen internationaler Handelsbeziehungen, 5. Aufl., Heidelberg, S. 13–34.

Wagener, Hans Jürgen/Eger, Thomas (2011): Europäische Integration: Wirtschaft und Recht und Politik, München, S. 189–236.

1.2 Internationalisierung und Direktinvestition

Aufgabe 1: Die Begründung von Direktinvestitionen

Wissen, Erläutern

5 Minuten

1. Fragestellung

Man spricht von Direktinvestitionen, wenn ein dauerhafter Einfluss auf ein Unternehmen in einem anderen Land ausgeübt werden soll (vgl. dazu Bösch 2019, S. 53 ff; vgl. dazu auch insgesamt Wang 2014).

Machen Sie an vier Beispielen deutlich, warum sich für Unternehmen Direktinvestitionen als besonders vorteilhaft erweisen können.

2. Lösung

Starke Argumente für Direktinvestitionen liegen vielfach in (1) Kostenvorteilen. So kann eine Investition die (1a) Steuerbelastung mindern oder zum Beispiel die (1b) Faktorkosten für den Faktor Arbeit nachhaltig verringern. Darüber hinaus ist in der Praxis zu beobachten, dass die (2) Umgehung von Handelsschranken, die (3) Sicherung von Rohstoffbezügen oder die (4) Erhaltung von Absatzmärkten als Ursachen in Frage kommen.

3. Hinweise zur Lösung

Das Engagement deutscher Unternehmen im Ausland kann sich in vielfältiger Weise vollziehen. Zu den Formen, in denen sich die Aktivitäten darstellen, gehören auch sogenannte Portfolioinvestitionen. Diese begründen keine direkten Eigentumsrechte.

Im Zusammenhang mit Direktinvestitionen wird inländisches Kapital ins Ausland übertragen. Hierzu gehört zum Beispiel der Kauf von Unternehmens-Anleihen, aber auch generell die Beteiligung an Unternehmen, wenn damit nicht ein wesentlicher Einfluss auf das Unternehmen im Ausland verbunden ist.

4. Literaturempfehlungen

Bösch, Martin (2019): Globalisierung und Internationales Finanzmanagement, Stuttgart, S. 53–55.
Wang, Caroline (2014): Gestaltungsfaktoren und Internationales Management, Wiesbaden.

Aufgabe 2: Direktinvestitionen

Wissen, Erläutern
10 Minuten

1. Fragestellung

Bei den Direktinvestitionen gibt es sogenannte Geberländer und sogenannte Empfängerländer.

Machen Sie jeweils deutlich, welche Länder besonders Direktinvestitionen erhalten und welche Länder in seit der Jahrtausendwende besonders Direktinvestitionen leisten (in absoluten Zahlen).

2. Lösung

Sowohl bei den Geberländern wie bei den Empfängerländern sind die USA in den letzten zwei Jahrzehnten unbestritten die Nummer 1 gewesen (vgl. hierzu und zum Folgenden Bösch 2019, S. 53 ff.). Die Direktinvestitionen, die zum Beispiel Ende des ersten Jahrzehnts ins Land flossen, betrugen 2017 275 Mrd. US-Dollar. Es folgen China und Hongkong (zusammen ca. 104 Mrd. US-Dollar). Danach finden sich in der Statistik die Länder Brasilien, Singapur und Frankreich. Deutschland wird bei den Empfängerländern nach diesen Ländern und Indien mit einem Wert von 35. Mrd. US-Dollar aufgeführt.

Im Bereich der Länder, die Direktinvestitionen leisten, liegen ebenfalls die USA im Jahre 2017 mit 343 Mrd. US-Dollar an der Spitze. Es folgen Japan, England, China und Deutschland mit deutlichem Abstand.

3. Hinweise zur Lösung

Zu den positiven Wirkungen von Direktinvestitionen gehören insbesondere dann, wenn es sich um Entwicklungsländer handelt, die positiven Beschäftigungseffekte, der Technologietransfer und die Folgeinvestitionen in den vor- und nachgelagerten Produktionsstufen.

4. Literaturempfehlung

Bösch, Martin (2019): Globalisierung und Internationales Finanzmanagement, Stuttgart, S. 53–55.

Aufgabe 3: Joint Venture (Vor- und Nachteile)

Wissen, Erläutern
20 Minuten

---

1. Fragestellung

Gelegentlich wählen Unternehmen auch den Weg, ein sogenanntes Joint Venture einzugehen.

Beschreiben Sie kurz, was unter dem Begriff zu verstehen ist und wo die Vor- und Nachteile dieses Auslandsengagements bestehen können.

2. Lösung

Genauso wie bei einer Direktinvestition stellt ein Unternehmen beim sogenannten Joint Venture (JV) eigene Aktiva zur Verfügung. Beim Joint Venture gründen zwei Unternehmen (A und B) eine neue Gesellschaft (C). Beide am JV beteiligten Unternehmen stellen die für die Neugründung notwendigen Ressourcen zur Verfügung (vgl. zu Begrifflichkeiten insgesamt Gelbrich/Müller 2011).

Das kann in sehr unterschiedlicher Form der Fall sein. Dazu gehören ganz allgemein das Know-how, finanzielle Mittel, Personal, Kundenbeziehungen und/oder Lizenzen (vgl. dazu Bösch 2019, S. 29 ff.) Aus dem JV folgt, dass auch die Managementverantwortung, das allgemeine unternehmerische Risiko und die Gewinne angemessen geteilt werden.

Die Vorteile des JV liegen in der Regel darin, dass durch das Zusammenfügen der Kompetenzen und Ressourcen der beteiligten Unternehmen überhaupt ein Markteintritt möglich wird. Wie oben dargestellt verteilt sich das Risiko, was vor allem für kleinere Unternehmen vorteilhaft ist, weil andernfalls bei einem Scheitern unter Umständen die entstandenen Schäden gemessen an der Größe des heimischen Betriebes existenzgefährdend sein können.

Bei Beteiligung eines lokalen Partners erschließt sich der ausländische Markt in den meisten Fällen auf Grund des Know-hows des lokalen Unternehmens besser. In einigen Fällen ist der Zugang zum ausländischen Markt ohnehin nur als JV mit einem Unternehmen vor Ort möglich (so zum Teil in China und Korea).

Schwierigkeiten (mögliche Nachteile) hat das JV, wenn es um die Abstimmungsprozesse geht. Schon die Wahl des „richtigen" Partners muss überlegt sein. Bei unterschiedlichen Interessenlagen entstehen so mitunter sehr schnell Konflikte zwischen den Unternehmen.

Das betrifft auch die Beteiligungshöhe und die Bewertung der darin zum Ausdruck gebrachten Werte der beiden Unternehmen. Welchen Wert hat zum Beispiel ein vorhandenes Vertriebsnetz? Diese Fragen müssen auf Dauer für beide Seiten akzeptabel beantwortet werden. Die Erfahrung lehrt, dass hier ein überaus großes Konfliktpotenzial bestehen kann. Der dauerhafte Erfolg eines JV hängt zentral davon ab, ob zu Beginn und im Laufe der Geschäftätigkeit die aus diesen Bewertungsproblemen entstehenden Sachverhalte angemessen geklärt werden können.

3. Hinweise zur Lösung

Im internationalen Geschäft wird genauso wie im heimischen Markt deutlich, dass die Aushandlung von fairen Verträgen die Grundlage für den dauerhaften Erfolg im fremden Markt darstellt. Auf die in diesem Kontext wichtigen kulturellen Dimensionen, die die Kontakte wesentlich beeinflussen können, wird weiter unten noch eingegangen.

Bei den Möglichkeiten zum Markteintritt im Ausland wurden bisher die Direktinvestition und das Joint Venture beschrieben. Systematisch ergeben sich grundsätzlich die folgenden Möglichkeiten der Internationalisierung für ein inländisches Unternehmmen, einen ausländischen Markt zu erschließen.

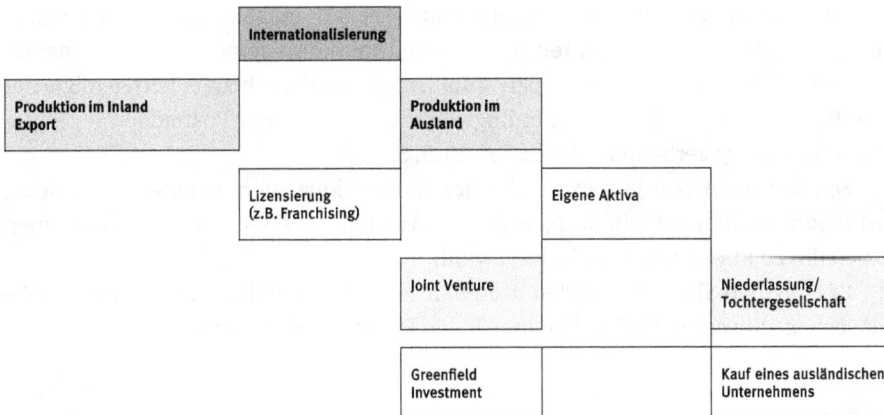

Abb. 1.1: Möglichkeiten der Internationalisierung.
Quelle: In Anlehnung an Bösch 2019, S. 26.

Neben den bereits genannten Möglichkeiten der Internationalisierung sind in der Übersicht noch Franchising und das sogenannte Greenfield Investment genannt. Beim Franchising wird ein unternehmerisches Geschäftsmodell gegen ein entsprechendes Nutzungsentgelt an einen ausländischen Partner übergeben (z. B. McDonalds).

Mit Greenfield Investment wird klassischerweise die Gründung auf der grünen Wiese umschrieben. Gelegentlich wird dann in Abgrenzung zum Kauf eines ausländischen Unternehmens vom Brownfield Investment gesprochen. Der Begriff der Direktinvestition ist sowohl für die Greenfield Investment als auch für der Kauf eines ausländischen Unternehmens anzuwenden.

4. Literaturempfehlung
Bösch, Martin (2019): Globalisierung und Internationales Finanzmanagement, Stuttgart, S. 29–31.
Gelbrich, Katja/Müller, Stefan (2011): Handbuch Internationales Management, München.

1.3 Globalisierung in der Weltwirtschaft

Aufgabe 1: Facetten von Globalisierung

Wissen, Erläutern
20 Minuten

---

1. Fragestellung

Im Laufe der Geschichte ist ein Phänomen beobachtbar, das darin besteht, dass für die einzelnen Abschnitte der Entwicklung prägende Begriffe gewählt werden. In den fünfziger Jahren waren viele Menschen davon begeistert, im Atomzeitalter zu leben. In den sechziger und siebziger Jahren des letzten Jahrhunderts sprachen viele von der Industriegesellschaft (andere vom Spätkapitalismus). In den achtziger Jahren folgte der Begriff der Risikogesellschaft, allerdings wurde auch von der Postmoderne gesprochen (vgl. dazu Osterhammel/Petersson 2019, S. 7 ff.).

Seit den neunziger Jahren hat der Begriff der Globalisierung eine erstaunliche, fast schon dominante Verbreitung gefunden. Verschiedene Wissenschaftsdisziplinen haben ihn zu ihrer Leitkategorie ausgewählt.

Beschreiben Sie im Folgenden das Phänomen der Globalisierung und gehen Sie auf seine positiven und kritischen möglichen Facetten beispielhaft ein.

2. Lösung

Globalisierung ist im Grunde nicht nur ein Phänomen der neunziger Jahre des zwanzigsten Jahrhunderts. Die mit der Industrialisierung aus den bereits in den oben genannten Fragen beschriebenen Gründen ist das Phänomen der Globalisierung sicher ein wirtschaftlich begründbares und hochinteressantes Thema (siehe komparative Kostenvorteile).

Die Krisen des zwanzigsten Jahrhunderts haben die Prozesse, die sich weltweit auf verschiedenen Feldern abgespielt haben, verlangsamt, jedoch nicht aufgehalten. Der Begriff, der im letzten Jahrzehnt des zwanzigsten Jahrhunderts zunehmend den Begriff der Internationalisierung abgelöst hat, stammt zweifellos primär aus dem ökonomischen Umfeld (vgl. dazu und zum Folgenden vor allem Scherrer/Kunze 2011, S. 7 ff.).

Globalisiert wird heute jedoch so ziemlich alles, was vorstellbar ist. Nicht zuletzt die Corona-Pandemie hat gezeigt, dass das weltweite Vernetzen aller Aktivitäten vor keinem Bereich des täglichen Lebens halt macht. Letztlich ist das Geschehen rund um pandemische Entwicklungen unter anderem eine Folge des intensiven, nicht nur wirtschaftlichen, weltweiten Austausches, der dazu führt, dass auch ein Virus globalisiert werden kann. Denken wir auch an die Folgen des weltweiten Terrorismus, so wird deutlich, dass Globalisierung eine Vielzahl von überraschenden, und nicht nur als positiv empfundenen Elementen beinhalten kann.

Im wirtschaftlichen Bereich geht das Phänomen nicht selten mit strukturellen Veränderungen beträchtlichen Ausmaßes einher, was sich im Abbau von Arbeitsplätzen im jeweils inländischen Markt widerspiegeln kann und damit bei vielen Menschen neben den Chancen auch Ängste erzeugt. Gleichzeitig entstehen im jeweiligen Ausland Arbeitsplätze, die von den dort lebenden Menschen eingenommen werden können. Auf die dabei auftretenden Probleme zur Qualität der Arbeitsbedingungen ist sicher in diesem Zusammenhang hinzuweisen (siehe Arbeitsverhältnisse in der Bekleidungsindustrie zum Beispiel in Pakistan).

In der betriebswirtschaftlichen Literatur wurde der Begriff zu Beginn der neunziger Jahre verstärkt benutzt, um weltwirtschaftliche Arbeitsteilungsprozesse zu beschreiben (etwa von einem der „Management-Gurus" Kenichi Ohmae von der Beratungsgesellschaft McKinsey). Die Empfehlungen gingen soweit, dass nicht nur Absatzgebiete und Produktionsstandorte in den Blick genommen werden sollen, sondern auch hinsichtlich der Eigentümerstrukturen und des Führungspersonals. Nationale Grenzen wurden dabei eher als hinderlich angesehen.

Dass eine „Borderless world" noch nicht erreicht ist, liegt sicher daran, dass weltweite Einigungsprozesse und der Ausgleich der berechtigten Interessen der Beteiligten kaum oder nur äußerst schwer zu erreichen sind. Das zeigen unter anderem die Beobachtungen von Entscheidungsfindungsprozessen auf der Ebene der Vereinten Nationen in New York (einem Beispiel für die politische Globalisierung). Globalisierung hat damit eine Vielzahl von Facetten, die im Einzelnen bewertet werden sollten, um gegebenenfalls die nicht erwünschten Folgen zu beseitigen oder zumindest zu mildern (vgl. dazu z. B. Vossen 2020).

3. Hinweise zur Lösung

Der Begriff der Globalisierung hat sich weltweit globalisiert. Ob am Ende eine Globalität steht, ist eher ungewiss. In einer historischen Dimension wird der Begriff wohl mit Vorsicht monopolartig auf eine Zeitspanne anzuwenden sein. Neben Globalisierungstendenzen zeigen sich im 21. Jahrhundert zum Beispiel deutlich wahrnehmbare und prägende Phänomene der Urbanisierung, der Demokratisierung und der Digitalisierung als bemerkenswerte Sachverhalte, die in ihrer Bedeutung kaum zu unterschätzen sind.

So liegt die Frage des Umgangs mit dem Phänomen Globalisierung nicht in der kritiklosen Hinnahme der Prozesse, sondern in ihrer kritischen Reflexion und dem daraus folgenden Umgang mit den Wirkungen, die die Vorgänge auszulösen vermögen.

4. Literaturempfehlungen
Osterhammel, Jürgen/Petersson, Niels P. (2019): Geschichte der Globalisierung. Dimensionen,
    Prozesse, Epochen, 6. Aufl., München, S. 7–26.
Scherrer, Christoph/Kunze, Caren (2011): Globalisierung, Göttingen, S. 7–21.
Vossen, Rüdiger (2020): Globalisierung, München, S. 289–354.

1.4 Grundbetrachtung internationaler Unternehmen

Aufgabe 1: Definition eines internationalen Unternehmens

Wissen, Verstehen
10 Minuten

---

1. Fragestellung

Definieren Sie den Begriff „internationales Unternehmen" anhand relevanter Eigenschaften, welche ein internationales Unternehmen typischerweise ausmachen.

2. Lösung

Ein internationales Unternehmen verfügt über folgende definitorische Eigenschaften:
1. Das Unternehmen ist in substanziellem Umfang in Auslandtätigkeiten involviert.
2. Das Unternehmen verfügt über regelmäßige oder dauerhafte Transaktionsbeziehungen mit Wirtschaftssubjektiven im Ausland.

3. Hinweise zur Lösung

Ein Unternehmen kann dann als ein internationales Unternehmen betrachtet werden, wenn es zunächst grundsätzlich in Auslandtätigkeiten involviert ist. Dabei sind die Aktivitäten nicht an bestimmte Funktionsbereiche oder Wertschöpfungskettenaktivitäten gebunden. Es reicht grundsätzlich aus, wenn es sich um Auslandsaktivitäten in mindestens einem Bereich handelt. Bedeutsam ist in diesem Zusammenhang natürlich die Frage, in welchem Ausmaß Auslandsaktivitäten mindestens vorhanden sein müssen, damit diese als „regelmäßig" bzw. „substanziell" gelten. Hierzu gibt es in der Literatur verschiedene Auffassungen, klar ist aber, dass es sich nicht um gelegentliche oder einmalige Engagements handeln kann. Die Forderung nach einem substanziellen Umfang verdeutlicht, dass die Geschäftsaktivität im Ausland für die das Unternehmen „spürbar" sein muss, z. B. über regelmäßige Kunden- oder Lieferantenbeziehungen oder Erlöse aus dem Ausland. Quantitative Betrachtungen von internationalen Unternehmen versuchen dieses Thema anhand einer Vielzahl von Kennzahlen greifbarer zu machen. In einigen Quellen und auch in der Praxis werden oft synonym Begriffe wie z. B. „globales Unternehmen", „multinationales Unternehmen" verwendet. Hier soll darauf hingewiesen werden, dass unter diesen Begriffen zum Teil auch bestimmte Managementmodelle stecken, innerhalb derer die Begrifflichkeiten jedoch nicht synonym zu verstehen sind.

4. Literaturempfehlungen

Holtbrügge, Dirk/Welge, Martin K. (2015): Internationales Management: Theorien, Funktionen, Fallstudien, 6. Aufl., Stuttgart, S. 42–46.
Kutschker, Michael/Schmid, Stefan (2011): Internationales Management, 7. Aufl., München, S. 244–245.
Perlitz, Manfred/Schrank, Randolf (2013): Internationales Management, 6. Aufl., Konstanz, S. 11–12.
Sure, Matthias (2017): Internationales Management: Grundlagen, Strategien und Konzepte, Wiesbaden, S. 14–17.

Aufgabe 2: Trugschlüsse über internationale Unternehmen

Wissen, Verstehen
5 Minuten

---

1. Fragestellung

Bitte tragen Sie bei den folgenden Aussagen in Bezug auf die McKinsey-Matrix ein, ob diese richtig („R") oder falsch („F") sind.

a) ☐ Internationale Unternehmen sind Unternehmen mit zahlreichen Tochterge-sellschaften im Ausland.

b) ☐ Internationale Unternehmen sind Unternehmen, bei denen in ausländischen Tochtergesellschaften vor allem Vertrieb und/oder Produktion stattfinden.

c) ☐ Internationale Unternehmen sind Unternehmen mit vollbeherrschten Toch-tergesellschaften im Ausland.

d) ☐ Internationale Unternehmen sind Großunternehmen und/oder Aktiengesell-schaften.

e) ☐ Internationale Unternehmen sind Unternehmen, die bereits lange im Ge-schäft sind und Auslandsaktivitäten erst aufnehmen, wenn sie den Heimatmarkt erfolgreich bearbeitet haben.

f) ☐ Internationale Unternehmen sind Unternehmen sind Industrieunterneh-men.

g) ☐ Internationale Unternehmen sind Unternehmen sind private bzw. privatwirt-schaftliche Unternehmen.

2. Lösung

a) ☐ **F** Internationale Unternehmen sind Unternehmen mit zahlreichen Tochtergesellschaften im Ausland.

b) ☐ **F** Internationale Unternehmen sind Unternehmen, bei denen in ausländischen Tochtergesellschaften vor allem Vertrieb und/oder Produktion stattfinden.

c) ☐ **F** Internationale Unternehmen sind Unternehmen mit vollbeherrschten Tochtergesellschaften im Ausland.

d) ☐ **F** Internationale Unternehmen sind Großunternehmen und/oder Aktiengesellschaften

e) ☐ **F** Internationale Unternehmen sind Unternehmen, die bereits lange im Geschäft sind und Auslandsaktivitäten erst aufnehmen, wenn sie den Heimatmarkt erfolgreich bearbeitet haben.

f) ☐ **F** Internationale Unternehmen sind Unternehmen sind Industrieunternehmen.

g) ☐ **F** Internationale Unternehmen sind Unternehmen sind private bzw. privatwirtschaftliche Unternehmen.

3. Hinweise zur Lösung

Bei allen Aussagen handelt es sich offenbar um falsche Einschätzungen, die so in genereller Form nicht zutreffend sind, es handelt sich um Trugschlüsse. Internationale Unternehmen sind vielfältiger Art. Im Folgenden werden die Trugschlüsse mit ersten Argumenten „entkräftet". Selbstverständlich gibt es noch vielfältige weitere Gegenargumente. Internationale Unternehmen können auch ohne Tochtergesellschaften aus dem Heimatmarkt heraus Auslandsmärkte durch Exporttätigkeiten bedienen (a). Grundsätzlich können alle Wertschöpfungsaktivitäten in ausländischen Einheiten stattfinden, wie z. B. Forschung und Vertrieb oder Verwaltungstätigkeiten (b). Internationale Unternehmen können ihre Auslandsaktivitäten auch über Beteiligungen oder Joint Ventures ausgestalten (c). Nicht alle internationalen Unternehmen zählen zu den „Großen", auch Startups und KMUs können internationale aktiv sein und dies unabhängig von ihrer Rechtsform oder Eigentümerstruktur (d). Insbesondere Startups oder Unternehmen, die ihre Leistungen über das Internet anbieten können „von der ersten Stunde an" internationale Unternehmen sein (e). Auslandtätigkeiten sind nicht nur auf Industrieunternehmen beschränkt, auch Dienstleistungsunternehmen sind international tätig (f). Bezüglich der Eigentümerstruktur gibt es ebenfalls Unterschiede, denn auch Unternehmen, die in öffentlicher Hand (Staatsbesitz) sind, weisen internationale Geschäftstätigkeiten auf (g). Zum tiefergehenden Verständnis wird dem Leser empfohlen, aktuelle Unternehmensbeispiele zu recherchieren.

4. Literaturempfehlungen
Kutschker, Michael/Schmid, Stefan (2011): Internationales Management, 7. Aufl., München,
    S. 246–254.

Aufgabe 3: Überblick über Markteintritts- und Marktbearbeitungsformen

Wissen, Verstehen, Anwenden
15 Minuten

1. Fragestellung
Geben Sie einen Überblick über die wesentlichen Markteintritts- und Marktbearbeitungsformen internationaler Unternehmen in Form einer Tabelle. Unterscheiden Sie dabei in außenorientierte und binnenorientierte Internationalisierung.

2. Lösung
Zentrale Markteintritts- und Marktbearbeitungsformen sind aus beiden Perspektiven:

Tab. 1.3: Die Basisformen außen- und binnenorientierter Internationalisierung.
Quelle: Kutschker/Schmid 2011, S. 254.

Außenorientierte Internationalisierung	Binnenorientierte Internationalisierung
Export von Waren und Dienstleistungen	Import von Waren und Dienstleistungen
Lizenzvergabe in das Ausland	Lizenzverwertung eines ausländischen Unternehmens
Franchisenetz im Ausland	Franchisenehmer eines ausländischen Unternehmens
Joint Venture im Ausland	Joint Venture im Inland mit einem ausländischen Partner
Strategische Allianz mit ausländischen Partnerunternehmen zur Bearbeitung von Auslandsmärkten	Strategische Allianz mit ausländischen Partnern zur Bearbeitung des Inlandmarktes
Betriebsstätte, Niederlassung, Filiale, Repräsentanz im Ausland	Betriebsstätte, Niederlassung, Filiale, Repräsentanz eines ausländischen Unternehmens
Rechtlich selbständige Tochtergesellschaft im Ausland	Rechtlich selbständige Tochtergesellschaft einer ausländischen Muttergesellschaft

3. Hinweise zur Lösung

Unternehmen verfügen über vielfältige Möglichkeiten, ihre Geschäftsaktivitäten zu internationalisieren und in neue Märkte einzutreten (Markteintritt) bzw. ihre vorhandene Geschäftstätigkeit im Ausland zu erweitern (Marktbearbeitung). Die dargestellten Markteintritts- und -bearbeitungsformen stellen die grundlegenden Möglichkeiten dar. Die Unterscheidung in außen- und binnenorientierte Internationalisierung verdeutlicht, dass Unternehmen die Möglichkeiten besitzen, die Markteintritts- und -bearbeitungsformen prinzipiell in zwei Richtungen anzuwenden. Im Abschnitt 5.3 dieses Buches erfolgt eine vertiefende Behandlung dieses Themengebietes.

4. Literaturempfehlungen

Holtbrügge, Dirk/Welge, Martin K. (2015): Internationales Management: Theorien, Funktionen, Fallstudien, 6. Aufl., Stuttgart, S. 107–130.

Kutschker, Michael/Schmid, Stefan (2011): Internationales Management, 7. Aufl., München.

Perlitz, Manfred/Schrank, Randolf (2013): Internationales Management, 6. Aufl., Konstanz, S. 336–340.

Sure, Matthias (2017): Internationales Management: Grundlagen, Strategien und Konzepte, Wiesbaden, S. 89–95.

Aufgabe 4: Systematisierung von Markteintritts- und Marktbearbeitungsformen

---

Wissen, Verstehen, Anwenden, Transfer
20 Minuten

---

1. Fragestellung

Ordnen Sie die Markteintritts- und -bearbeitungsformen Betriebsstätte, Auslandsniederlassung, Franchising, Joint Venture, Tochtergesellschaft, Export und Lizenzvergabe in einem Koordinatensystem bestehend aus den Achsen „Kapitaleinsatz im Ausland" und „Kontrollmöglichkeiten" ein.

2. Lösung

Eine Systematisierung sieht wie folgt aus:

Abb. 1.2: Markteintritts- und -bearbeitungsformen im Vergleich.
Quelle: In Anlehnung an Sure 2017, S. 89.

3. Hinweise zur Lösung

Die Systematisierung der Markteintritts- und -bearbeitungsformen mittels der beiden Dimensionen „Kapitaleinsatz im Ausland" und „Kontrollmöglichkeiten" stellt eine typische Unterscheidung dar. Markteintritts- und -bearbeitungsformen ohne bzw. mit geringem Kapitaleinsatz im Ausland eignen sich vor allem für die „ersten Schritte" im Zuge einer Internationalisierung und weisen ein geringes Kapitalrisiko auf. Nachteilig ist jedoch die geringe Kontrollmöglichkeiten, da das Unternehmen stark abhängig von den Handlungen lokaler Marktpartner im Ausland ist (z. B. vom Importeur, vom Lizenznehmer oder Franchisenehmer). Eine Eingriffsmöglichkeit in das operative „Tagesgeschäft" ist zumeist nicht möglich. Wünschen sich Unternehmen eben diese Gestaltungsmöglichkeiten, stehen weitere Markteintritts- und -bearbeitungsformen zur Verfügung, die es jedoch erforderlich machen, eine Direktinvestition vorzunehmen (z. B. Joint Venture). Hier verfügt das Management des Unternehmens über die Möglichkeit, die Aktivitäten strategisch und operativ mit zu gestalten. Die volle Kontrollmöglichkeit besteht schlussendlich bei einer vollbeherrschten Tochtergesellschaft im Ausland. Diese Markteintritts- und -bearbeitungsformen werden in den Aufgaben des Abschnitts 5.3 dieses Buches tiefergehend behandelt.

4. Literaturempfehlungen

Kutschker, Michael/Schmid, Stefan (2011): Internationales Management, 7. Aufl., München, S. 848–854.

Perlitz, Manfred/Schrank, Randolf (2013): Internationales Management, 6. Aufl., Konstanz, S. 336–340.

Sure, Matthias (2017): Internationales Management: Grundlagen, Strategien und Konzepte, Wiesbaden, S. 89–95.

1.5 Managementorienterte Konzepte internationaler Unternehmen

Aufgabe 1: Grundlagen des EPRG-Konzepts von Perlmutter

Wissen, Verstehen

15 Minuten

---

1. Fragestellung

Stellen Sie das EPRG-Konzept von Perlmutter in seinen wesentlichen Grundzügen vor.

2. Lösung

Das EPRG-Konzept von Perlmutter kann auch als Typologie verstanden werden. Gegenstand der Typologie sind grundlegende Werte, Einstellungen, Erfahrungen und Verhaltensweisen von Individuen in internationalen Unternehmen. Unter Individuen sind zwar prinzipiell alle Mitarbeiter zu verstehen, insbesondere die (Top-)Führungskräfte prägen jedoch das Unternehmen in ihren Verhaltensweisen und Handlungen. Perlmutter konstatiert, dass Unterschiede in den Werten, Einstellungen, Erfahrungen und Verhaltensweisen von Unternehmensangehören dazu führen, dass sich unterschiedliche Führungskonzepte herausbilden. Das Perlmutter-Konzept kann somit als Führungskonzept im Rahmen des internationalen Managements eingeordnet werden.

Das EPRG-Modell besteht, wie das Akronym suggeriert, aus vier Ausprägungstypen entsprechend ihrer Anfangsbuchstaben:

– Die *ethnozentrische Orientierung*: Hierunter wird eine „Heimatlandorientierung" verstanden, welche auf der Annahme aufbaut, dass die Muttergesellschaft im Heimatland den Tochtergesellschaften im Ausland überlegen ist. Entscheidungen werden daher im Heimatland getroffen und auf die Auslandsstandorte übertragen. Dabei werden kulturelle Unterschiede und ihre Auswirkungen zumeist ignoriert. Führungskräfte bzw. Schlüsselpositionen werden mit Personen aus dem Heimatland besetzt, da diese die Managementtechniken aus dem Heimatland verstehen, die „Heimatsprache" sprechen und das Vertrauen der Unternehmensleitung genießen.

- Die *polyzentrische Orientierung*: Hierunter wird eine „Gastlandorientierung" verstanden. Tochtergesellschaften im Ausland verfügen über ein hohes Maß an Autonomie und können entsprechend der lokalen Anforderungen entscheiden. Dabei werden auch kulturelle Anforderungen berücksichtigt: Es werden die Managementtechniken verwendet, die im „Gastland" die beste kulturelle Passung aufweisen bzw. dort üblich sind. Dementsprechend werden für Führungspositionen und Schlüsselpositionen Personen aus dem Gastland rekrutiert, da diese mit der lokalen Kultur, Sprache und den Marktbedingungen vertraut sind.
- Die *regiozentrische Orientierung*: Hierbei handelt es sich um eine Weiterentwicklung der polyzentrischen Orientierung, welche im Zuge der zunehmenden Regionalisierung der Weltwirtschaft für Perlmutter zielführend erschien. In dieser Orientierung werden die Managementtechniken nicht bezogen auf einzelne Länder adaptiert. Es werden vielmehr mehrere Länder zu Ländergruppen bzw. Regionen (z. B. „Zentral- und Osteuropa", „DACH", „Nordafrika" usw.) gebündelt. Innerhalb der Regionen erfolgt dann eine Ausgestaltung des Managements nach der geozentrischen Orientierung.
- Die *geozentrische Orientierung*: In dieser Ausprägung wird davon ausgegangen, dass ein internationales Unternehmen mit seinen vielen und vielfältigen Einheiten in verschiedenen Ländern als eine weltweite Einheit betrachtet, deren Unternehmenskultur und Managementtechniken sich so unternehmensspezifisch herausbilden, dass keine eindeutige Zuordnung zu einer Heimat- oder Gastlandorientierung mehr erforderlich ist. Perlmutter greift damit Ausprägungen der Unternehmenspraxis auf, die auf weltweite Arbeitsteilung und Spezialisierung von Unternehmenseinheiten beruht.

3. Hinweise zur Lösung

Auch Perlmutter betont, dass quantitative Betrachtungen von internationalen Unternehmen anhand von Kennzahlen nicht ausreichend sind, um ein konzeptionelles Managementverständnis zu erlangen. Sein bereits 1965 im französischen Original und 1969 in einer englischsprachigen Fassung veröffentlichtes Konzept ist eines von mehreren, sich ergänzenden qualitativen Managementkonzepten internationaler Unternehmen. 1979 wurde die regiozentrische Orientierung ergänzt.

Das EPRG-Modell kann als sog. „mehrstufiges Konzept" der qualitativen Betrachtungsweisen internationaler Unternehmen eingeordnet werden. Internationale Unternehmen folgen oftmals einem Muster: Während bei beginnender Internationalisierung der Geschäftstätigkeit meist eine ethnozentrische Orientierung das Handeln von Führungskräften prägt, verändert sich dies mit zunehmendem Internationalisierungsgrad in Richtung polyzentrischer, regiozentrischer und gegebenenfalls schlussendlich zu geozentrischer Orientierung.

Das Konzept ist eine wesentliche theoretische Grundlage des internationalen Managements. Trotz seiner Genese um 1969 kann das Modell auch heute noch sehr gut verwendet werden, um die in der Unternehmenspraxis zu beobachtenden Verhaltensweisen und Managemententscheidungen einzuordnen und in ihrem Kontext besser zu verstehen. Es baut ebenfalls eine Brücke zur Kulturthematik, worauf die Aufgaben in Kapitel 3 und Kapitel 4 dieses Buches eingehen.

4. Literaturempfehlungen

Heenan, David A./Perlmutter, Howard V. (1979): Multinational organizational development, Reading, S. 18–20.

Holtbrügge, Dirk/Welge, Martin K. (2015): Internationales Management: Theorien, Funktionen, Fallstudien, 6. Aufl., Stuttgart, S. 48–52.

Kutschker, Michael/Schmid, Stefan (2011): Internationales Management, 7. Aufl., München, S. 287–293.

Perlitz, Manfred/Schrank, Randolf (2013): Internationales Management, 6. Aufl., Konstanz, S. 81–83.

Perlmutter, Howard V. (1969): The tortuous evolution of the multinational corporation, in: Columbia Journal of World Business, 4. Jg., Nr. 1, 1969, S. 9–18.

Aufgabe 2: Merkmale des EPRG-Konzepts von Perlmutter

Wissen, Verstehen, Anwenden, Transfer
30 Minuten

1. Fragestellung

Beschreiben Sie das EPRG-Konzepts näher, indem Sie folgende Merkmale für jede der vier Grundorientierungen die Ausprägungen folgender Merkmale beschreiben:

– Organisationskomplexität
– Autorität und Entscheidungsfindung
– Steuerungs- und Kontrollgrößen
– Anreize und Sanktionen
– Kommunikationsintensität und Informationsfluss
– Geographische Identifikation
– Besetzung von Führungspositionen

2. Lösung

Die tabellarische Lösung sieht wie folgt aus:

Tab. 1.4: Merkmale der vier Grundorientierungen des EPRG-Konzepts.
Quelle: in Anlehnung an Holtbrügge/Welge 2015, S. 49.

	Ethnozentrische Orientierung	Polyzentrische Orientierung	Regiozentrische Orientierung	Geozentrische Orientierung
Organisationskomplexität	In der Muttergesellschaft hoch, in den Tochtergesellschaften gering	Unterschiedlich und voneinander abhängig	Hohe gegenseitige Abhängigkeit auf regionaler Ebene	Zunehmende Komplexität und weltweit hohe gegenseitige Abhängigkeit
Autorität und Entscheidungsfindung	In der Muttergesellschaft zentriert	Weitgehend dezentralisiert	Auf regionale Zentralen übertragen; enge Zusammenarbeit zwischen den Tochtergesellschaften in einer Region	Weltweite Zusammenarbeit zwischen der Muttergesellschaft und den Tochtergesellschaften
Steuerungs- und Kontrollgrößen	Standards des Heimatlands	Lokale Bestimmungen	Regionale Bestimmungen	Universale und lokale Standards
Anreize und Sanktionen	Hoch in der Muttergesellschaft, gering in den Tochtergesellschaften	Tochtergesellschaften werden nach unterschiedlichen Kriterien belohnt	Belohnung für das Erreichen regionaler Ziele	Belohnungen für das Erreichen internationaler und lokaler Zielvorgaben
Kommunikationsintensität und Informationsfluss	Einseitig von der Muttergesellschaft an die Tochtergesellschaften	Gering mit der Muttergesellschaft und den anderen Tochtergesellschaften	Gering mit der Muttergesellschaft, hoch mit den regionalen Zentralen und zwischen den Tochtergesellschaften	Hoch und wechselseitig mit der Muttergesellschaft als auch zwischen den Tochtergesellschaften
Geographische Identifikation	Nationalität der Muttergesellschaft	Nationalität des Gastlandes	Regionale Unternehmen	Weltweite Unternehmen unter Wahrung nationaler Interessen
Besetzung von Führungspositionen	Durch Stammhausdelegierte	Durch Mitarbeiter des Gastlandes	Mitarbeiter aus der jeweiligen Region	Unabhängig von der Nationalität

3. Hinweise zur Lösung

Mit Hilfe der dargestellten Lösungstabelle kann eine tiefergehende Beschreibung der vier Grundtypen des EPRG-Konzepts erfolgen. Gleichzeitig ist zu berücksichtigen, dass es sich hier um typische und damit allgemeine Einordnungen handelt, die im Einzelfall differenzierter beleuchtet werden müssen. Wichtig ist auch der Hinweis, dass selbst innerhalb eines internationalen Unternehmens auch verschiedene Ausprägungen je nach Funktionsbereich denkbar und aufgrund von Praxisanforderungen zielführend sind. Häufig werden in diesem Zusammenhang der Marketing- und Vertriebsbereich (eher polyzentrische Orientierung) und die Forschung- und Entwicklung (eher geozentrische Orientierung) als Beispiele angeführt.

4. Literaturempfehlungen

Heenan, David A./Perlmutter, Howard V. (1979): Multinational organizational development, Reading, S. 18–20.

Holtbrügge, Dirk/Welge, Martin K. (2015): Internationales Management: Theorien, Funktionen, Fallstudien, 6. Aufl., Stuttgart, S. 48–52.

Kutschker, Michael/Schmid, Stefan (2011): Internationales Management, 7. Aufl., München, S. 287–293.

Perlitz, Manfred/Schrank, Randolf (2013): Internationales Management, 6. Aufl., Konstanz, S. 81–83.

Perlmutter, Howard V. (1969): The tortuous evolution of the multinational corporation, in: Columbia Journal of World Business, 4. Jg., Nr. 1, 1969, S. 9–18.

Aufgabe 3: Grundlagen des IMGT-Modells von Bartlett/Ghoshal

Wissen, Verstehen
15 Minuten

---

1. Fragestellung

Stellen Sie das IMGT-Konzept von Bartlett/Ghoshal in seinen wesentlichen Grundzügen vor.

2. Lösung

Das Konzept von Bartlett/Ghoshal sieht vier Grundorientierungen vor:

- *Internationales Unternehmen*: Strategien werden von der Muttergesellschaft auf die Tochtergesellschaften übertragen, die Muttergesellschaft verfügt über weltweite Entscheidungskompetenzen. Produkte bzw. Dienstleistungen werden typischerweise erst im Heimatland auf den Markt gebracht und später erst in weiteren Auslandsmärkten.
- *Multinationales Unternehmen*: Das Unternehmen wird als Portfolio von Unternehmenseinheiten verstanden, die weitgehend autonom voneinander agieren. In ih-

ren jeweiligen Ländermärkten können die Einheiten somit als lokale Akteure auftreten und lokale Markt- und Kundenanforderungen berücksichtigen.

– *Globales Unternehmen*: Unter dieser Ausprägung ist ein Unternehmenstypus zu verstehen, dessen Ziel in der Erreichung globaler Effizienz liegt. Zentralisierte, aber global ausgerichtete Aktivitäten verfolgen das Ziel, Kostenvorteile zu realisieren. Dabei wird in Kauf genommen, dass eine Anpassung an lokale Markt- und Kundenanforderungen nicht oder nicht in vollem Umfang möglich ist.

– *Transnationales Unternehmen*: Unter dieser Ausprägung ist ebenfalls ein Unternehmenstypus zu verstehen, dessen Ziel in der Erreichung globaler Effizienz liegt. In dieser Ausprägung wird jedoch angestrebt, zeitgleich auch lokale Markt- und Kundenanforderungen zu berücksichtigen.

Die Grundorientierungen werden durch die Autoren anhand zweier unabhängiger Dimensionen unterschieden, die jeweils zunächst in „geringe" und „hohe" Ausprägung eingeteilt werden. Die erste Dimension ist die „Notwendigkeit für die lokale Anpassung" der Geschäftstätigkeit an die Anforderungen, die in den jeweiligen Ländermärkten vorherrschen (Differenzierung). Die zweite Dimension ist die „Notwendigkeit der globalen Integration", welche sich aus einer zunehmenden Kapital-und Technologieintensität sowie der Nutzung von Größenvorteilen und Synergieeffekten ableitet (Integration der Wertschöpfung).

Die Autoren führen ihre Überlegung in folgender Abbildung 1.3 zusammen:

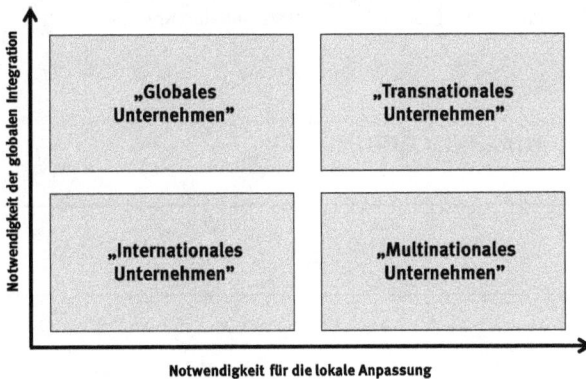

Abb. 1.3: Das IMGT-Modell von Barlett/Ghoshal im Überblick.
Quelle: In Anlehnung an Kutschker/Schmid 2011, S. 297.

3. Hinweise zur Lösung

Die von den Autoren gewählten Bezeichnungen verwenden dabei Formulierungen, die in der Literatur z.-T. auch anderweitig oder in allgemeiner Form verwendet werden, z. B. auch als Synonym für „internationale Unternehmen". Im Rahmen des Konzepts von Bartlett/Ghoshal stehen die Bezeichnungen jedoch für eine spezifische Ausprägung von internationalen Unternehmen.

Das Modell von Bartlett/Ghoshal konstatiert, dass die strategische Orientierung des Unternehmens bestimmt, welche Organisationsentscheidungen getroffen werden und welche Werte und Einstellungen am zielführendsten sind. Empirisch ist zu beobachten, dass es länderspezifische Präferenzen für bestimmte Ausprägungsformen gibt. So bevorzugen japanische Unternehmen oft die Ausprägung des „Globalen Unternehmens", während europäische Unternehmen den Typus des „Multinationalen Unternehmens" in vielen Fällen wählen.

4. Literaturempfehlungen

Bartlett, Christopher A./Ghoshal, Sumantra (2002): Managing across borders: The transnational solution, 2. Aufl., Boston, S. 1–20 und S. 65–81.

Johnson, Gerry u. a. (2018): Strategisches Management. Eine Einführung, 11. Aufl., Hallbergmoos, S. 373–378.

Holtbrügge, Dirk/Welge, Martin K. (2015): Internationales Management: Theorien, Funktionen, Fallstudien, 6. Aufl., Stuttgart, S. 46–47 sowie S. 136–139.

Kutschker, Michael/Schmid, Stefan (2011): Internationales Management, 7. Aufl., München, S. 293–302.

Sure, Matthias (2017): Internationales Management: Grundlagen, Strategien und Konzepte, Wiesbaden, S. 83–86.

Aufgabe 4: Differenzierungserfordernisse im IMGT-Modell

Wissen, Verstehen
20 Minuten

1. Fragestellung

Welche Faktoren haben Einfluss auf die Notwendigkeit zur lokalen Anpassung (Differenzierung) innerhalb des IMGT-Modells?

2. Lösung
Die tabellarische Lösung sieht wie folgt aus:

Tab. 1.5: Einflussfaktoren auf die Notwendigkeit zur lokalen Anpassung.
Quelle: In Anlehnung an Holtbrügge/Welge 2015, S. 47.

Niedrige Notwendigkeit zur lokalen Anpassung	Hohe Notwendigkeit zur lokalen Anpassung
Universelle Kundenbedürfnisse	Unterschiedliche Kundenbedürfnisse
Weltweiter Konzentrationsgrad der Branche	Wettbewerbsstärke lokaler Konkurrenten
Technologische Zwänge, z. B. physikalische Gesetzmäßigkeiten	Unterschiedliche Markt- und Produktionsstrukturen
Hohe Kapital- und Technologieintensität	Hohe Arbeitsintensität
Hohe Größendegressionseffekte und Synergievorteile	Große Kostenunterschiede zwischen Ländern
Geringe Transportkosten im Verhältnis zu Herstellkosten	Hohe Transportkosten im Verhältnis zu Herstellkosten
Uneingeschränkte Möglichkeiten des Ressourcentransfers	Eingeschränkte Möglichkeiten des Ressourcentransfers
Weltweit einheitlicher Rechtsrahmen	Regulierung durch die lokale Gastlandregierung

3. Hinweise zur Lösung
Die Vielzahl an Einflussfaktoren verdeutlicht, dass die Beurteilung, ob eine niedrige oder hohe Notwendigkeit zur Anpassung der Geschäftstätigkeit an lokale Rahmenbedingungen sehr komplex ist. Eine einfache Formel zur Berechnung liegt zunächst nicht vor, auch wenn natürlich eine Überführung der genannten Einflussfaktoren in monetäre Einheiten möglich ist. Die Leitungsebene verschiedener, in Konkurrenz zueinander stehenden Unternehmen der gleichen Branche können durchaus zu unterschiedlichen Einschätzungen kommen und einen anderen Weg beschreiten als die Konkurrenz.

4. Literaturempfehlungen
Bartlett, Christopher A./Ghoshal, Sumantra (2002): Managing across borders: The transnational solution, 2. Aufl., Boston, S. 1–20 und S. 65–81.
Holtbrügge, Dirk/Welge, Martin K. (2015): Internationales Management: Theorien, Funktionen, Fallstudien, 6. Aufl., Stuttgart, S. 46–47.
Kutschker, Michael/Schmid, Stefan (2011): Internationales Management, 7. Aufl., München, S. 293–302.
Sure, Matthias (2017): Internationales Management: Grundlagen, Strategien und Konzepte, Wiesbaden, S. 83–86.

Aufgabe 5: Branchenbetrachtung im IMGT-Modell von Bartlett/Ghoshal

Wissen, Verstehen, Anwenden, Transfer
30 Minuten

1. Fragestellung

Nach Barlett/Ghoshal ist die strategische Ausrichtung und damit die „typische" Ausprägung innerhalb des Modells abhängig von der Branchenzugehörigkeit eines Unternehmens. Betrachten Sie verschiedene Branchen und diskutieren Sie diese hinsichtlich ihrer Notwendigkeiten für lokale Anpassung (Differenzierung) und für globale Integration.

2. Lösung

Exemplarisch können ausgewählte, klassische Branchen wie folgt eingeordnet werden.

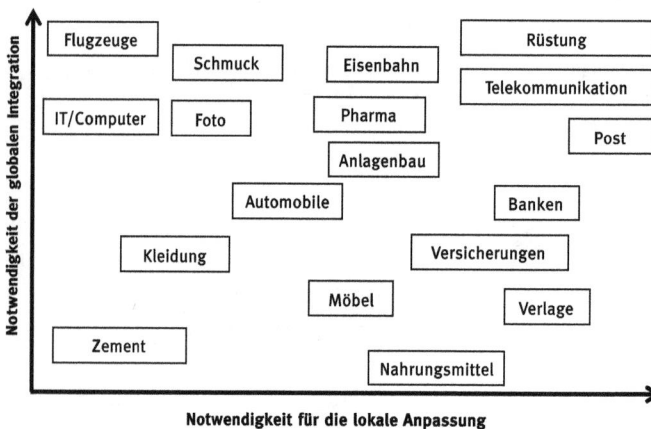

Abb. 1.4: Globalisierungs- und Lokalisierungsnotwendigkeiten in ausgewählten Branchen. Quelle: Kutschker/Schmid 2011, S. 301.

3. Hinweise zur Lösung

Bartlett/Ghoshal verdeutlichen mit ihrem Modell, dass das Management die Anforderungen einer Branche berücksichtigen muss, um zu entscheiden, wie ihr Unternehmen – innerhalb dieses Modells – ausgerichtet sein sollte.

4. Literaturempfehlungen

Bartlett, Christopher A./Ghoshal, Sumantra (2002): Managing across borders: The transnational solution, 2. Aufl., Boston, S. 1–20 und S. 65–81.

Holtbrügge, Dirk/Welge, Martin K. (2015): Internationales Management: Theorien, Funktionen, Fallstudien, 6. Aufl., Stuttgart, S. 46–47.
Kutschker, Michael/Schmid, Stefan (2011): Internationales Management, 7. Aufl., München, S. 293–302.
Sure, Matthias (2017): Internationales Management: Grundlagen, Strategien und Konzepte, Wiesbaden, S. 83–86.

1.6 Managementkonzepte zur Rolle von Tochtergesellschaften

Aufgabe 1: Tochtergesellschaftsrollen nach Bartlett/Ghoshal

Wissen, Verstehen
10 Minuten

1. Fragestellung

Stellen Sie das Rollenkonzept für Tochtergesellschaften von Bartlett/Ghoshal in seinen wesentlichen Grundzügen vor.

2. Lösung

Die Autoren sehen folgende vier Grundtypen für Tochtergesellschaften als Konzeptbestandteile vor:

– *Strategic Leader*: Diese Tochtergesellschaften agieren in Märkten, die für das Gesamtunternehmen eine hohe strategische Bedeutung aufweisen. Sie sind dadurch gekennzeichnet, dass sie ein hohes Maß an Kompetenzen in einer wesentlichen oder in allen Funktionsbereichen besitzen. Der Bezeichnung wurde gewählt, weil diese Tochtergesellschaften im Unternehmensverbund eine leitende Rolle einnehmen.

– *Contributor*: Tochtergesellschaften in dieser Rolle agieren in Märkten, die für das Gesamtunternehmen eine eher geringe strategische Bedeutung einnehmen. Sie sind dadurch gekennzeichnet, dass sie ein hohes Maß an Kompetenzen in einer wesentlichen oder in allen Funktionsbereichen besitzen, auch wenn diese für die lokale Marktbearbeitung nicht in diesem Maße erforderlich sind. Ihre Kompetenzen stellen sie daher weltweit dem Unternehmensverbund zur Verfügung.

– *Black Hole*: Diese Tochtergesellschaften agieren in Märkten, die für das Gesamtunternehmen eine hohe strategische Bedeutung aufweisen. Allerdings reicht ihre gegenwärtige Kompetenzausprägung nicht aus, um den lokalen Anforderungen vollumfänglich Rechnung zu tragen. Für eine gewisse Zeit kann dies seitens des Managements in Kauf genommen werden, langfristig jedoch nicht.

– *Implementer*: Tochtergesellschaften in dieser Rolle agieren in Märkten, die für das Gesamtunternehmen eine eher geringe strategische Bedeutung einnehmen. Sie sind dadurch gekennzeichnet, dass sie ein Maß an Kompetenzen besitzen, welches für die lokale Marktbearbeitung genau angemessen ist. Diese Rolle wird den meisten Tochtergesellschaften zuteil.

Die Grundorientierungen werden durch die Autoren anhand zweier unabhängiger Dimensionen unterschieden, die jeweils zunächst in „geringe" und „hohe" Ausprägung eingeteilt werden. Die erste Dimension ist die „Strategische Bedeutung des lokalen Marktes" für das Gesamtunternehmen. Die zweite Dimension ist die „Lokale Kompetenz", welche die Fähigkeiten der Tochtergesellschaft zur Marktbearbeitung umfassen.

Die Autoren führen ihre Überlegung in folgender Abbildung 1.5 zusammen:

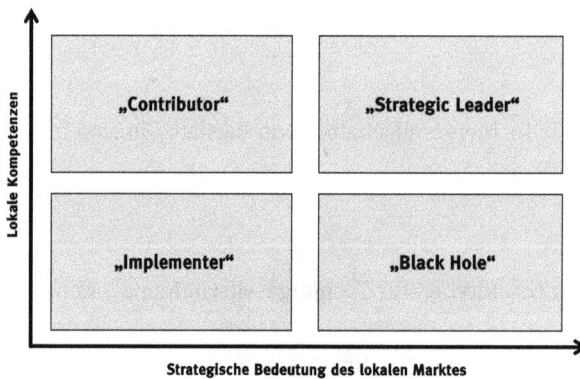

Abb. 1.5: Strategische Rollen lokaler Tochtergesellschaften.
Quelle: In Anlehnung an Bartlett/Ghoshal 2002, S. 323.

3. Hinweise zur Lösung

Barlett/Ghoshal haben erkannt, dass es Unterschiede in den Kompetenzen von Tochtergesellschaften und auch in den jeweiligen Ländermärkten gibt. Diese Unterschiede lassen den Schluss zu, dass eine Gleichbehandlung aller Tochtergesellschaften im Unternehmensverbund nicht zielführend ist. Die Unternehmensleitung hat somit die Aufgabe, die Rollen ihrer Tochtergesellschaften insgesamt so zu entwickeln, dass die sich weltweit bietenden Geschäftspotenziale mit den passenden Stärken von Tochtergesellschaften kombiniert werden.

Die Einteilungen sind idealtypisch zu betrachten. Die von den Autoren gewählten Begrifflichkeiten für die Grundtypen gelten in dieser Formulierung nur innerhalb des Konzepts.

Ein internationales Unternehmen sollte über ein ausgeglichenes Portfolio von Tochtergesellschaften mit unterschiedlichen Rollen verfügen.

4. Literaturempfehlungen

Bartlett, Christopher A./Ghoshal, Sumantra (2002): Managing across borders: The transnational solution, 2. Aufl., Boston, S. 321–323.

Johnson, Gerry u. a. (2018): Strategisches Management. Eine Einführung, 11. Aufl., Hallbergmoos, S. 389–391.

Kutschker, Michael/Schmid, Stefan (2011): Internationales Management, 7. Aufl., München, S. 344–348.

Aufgabe 2: Tochtergesellschaftsrollen nach Ferdows

Wissen, Verstehen
15 Minuten

1. Fragestellung

Erläutern Sie das Rollenkonzept für Tochtergesellschaften in seinen Grundzügen.

2. Lösung

Ferdows sieht drei primäre strategische Gründe, um einen Standort für die Produktion auszuwählen. Für eine spezifische Standortentscheidung können auch zwei oder alle drei Gründe von Bedeutung sein, jedoch geht es im Rollenkonzept um den *primären*, also entscheidenden Auswahlgrund. Die drei Möglichkeiten sind:

– Kostenvorteile lokaler Ressourcen (z. B. Rohstoffe und/oder Arbeitskräfte)
– Nähe zu lokalen Märkten (i. d. R. Beschaffungs- und/oder Absatzmärkte)
– Zugang zu lokalen Kompetenzen oder spezifischem Wissen (z. B. Nähe zu Forschungseinrichten oder Nähe zu rationalisierten Wertschöpfungssystemen, sog. „Cluster")

Für jede der drei Auswahlgründe sieht Ferdows vor, dass eine Tochtergesellschaft entweder übrige „niedrige" Kompetenzen verfügt und somit im Wesentlichen ihre Produktionsaufgabe wahrnimmt oder „hohe" Kompetenzen besitzt, welche die Tochtergesellschaft in die Lage versetzt, über die Produktionsaufgabe hinaus Aufgaben zu übernehmen. Hierzu zählen beispielsweise die eigenständige Optimierung von Produktionsprozessen oder sogar die Entwicklung spezifischer Produkte für den lokalen Markt.

In folgender Abbildung 1.6 wird der Gesamtzusammenhang der sechs strategischen Rollen deutlich:

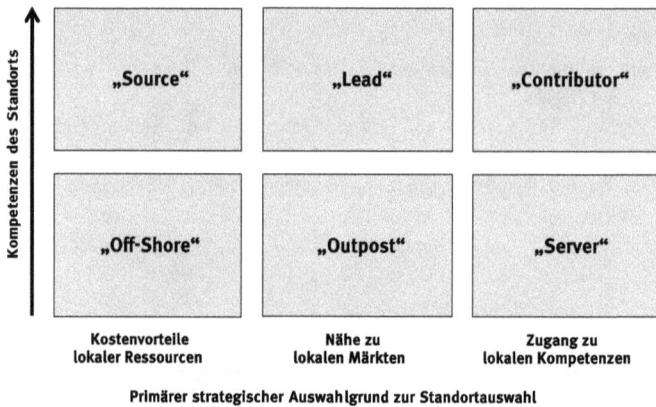

Abb. 1.6: Die Rollentypologie von Ferdows.
Quelle: In Anlehnung an Ferdows 1997, S. 77–79.

3. Hinweise zur Lösung

Das Rollenkonzept von Ferdows fokussiert ursprünglich auf Tochtergesellschaften, die ausländische Produktionsstandorte sind. Grundsätzlich ist auch eine Übertragung auf Dienstleistungsstandorte denkbar.

Die Einteilungen sind idealtypisch zu betrachten. Die durch den Autor gewählten Begrifflichkeiten für die Grundtypen gelten in dieser Formulierung nur innerhalb des Konzepts.

4. Literaturempfehlungen

Ferdows, Kasra (1997): Making the most of foreign factories, in: Harvard Business Review, 75. Jg.,
  März–April 1997, S. 73–88.
Kutschker, Michael/Schmid, Stefan (2011): Internationales Management, 7. Aufl., München,
  S. 348–354.

Aufgabe 3: Tochtergesellschaftsrollen nach Gupta/Govindarajan

---

Wissen, Verstehen
10 Minuten

---

1. Fragestellung

Stellen Sie das Rollenkonzept für Tochtergesellschaften von Gupta/Govindarajan in seinen wesentlichen Grundzügen vor.

2. Lösung

Das Konzept von Gupta/Govindarajan unterscheidet die möglichen Rollen von Tochtergesellschaften anhand von zwei unabhängigen Dimensionen: Ausmaß des Wissenszuflusses von anderen Unternehmenseinheiten in die betrachtete Tochtergesellschaft und in umgekehrter Richtung das Ausmaß des Wissensabflusses von der betrachteten Tochtergesellschaft zu anderen Unternehmenseinheiten. Das Ausmaß wird dabei grob in die Ausprägungen „niedrig" und „hoch" eingeteilt. Dementsprechend ergeben sich vier verschiedene Rollen als Grundtypen:

- *Local Innovator*: Hierzu zählen Tochtergesellschaften, die nur wenig in das „Wissensnetzwerk" des Gesamtunternehmens eingebunden sind. Sie nutzen lokal generierter Wissen vorwiegend selber, benötigen kaum Wissen aus anderen Unternehmensteilen und geben auch wenig Wissen an diese weiter.
- *Global Innovator*: Hierunter sind Tochtergesellschaften einzuordnen, die dem Unternehmensverbund in hohem Maße Wissen zur Verfügung stellen, jedoch nur wenig auf Wissen aus dem Unternehmen zurückgreifen. Hierbei handelt es sich oft um Gesellschaften mit Forschungs- und Entwicklungsaufgaben.
- *Implementer*: Diese Rolle wird Tochtergesellschaften zuteil, die sehr stark auf das Wissen aus dem Gesamtunternehmen angewiesen sind und im Gegenzug wenig eigenes Wissen bereit stellen. Diese Rolle wird oftmals Tochtergesellschaften zu Beginn ihrer Geschäftstätigkeit oder in kleinen oder wenig bedeutsamen Märkten zuteil.
- *Integrated Player*: Tochtergesellschaften in dieser Rolle weisen eine hohe Kommunikationintensität mit anderen Unternehmenseinheiten auf. Sie erzeugen ein hohes Maß an eigenem Wissen, welches sie im Gesamtunternehmen weitergeben. Gleichzeitig nutzen sie auch in starkem Maße Wissen, welches sie aus anderen Unternehmenseinheiten beziehen für ihre lokale Geschäftstätigkeit.

In folgender Abbildung 1.7 wird der Gesamtzusammenhang der vier Rollen deutlich.

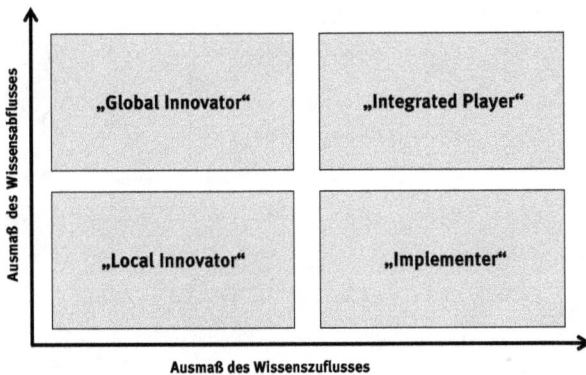

Abb. 1.7: Die Rollentypologie von Gupta/Govindarajan.
Quelle: Gupta/Govindarajan 1991, S. 774.

3. Hinweise zur Lösung

Mit ihrem Konzept haben die Autoren das Thema „Wissensmanagement" im Rahmen des internationalen Managements aufgegriffen. In den neunziger Jahren war dieses Themengebiet in der allgemeinen betriebswirtschaftlichen Forschung und in der Unternehmenspraxis erstmalig von expliziter Bedeutung. Gupta/Govindarajan vertreten die Annahme, dass internationale Unternehmen auch als ein Netzwerk von Wissensströmen betrachtet werden kann. 1994 haben die Autoren ihr Konzept empirisch überprüft und fanden heraus, dass die meisten Tochtergesellschaften entweder die Rolle „Integrated Player" (32,4 %) oder die Rolle „Local Innovator" (31,5 %) innehaben. Lediglich 17,9 % sind der Rolle „Implementer" zuzurechnen und 18,2 % der Tochtergesellschaften können als „Global Innovator" eingeordnet werden.

Die Einteilungen sind idealtypisch zu betrachten. Die durch die Autoren gewählten Begrifflichkeiten für die Grundtypen gelten in dieser Formulierung nur innerhalb des Konzepts.

4. Literaturempfehlungen

Gupta, Anil L./Govindarajan, Vijay (1991): Knowledge flows and the structure of control within multinational corporations, in: Academy of Management Review, 16. Jg, Nr. 4, 1991, S. 768–792.

Gupta, Anil L./Govindarajan, Vijay (1994): Organizing for knowledge flows within MNCs, in: International Business Review, 3. Jg., Special Issue No. 4, 1994, S. 443–457.

Holtbrügge, Dirk/Welge, Martin K. (2015): Internationales Management: Theorien, Funktionen, Fallstudien, 6. Aufl., Stuttgart, S. 154–156 sowie S. 266–269.

Kutschker, Michael/Schmid, Stefan (2011): Internationales Management, 7. Aufl., München, S. 354–358.

2 Kultur in der internationalen Unternehmung

2.1 Terminologische und inhaltliche Grundlagen der Kulturthematik

Aufgabe 1: Einfluss von Kultur im Rahmen von internationaler Zusammenarbeit am Beispiel eines Auslandseinsatzes

---

Wissen, Verstehen, Anwenden
15 Minuten

---

1. Fragestellung

Die Concept AG ist ein weltweit führender Mobilitätsdienstleister im Bereich Elektromobilität.

Das Unternehmen erzielt 40 % seines gesamten Absatzes in China. Damit ist China ein strategisch wichtiger Absatzmarkt für die Concept AG. Es sollen fünf Führungskräfte der Concept AG für die nächsten vier Monate in der chinesischen Niederlassung in der Nähe von Peking tätig sein und die Geschäfte von dort aus lenken.

Die Geschäftsleitung ist der Meinung, dass die Führungskräfte vor ihrer Abreise nach China keine interkulturellen Trainings benötigen. Sie denkt, dass kulturelle Unterschiede für das Geschäftsleben im 21. Jahrhundert keine Rolle mehr spielen. Vielmehr könne man mit „gesundem Menschenverstand", „Höflichkeit" und „Toleranz" den Auslandseinsatz schon meistern; zumal Englisch heutzutage wohl auch jeder beherrsche. Die chinesischen Expatriates, die erst kürzlich für drei Monate in der deutschen Niederlassung tätig waren, hatten keinerlei kulturelle Probleme, also warum sollten die Führungskräfte kulturelle Trainings zur Vorbereitung benötigen, so die Argumentation der Geschäftsleitung.

Welche Argumente sprechen für die Vorbereitung auf den Auslandseinsatz durch interkulturelle Trainings? Gehen Sie in Ihrer Argumentation auch auf das Begriffsverständnis von Kultur ein.

2. Lösung

Die Geschäftsleitung der Concept AG ist gut beraten, wenn sie den MitarbeiterInnen kulturvorbereitende Trainings sowohl vor der Abreise als auch in China bzw. in Peking vor Ort anbietet. Denn wie das Sprichwort aus dem Volksmund schon sagt „Andere Länder, andere Sitten". Insbesondere in China unterscheiden sich die kulturspezifischen Praktiken sehr stark von den deutschen Gepflogenheiten. Die Argumentation der Geschäftsleitung, dass im 21. Jahrhundert kulturelle Unterschiede keine Rolle mehr spielten, erinnert an die Darstellung der Welt als „Global Village" – eine

https://doi.org/10.1515/9783110737547-002

Metapher, die gerne benutzt wird, um das Ausmaß der Globalisierung und Verflechtung der Weltgemeinschaft darzustellen. Technischer Fortschritt insbesondere in der Kommunikations- und Transporttechnologie sowie die Liberalisierung des Welthandels haben zu einer zunehmenden wirtschaftlichen Verflechtung von Staaten geführt und zum Fortschreiten der Internationalisierung und Globalisierung beigetragen. So ist beispielsweise der berühmte Kaffee von Starbucks weltweit in der gleichen Qualität verfügbar. Amazon macht es möglich, dass Waren, die noch im 20. Jahrhundert nur schwer zu beschaffen waren oder eine lange Lieferzeit hatten, heutzutage innerhalb von wenigen Tagen oder sogar noch am gleichen Tag bis an die Haustür geliefert werden. Die weltweite Verbreitung von einheitlichen Fastfood-Ketten und Coffeeshops darf nicht darüber hinwegtäuschen, dass jedes Land nach wie vor durch seine Kultur geprägt ist, die das Verhalten ihrer Mitglieder steuert, die Denkweisen bestimmt, im Geschäftsleben die Führungs- und Verhandlungstechniken sowie den Umgang mit- und untereinander beeinflusst.

Die Wertschätzung und das Verständnis für die andere Kultur sind sehr wichtig in der internationalen Zusammenarbeit. Deshalb ist es für MitarbeiterInnen und insbesondere für Führungskräfte wichtig, dass sie mit kulturspezifischen Trainings vorbereitet werden. Denn Führungspositionen sind Schlüsselpositionen und die Handlungen der InhaberInnen dieser Positionen können weitreichende Konsequenzen in verschiedene Richtungen haben. Die Geschäftsleitung der Concepta AG tut also gut daran, wenn sie ihre Führungskräfte auf den geplanten, zeitlich befristeten Auslandseinsatz vorbereitet.

Der Aufbau interkultureller Kompetenz durch beispielsweise kulturvorbereitendes Training ist von hoher Bedeutung. Wer im Umgang mit anderen Kulturen geübt ist, kann sich eine Menge Missverständnisse, Ärger und Frustration ersparen – im schlimmsten Fall könnten dies sogar geplatzte Geschäfte sein. Im Vergleich zur deutschen Kultur unterscheidet sich die chinesische Kultur in ihren historischen Wurzeln, den politischen, sozialen und wirtschaftlichen Besonderheiten sehr von der deutschen Kultur. Umso wichtiger ist die Überzeugung der Geschäftsleitung für die Notwendigkeit interkultureller Vorbereitung. Werden kulturelle Unterschiede ignoriert, kann das als mangelnde Wertschätzung oder Beleidigung gedeutet werden und das Nichtzustandekommen von Geschäftsabschlüssen zur Folge haben. Eine erfolgreiche Verständigung setzt interkulturelle Kompetenz voraus, die sich unter anderem durch die Auseinandersetzung mit der anderen Kultur entwickeln kann. Der Aufbau interkultureller Kompetenz fördert die Persönlichkeitsentwicklung und sollte schon deshalb von der Geschäftsleitung genehmigt werden. Und dass die chinesischen Expatriates keine kulturellen Probleme hatten, sagt zunächst wenig aus. Denn möglicherweise hatten die chinesischen Geschäftspartner mit deutschen Geschäftspartnern auf der gleichen Hierarchieebene zu tun. Möglicherweise haben die chinesischen Geschäftspartner europäische Hochschulen besucht oder bereits andere westliche Lernerfahrungen gemacht und sind mit den kulturellen Gepflogenheiten der westlichen Welt vertraut. Die Führungskräfte werden allerdings mit großer Wahrscheinlichkeit mit chinesischen MitarbeiterInnen aus unterschiedlichen Hierarchieebenen und Bildungshintergründen zu tun haben.

Was aber nun genau heißt eigentlich Kultur?

Eine Erläuterung des Kulturbegriffs scheint in Anbetracht der Vielzahl an existierenden Definitionen schier unmöglich. Mit einem Zitat von Jürgen Bolten, einem der führenden Wissenschaftler auf dem Gebiet der Kulturforschung, soll die Problematik der Definition verdeutlicht werden: „Den allgemein gültigen Kulturbegriff gibt es nicht." (Bolten 2018, S. 37) Eine in der Betriebswirtschaftslehre von Geert Hofstede gebrauchte Definition von Kultur ist „die kollektive Programmierung des Geistes, die Mitglieder einer Gruppe oder Kategorie von Menschen einer anderen unterscheidet" (Hofstede/Hofstede 2011, S. 4). Auch Kutschker/Schmid (2011, S. 767) haben eine für die Anforderungen der BWL zweckmäßige Formulierung von Kultur geschaffen. Ihnen zufolge ist Kultur definiert als „[...] die Gesamtheit der Grundannahmen, Werte, Normen, Einstellungen und Überzeugungen einer sozialen Einheit, die sich in einer Vielzahl von Verhaltensweisen und Artefakten ausdrückt und sich als Antwort auf die vielfältigen Anforderungen, die an diese soziale Einheit gestellt werden, im Laufe der Zeit herausgebildet hat."

Zur Verdeutlichung der Vielschichtigkeit von Kultur wird in der gängigen Literatur oft auf das Eisbergmodell zurückgegriffen. Ähnlich wie bei einem Eisberg, besteht Kultur aus einem sichtbaren Teil, den sogenannten „Perceptas", und einem unsichtbaren Teil, den sogenannten „Conceptas". Die Perceptas sind empirisch wahrnehmbare Phänomene, wie beispielsweise Symbole, Artefakte, Architektur, Kleidung, Rituale und Zeremonien. Die Concepta-Ebene bezeichnet die nichtsichtbare, tieferliegende Ebene, die im Sinne der Eisbergmetapher unter Wasser im Verborgenen liegt. Dazu gehören Grundannahmen, Werte, Normen, Einstellungen und Überzeugungen, die nicht sichtbar sind. Deshalb sind vorbereitende interkulturelle Trainings wichtig, denn diese können helfen, die tieferliegende unsichtbare Concepta-Ebene, die das Handeln und die Führungspraxis prägt, zu verstehen.

Ein Kulturmodell, welches in der betriebswirtschaftlichen Kulturforschung weit verbreitet ist, stammt von Edgar Schein (1984). Nach Schein können Unternehmenskulturen auf drei Ebenen gegliedert werden. Die erste Ebene stellt die Ebene der Basisannahmen dar. Die Basisannahmen geben Aufschluss über die Weltanschauung. Es handelt sich um unsichtbare und nicht bewusste Annahmen über die Umwelt, über die Wahrheit und die Zeit, über die Natur des Menschen, über das menschliche Handeln und über die Natur der sozialen Beziehungen. Diese können je nach Organisation und Organisationskultur sehr unterschiedlich sein. Wichtig jedoch ist, dass diese Annahmen das Handeln und die Wahrnehmung prägen.

Die zweite Ebene bilden die Normen und Standards. Diese sind teilweise sichtbar, teilweise unsichtbar. Die Weltanschauung aus der ersten Ebene der Basisannahmen findet ihren Niederschlag in den Normen und Standards. Diese beschreiben, wie die Dinge sein sollten und wie sich die Menschen verhalten sollten. Typische Werte bzw. Normen sind beispielsweise „Ehrlichkeit" und „Freundlichkeit".

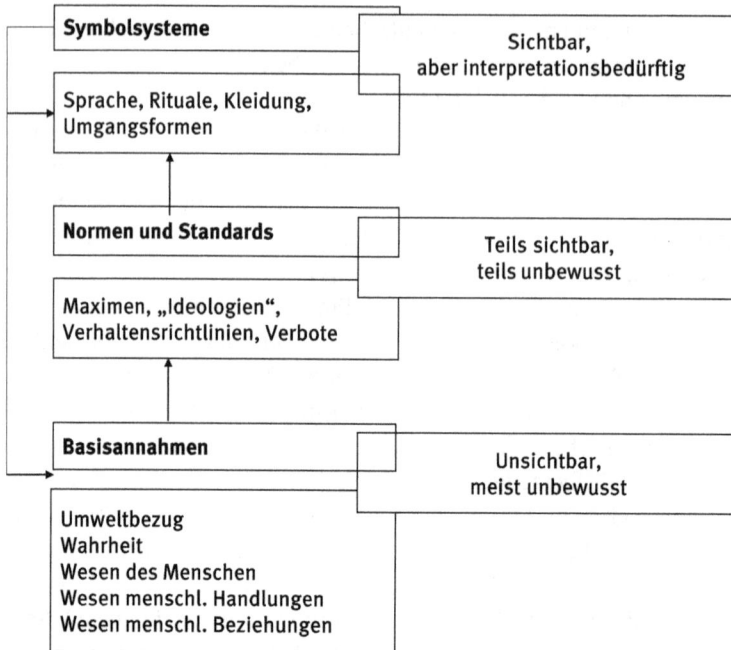

Abb. 2.1: Kulturmodell von Edgar Schein.
Quelle: Schreyögg/Koch 2020, S. 58.

Die dritte Ebene bilden die Symbole, Artefakte und Rituale. Diese sind sichtbar und somit für die Menschen leicht zu erschließen. Dazu können die Architektur der Bürogebäude gehören, die Kleidung der MitarbeiterInnen, die Rituale zu Festlichkeiten, die Anordnung von Parkplätzen usw.

Zur Vertiefung sei die interessierte Leserschaft auf die komprimierte Literatur von Schreyögg/Koch (2020, S. 581–620) verwiesen.

3. Hinweise zur Lösung

Der Bedarf an Auslandseinsätzen über alle Hierarchiestufen und Tätigkeitsbereiche steigt weltweit an. Laut Angaben des BDAE e. V., dem Bund der Auslandserwerbstätigen, (Stand 2019) sind ca. 3,4 Millionen deutscher Bundesbürger im Ausland tätig, und die Tendenz steigt. Nach einer Studie der Unternehmensberatung Mercer sind die beliebtesten Zielländer für Auslandsentsendungen die USA, China, Brasilien, UK und Australien.

Unternehmen, die ihre MitarbeiterInnen ins Ausland entsenden, verfolgen damit vorrangig, Lücken im technischen Know-how in den Auslandsniederlassungen zu schließen, Wissenstransfer sicherzustellen und interkulturelle Managementkompetenz zu entwickeln. Auf Seiten der MitarbeiterInnen ist eine Auslandsentsendung neben den genannten fachlichen Aspekten häufig mit starken Veränderungen in Privat- und Berufsleben verbunden. Diese können einhergehen mit Konflikten im privaten und sozialen Bereich und auch mit einer Beeinträchtigung der Arbeitszufriedenheit verbunden sein. Auslandsentsendungen sind für Unternehmen wie auch MitarbeiterInnen riskant. Über den Erfolg von Auslandsentsendungen liegt kein verlässliches Zahlenmaterial vor. Nach Angaben des *Brookfield survey* (2016, S. 41) werden über 50 % der angebotenen Auslandsangebote aufgrund familiärer und partnerschaftlicher Beweggründe abgelehnt.

Der Vollständigkeit halber sei noch auf die verschiedenen Formen des Auslandseinsatzes bzw. genau genommen der Entsendung hingewiesen. Von Entsendung spricht man, wenn auf Weisung des inländischen Arbeitgebers eine Tätigkeit im Ausland ausgeführt wird. Hinsichtlich der Dauer des Aufenthaltes werden bei der Entsendung folgende Formen unterschieden:

1. Dienstreise: Bei einer Dienstreise handelt es sich um einen Einsatz von bis zu drei Monaten außerhalb der üblichen Arbeitsstätte.
2. Abordnung/Delegation: Bei einem Aufenthalt von drei bis zu zwölf Monaten handelt es sich um eine kurzfristige Entsendung, bei der der Lebensmittelpunkt im Inland bleibt.
3. Auslandsentsendung: Ein Auslandseinsatz von einem Jahr bis zu fünf Jahren ist eine Versetzung ins Ausland.

In der Praxis sind je nach Dauer der Entsendung eine Reihe von arbeits-, sozialversicherungs- und steuerrechtlichen Aspekten zu berücksichtigen.

4. Literaturempfehlungen

BDAE (2019): Die besten Städte der Welt für Expats. Quelle: https://www.bdae.com/journalbeitraege/september-2019-leben-und-arbeiten-im-ausland/1604-die-besten-staedte-der-welt-fuer-expats (Abruf vom 20.03.2021).

Bolten, Jürgen (2018): Einführung in die interkulturelle Wirtschaftskommunikation, 3. Aufl., Göttingen, S. 37.

Brookfield Survey (2016): Quelle: http://globalmobilitytrends.bgrs.com/#/highlights-manufacturing-engineering-reducing-mobility-costs (Abruf vom 23.03.2021).

Keup, Marion (2010): Internationale Kompetenz. Erfolgreich kommunizieren und handeln im Global Business, Wiesbaden, S. 17–24.

Kühlmann, Torsten M. (2004): Auslandseinsatz von Mitarbeitern, Göttingen, S. 177–231.

Kutschker, Michael/Schmid, Stefan (2011): Internationales Management, 7. Aufl., München, S. 671–701.

Mercer (2013): Auslandsentsendungen nehmen zu. Quelle: https://www.mercer.de/newsroom/auslandsentsendungen-nehmen-zu-.html (Abruf vom 23.03.2021).

Schein, Edgar/Schein, Peter (2018): Organisationskultur und Leadership, 5. Aufl., München.

Schreyögg, Georg/Koch, Jochen (2020): Management. Grundlagen der Unternehmensführung, 8. Aufl., Wiesbaden, S. 581–620.

Stahl, Günther K. (2002): Internationaler Einsatz von Führungskräften: Probleme, Bewältigung, Erfolg, in: Krystek, Ulrich/Zur, Eberhard (Hrsg.), Handbuch Internationalisierung, 2. Aufl., Berlin, S. 277–302.

Wagner, Dieter (2002): Grundsatzfragen der Auslandsentsendung, in: Krystek, Ulrich/Zur, Eberhard (Hrsg.), Handbuch Internationalisierung, 2. Aufl., Berlin, S. 263–267.

Yousefi, Hamid Reza (2014): Grundbegriffe der interkulturellen Kommunikation, Konstanz, S. 13–16.

Aufgabe 2: Single-Choice-Aufgaben zu Kultur

Wissen, Verstehen, Anwenden
5 Minuten

1. Fragestellung

Bitte tragen Sie bei den folgenden Aussagen ein, ob diese richtig („R") oder falsch („F") sind.

Tab. 2.1: Kultur Single Choice Aufgaben.

Nr.		Richtig	Falsch
1.	Die eher unsichtbare Ebene von Kultur wird als Percepta bezeichnet.		
2.	Die eher sichtbare Ebene von Kultur wird als Percepta bezeichnet.		
3.	Grundannahmen, Werte und Einstellungen sind der Ebene der Percepta zuzuordnen.		
4.	Kultur ist statisch und nicht veränderbar.		
5.	Das natürliche Hineinwachsen in eine Kultur wird als Akkulturation bezeichnet.		

2. Lösung

Tab. 2.2: Kultur Single Choice Lösungen.

Nr.		Richtig	Falsch
1.	Die eher unsichtbare Ebene von Kultur wird als Percepta bezeichnet.		F
2.	Die eher sichtbare Ebene von Kultur wird als Percepta bezeichnet.	R	
3.	Grundannahmen, Werte und Einstellungen sind der Ebene der Percepta zuzuordnen.		F
4.	Kultur ist statisch und nicht veränderbar.		F
5.	Das natürliche Hineinwachsen in eine Kultur wird als Akkulturation bezeichnet.		F

3. Hinweise zur Lösung

1. **Falsch:** Die eher unsichtbare Ebene von Kultur wird als Concepta und nicht als Percepta bezeichnet.
2. **Richtig:** Als Percepta gelten Phänomene wie Kleidung, Architektur, Rituale, Symbole.
3. **Falsch:** Grundannahmen, Werte und Einstellungen sind auf der Ebene der Concepta zu verorten, sie sind unsichtbar und liegen im Verborgenen.
4. **Falsch:** Kultur ist zwar überliefert und tradiert und hat somit einen statischen Charakter, aber dennoch ist Kultur auch veränderbar.
5. **Falsch:** Das natürliche Hineinwachsen in eine Kultur wird als Enkulturation bezeichnet. Akkulturation bezeichnet das Erlernen und nicht das natürliche Hineinwachsen in eine Kultur.

4. Literaturempfehlungen

Keup, Marion (2010): Internationale Kompetenz. Erfolgreich kommunizieren und handeln im Global Business, Wiesbaden, S. 17–24.

Kutschker, Michael/Schmid, Stefan (2011): Internationales Management, 7. Aufl., München, S. 688–691.

Schreyögg, Georg/Koch, Jochen (2020): Management. Grundlagen der Unternehmensführung, 8. Aufl., Wiesbaden, S. 581–620.

2.2 Charakterisierung von Landeskulturen durch Kulturdimensionen

2.2.1 Kulturdimensionen nach Hall

Aufgabe 1: Erläuterung der Kulturdimensionen nach Edward T. Hall am Beispiel des Ländervergleichs zwischen Deutschland und den Vereinigten Arabischen Emiraten

Wissen, Verstehen, Anwenden
20 Minuten

1. Fragestellung

Welche Kulturdimensionen werden nach dem Anthropologen Edward T. Hall unterschieden? Verdeutlichen Sie die Kulturdimensionen nach Hall anhand eines Ländervergleichs von Deutschland und den Vereinigten Arabischen Emiraten. Zeigen Sie auch auf, inwiefern diese Dimensionen zwischen Geschäftspartnern aus Deutschland und den Vereinigten Arabischen Emiraten eine Rolle spielen könnten.

Recherchieren Sie dazu die arabische Landeskultur in den einschlägigen Publikationen.

2. Lösung

Der Anthropologe Edward T. Hall hat zum Teil gemeinsam mit seiner Frau Mildred Hall in dem Zeitraum der 1960er bis 1990er Jahre die folgenden vier Kulturdimensionen entwickelt:

1. Kontextorientierung
2. Raumorientierung
3. Zeitorientierung und
4. Informationsgeschwindigkeit

Die Dimension Kontextorientierung bezieht sich auf die Menge an codierten bzw. expliziten Informationen, die in Kommunikationssituationen übermittelt werden. Hall unterscheidet zwischen High-context-Kulturen und Low-context-Kulturen.

In High-context-Kulturen ist ein hohes Kontextverständnis wichtig, um eine übermittelte Botschaft zu verstehen. Denn die Informationen bzw. die übermittelten Botschaften werden implizit und codiert kommuniziert. Es wird sprichwörtlich „durch die Blume" gesprochen, und ein hoher Informationsgehalt ist nonverbal in Mimik, Gestik, Stimme und Körpersprache enthalten. Eine gelungene Kommunikation benötigt ein hohes Maß an Kontextinformationen über die Person und die Beziehung. Der Empfänger einer Nachricht muss „zwischen den Zeilen lesen" können, denn es wird nicht immer alles explizit gesagt, was gemeint ist. Zu den High-context-Kulturen gehören beispielsweise die arabischen, asiatischen und südeuropäischen Kulturen.

In Low-context-Kulturen ist die Kommunikation direkt, explizit und der Inhalt unmittelbar. Es wird sozusagen „gesagt, was gemeint ist". Für das Verständnis einer Botschaft ist wenig Kontextinformation nötig. Beziehungen, Körpersprache und andere indirekte Kommunikationsmittel spielen eine untergeordnete Rolle. Zu den Low-context-Kulturen gehören beispielsweise die nordeuropäischen Kulturen und die US-amerikanische Kultur.

In der Zusammenarbeit mit deutschen und arabischen Geschäftspartnern ist es wichtig zu wissen, dass die Vereinigten Arabischen Emirate den High-context-Kulturen und Deutschland den Low-context-Kulturen zuzuordnen sind und die Kommunikation in den Kulturen sehr unterschiedlich ist.

Für eine erfolgreiche Zusammenarbeit mit den arabischen Geschäftspartnern sollten Deutsche sich die kulturellen Codes der High-context-Kulturen erschließen und lernen, zwischen den Zeilen zu lesen. In der arabischen Geschäftswelt gilt es, stets sozial wertschätzend und gesichtswahrend mit seinem Gegenüber zu kommunizieren und die Harmonie in der Gruppe zu bewahren. Das direkte Aussprechen eines „Nein" oder das Äußern von Kritik in der Gegenwart anderer, so wie es teilweise gängige Praxis im Geschäftsleben von Low-context-Kulturen ist, gilt als Affront. Kritik oder Ablehnung wird nicht direkt ausgesprochen, sondern kommunikativ verpackt, indem beispielsweise auf ein Thema nicht mehr eingegangen oder das Thema gewechselt wird. Den arabischen Geschäftspartnern ist dann klar, dass dies die Art und Weise ist, Kri-

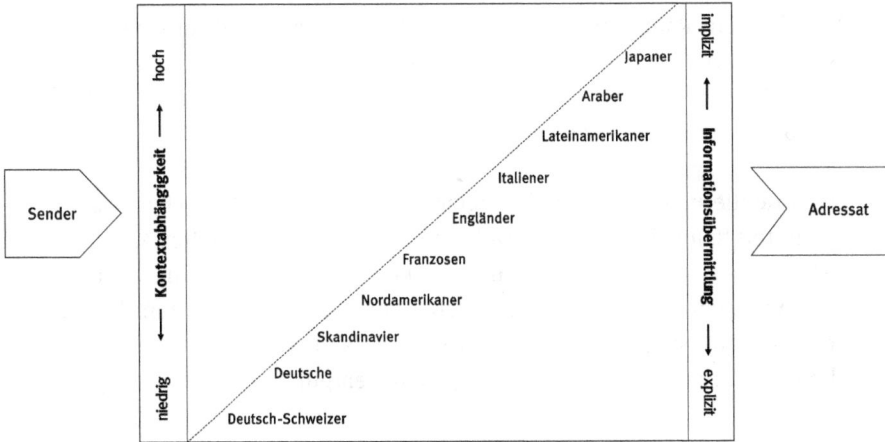

Abb. 2.2: Low-context-Kulturen und High-context-Kulturen.
Quelle: In Anlehnung an Kutschker/Schmid 2011, S. 712.

tik zu äußern. Ein sogenanntes „Ja" hingegen muss nicht zwangsläufig Zustimmung bedeuten. Denn was gemeint ist und was gesagt wird, muss nicht immer übereinstimmen und ist oft nur aus dem Kontext heraus zu erschließen. Weiterhin ist es wichtig zu wissen, dass in der arabischen Geschäftswelt Wünsche und Anregungen nicht direkt geäußert werden, sondern in Form von Anekdoten und Metaphern verpackt werden. In Deutschland beispielsweise ist es üblich, um Hilfe zu bitten, wenn man Unterstützung benötigt. In der arabischen Geschäftswelt hingegen würde man nicht direkt nach Hilfe fragen, sondern vielmehr ein Problem beschreiben und erwarten, dass das Gegenüber hilft. Wenn deutsche Geschäftspartner in der arabischen Welt erfolgreich kommunizieren wollen, dann müssen sie sich Zeit für den Beziehungsaufbau nehmen und mit den impliziten Codes der Kultur vertraut werden.

Raumorientierung kennzeichnet das unterschiedliche Bedürfnis nach Nähe und Distanz in unterschiedlichen Kulturen. Menschen umgibt eine unsichtbare Trennlinie, die das individuelle Territorium markiert. Dieses Territorium differenziert Hall anhand vier verschiedener Distanzzonen: der Privatsphäre, der persönlichen Zone, der sozialen Zone und des öffentlichen Raums.

1. Die Privatsphäre ist der Raum, der nur für engste Familienmitglieder zugänglich ist. In Deutschland liegt diese Distanzzone bei bis zu 0,5 m.
2. Die persönliche Zone bezeichnet den Raum, der beispielsweise bei Gesprächen mit Bekannten und Freunden einzuhalten ist, und liegt in Deutschland bei ca. 0,5 bis 1 m.
3. Die soziale Zone bezeichnet den Raum, der beispielsweise mit ArbeitskollegInnen im Büro einzuhalten ist. Diese Distanz liegt in Deutschland zwischen 1,5 bis 3,5 m.

4. Der öffentliche Raum kennzeichnet die Distanz, die in dem öffentlichen Raum wie Geschäften, Hotels, öffentlichen Verkehrsmitteln etc. einzuhalten ist. Es sei angemerkt, dass die Corona Situation seit dem Ausbruch der Pandemie im Frühjahr 2020 die Abstandregelungen weltweit verändert hat.

Die Raumorientierung variiert in Abhängigkeit von der Kultur. Menschen aus demselben Kulturkreis halten intuitiv die jeweiligen Distanzzonen ein. Treffen Menschen aus unterschiedlichen Kulturkreisen zusammen, kann es Missverständnisse in der Einhaltung der unsichtbaren Trennlinien geben. Denn eine zu große Distanz kann als distanziert und damit negativ empfunden werden. Das Überschreiten der unsichtbaren Trennlinie kann als bedrohlich oder unangenehm empfunden werden.

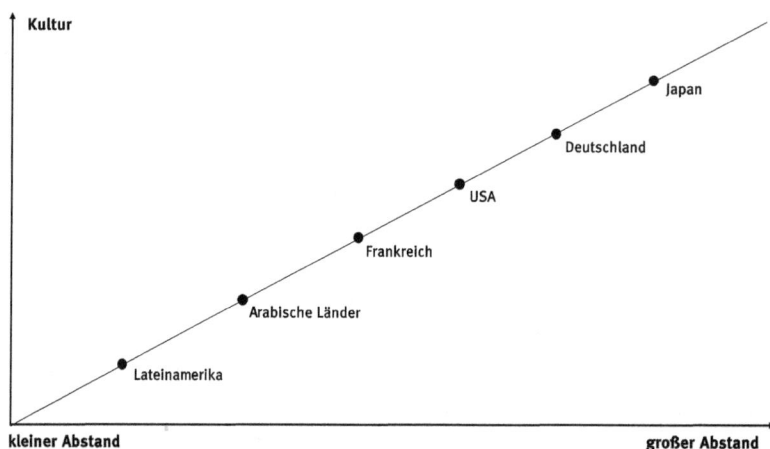

Abb. 2.3: Bevorzugter Abstand im Gespräch nach Ländern.
Quelle: In Anlehnung an Erll/Gymnich 2007, S. 116.

Wie aus Abbildung 2.3 ersichtlich, ist in Ländern in Lateinamerika, Afrika und im Nahen und Mittleren Osten der bevorzugte Abstand geringer als beispielsweise in Deutschland und den USA. Innerhalb eines Kulturkreises können auch weitere Merkmale wie das Geschlecht oder der soziale Status die Distanzzonen beeinflussen. Deshalb ist es für die erfolgreiche Zusammenarbeit zwischen deutschen und arabischen Geschäftspartnern wichtig zu wissen, dass die Trennung der Geschlechter eine große Rolle spielt. Begegnen sich beispielsweise eine deutsche Geschäftsfrau und ein arabischer Geschäftsmann, so werden diese entsprechend ihrer kulturellen Raumorientierung intuitiv sehr unterschiedliche Körperabstände wahren. Der arabische Geschäftsmann wird aus Höflichkeit gegenüber der Frau einen größeren Abstand wählen, als die deutsche Geschäftsfrau dies wahrscheinlich von ihren deutschen sowohl männlichen als auch weiblichen KollegInnen kennt. Weiterhin gelten unter

Männern Besonderheiten, die für deutsche Geschäftspartner befremdlich sein können. So gelten unter arabischen Männern die körperliche Nähe bei der Begrüßung und der sogenannte Bruderkuss wie auch das Händchenhalten unter Männern als Zeichen von Nähe bzw. Vertrautheit und sind kein Hinweis auf versteckte Homosexualität. Die Frau wird von einem Mann nicht mit einem Händeschütteln begrüßt und auch gilt es als unsittlich, Frauen in die Augen zu sehen. Im öffentlichen Raum haben Frauen und Männer Abstand zu wahren. Berührungen, Händchenhalten oder Küsse unter den Geschlechtern sind verboten und werden je nach Tatbestand und Sachlage zum Teil mit Geldstrafen geahndet.

Zeitorientierung kennzeichnet das Zeitverständnis. Edward Hall differenziert zwischen einer polychronen und einer monochronen Zeitauffassung.

Kulturen, in denen ein monochrones Zeitverständnis vorherrscht, verwenden ihre Zeit linear. Sie erledigen Aktivitäten sequenziell, also eine Sache nach der anderen. Die Einhaltung von Zeitplänen und Pünktlichkeit haben eine hohe Bedeutung. Gemäß dem Spruch „*Time is money*" wird Zeit als etwas Kostbares geschätzt, das gut geplant und effizient eingesetzt werden soll. Im Geschäftsleben werden Termine mit bis zu 15-minütigen Zeitabschnitten vergeben. Es gilt Zeit nicht zu vergeuden, sondern zu planen und strukturiert zu arbeiten. Unterbrechungen werden als störend empfunden und daher gilt es diese zu vermeiden bzw. das Mögliche zu tun, um Unterbrechungen zu vermeiden. Die Aufgabenorientierung hat ein stärkeres Gewicht als die Personenorientierung. Die nordeuropäischen Länder, Deutschland und die Schweiz sowie die US-Amerikaner gelten als monochrone Kulturen.

Kulturen, die ein polychrones Zeitverständnis haben, verwenden ihre Zeit ereignisorientiert, können verschiedene Aktivitäten gleichzeitig erledigen und lassen sich schneller ablenken. Polychrone Kulturen handhaben die Zeitpläne und Fristen flexibler und sind weniger aufgabenorientiert, sondern mehr personenorientiert. Verspätungen und Veränderungen von Zeitplänen werden toleriert. Zu den polychronen Kulturen zählen die südamerikanischen, arabischen und südeuropäischen Kulturen.

In der Zusammenarbeit zwischen Deutschen und den Emiratis (Bezeichnung für die einheimische Bevölkerung der Vereinigten Arabischen Emirate) können das polychrone Zeitverständnis der golfarabischen Welt und das stark monochrone Zeitverständnis der Deutschen zu großen Problemen in der Zusammenarbeit führen. Deutsche Geschäftsleute sollten sich darauf einstellen, dass in der arabischen Welt mehrere Dinge gleichzeitig getan werden, dass nicht nur ein Gespräch mit einem Gegenüber geführt werden kann, sondern durchaus mit mehreren Personen gleichzeitig – oder dass während einer Besprechung oder in einer Sitzung eingehende Anrufe angenommen werden und das Telefon ständig für Unterbrechungen sorgt. In der deutschen Geschäftswelt gilt diese Gleichzeitigkeit des Tuns als äußerst unhöflich und unprofessionell, in der arabischen Welt hingegen ist es der Ausdruck der Personenorientierung und der Bedeutung von zwischenmenschlichen Beziehungen. In Deutschland ist es normal, dass Gespräche in der Regel hinter verschlossenen Bürotüren stattfinden. In der arabischen Welt hingegen ist es üblich, dass die Türen offenstehen und während eines Meetings nicht geplante BesucherInnen dazukommen, die begrüßt werden und mit denen ein Smalltalk gehalten wird. Oder während einer Besprechung betritt die Assistenz den Raum und reicht dem Chef (in der Regel sind es Männer) Unterlagen zur Unterschrift herein, die er dann auch erst einmal unterschreibt und sich dann wieder seinen Gesprächspartnern widmet. In Deutschland würde dies als unprofessionell, zerstreut und unhöflich gewertet werden. Das Bild eines sich polychron verhaltenden Chefs passt nicht zum Idealbild der organisierten und strukturierten Führungskraft der westlichen Welt.

In Deutschland würde die Assistenz erst nach Ende des Meetings die Unterlagen hereinreichen, also eine Aufgabe nach der anderen erledigen. Für die deutschen Kollegen kann das polychrone Verhalten sehr nervenaufreibend sein und für die arabischen Kollegen können die starke Aufgabenorientierung und Eile unhöflich und beleidigend wirken. Die deutschen Geschäftspartner sollten viel Geduld und Toleranz aufbringen, um eine gute Zusammenarbeit zu gewährleisten.

Informationsgeschwindigkeit gibt Aufschluss über die Geschwindigkeit, mit der Informationen in Kommunikationssituationen codiert und decodiert werden. Hall unterscheidet zwischen Kulturen mit einer Präferenz für hohe Informationsgeschwindigkeiten und Kulturen mit einer Präferenz für niedrige Informationsgeschwindigkeiten. Die Informationsgeschwindigkeit hat Einfluss auf Botschaften und Beziehungen. Die US-amerikanische Kultur gilt als Kultur mit hoher Informationsgeschwindigkeit. Die Präferenz dafür äußert sich in der Geschäftswelt beispielsweise im schnellen Reagieren auf Anfragen oder in der Vorgehensweise *„Done is better than perfect"* im Rahmen von Projektarbeit. Die Präferenz für schnelle Informationsgeschwindigkeit kann sich auch auf der Beziehungsebene darstellen. So ist beispielsweise die Kontaktanbahnung in den USA deutlich schneller als in Europa. Smalltalk mit Fremden, der Aufbau von informellen, oberflächlichen Beziehungen ist unter Amerikanern sehr stark ausgeprägt. Die Vereinigten Arabischen Emirate haben eine Präferenz für niedrige Informationsgeschwindigkeiten. Die Codierung und Decodierung von Botschaften benötigt mehr Zeit als in der US-amerikanischen Kultur. In den Vereinigten Arabischen Emiraten wird viel Wert auf den Aufbau von langfristigen Beziehungen gelegt. Für die erfolgreiche interkulturelle Zusammenarbeit gilt auch in diesem Fall wieder, dass Geduld und Toleranz angebracht sind.

3. Hinweise zur Lösung

Edward T. Hall ist ein Pionier auf dem Gebiet der kulturvergleichenden Forschung. Dennoch ist sein Modell nicht ohne Kritik geblieben. Das Modell von Hall dient lediglich einer generellen Orientierung und Hall selbst erhebt nicht den Anspruch auf ein vollständiges Abbild einer Kultur mit seinem Modell. Er betont auch, dass es innerhalb einer kulturellen Gruppe auch individuelle Differenzen geben kann und die Menschen nicht entlang der genannten Kulturdimensionen zu kategorisieren sind. Weiterhin sind die Kulturdimensionen nicht losgelöst voneinander. Eine High-context-

Kultur geht oftmals mit einem polychronen Zeitverhalten und einer langsamen Informationsgeschwindigkeit einher. Kulturelle Dimensionen sind Momentaufnahmen
und nicht unbedingt universell. Deshalb ist Vorsicht geboten bei einer unreflektierten
Verallgemeinerung. Denn deterministische Kulturkonzepte können auch Stereotype
verstärken, anstatt zur interkulturellen Zusammenarbeit beizutragen. Auch scheint
die Anwendung von deterministischen Kulturkonzepten vor der zunehmenden internationalen Verflechtung fraglich. In vielen Gesellschaften existieren schon lange keine reinen Landeskulturen mehr, sondern viele Kulturen nebeneinander. Die Vereinigten Arabischen Emirate sind ein Schmelztiegel der Kulturen und ein Land, in dem ein
Nebeneinander von Tradition und Moderne herrscht. Die Reduzierung auf eine Kultur
lässt außen vor, dass man es in den Vereinigten Arabischen Emiraten in Geschäftsver-
handlungen selten nur mit den Emiratis, also der einheimischen Bevölkerung, zu tun
hat. Vielmehr ist man mit einer Vielfalt von Kulturen konfrontiert. Es gehören knapp
80 % der Bevölkerung in den Vereinigten Arabischen Emiraten der Glaubensrichtung
des Islam an und die Arbeitsmigranten haben damit zumindest die Religion als ver-
bindendes Element, aber dennoch können die kulturellen Unterschiede nicht negiert
werden. So kann man auf Dubais Straßen beispielsweise sehen, dass eine emiratische,
vollverschleierte Frau neben einer libanesischen Frau im Minirock entlang geht, was
für Außenstehende grotesk anmuten kann. Ebenso sind Männer in dem Traditions-
gewand der Dishda neben sehr westlich modern gekleideten Männern zu sehen. Die
Bevölkerungszusammensetzung der Vereinigten Arabischen Emirate ist sehr außer-
gewöhnlich. Von den knapp 12 Millionen Einwohnern sind Schätzungen zufolge ca.
80 % bis 90 % Arbeitsmigranten, die mit knapp 60 % aus den südasiatischen Ländern kommen. Die einheimische Bevölkerung ist mit einem Anteil von ca. 10 % bis
knapp unter 20 % eine Minderheit im eigenen Land. Da das National Bureau of Sta-
tistics der Vereinigten Arabischen Emirate keine demografischen Daten in Bezug auf
die Nationalität veröffentlicht, beruhen die Daten auf Schätzungen der ausländischen
Botschaften.

4. Literaturempfehlungen

Barmeyer, Christoph (2010): Kulturdimensionen und Kulturstandards, in: Barmeyer,
    Christoph/Genkova, Petia/Scheffer, Jörg (Hrsg.), Interkulturelle Kommunikation und
    Kulturwissenschaft. Grundbegriffe, Wissenschaftsdisziplinen, Kulturräume, Passau, S. 87–117.
Countrymeters (2021): Vereinigte Arabische Emirate Bevölkerung. Quelle:
    https://countrymeters.info/de/United_Arab_Emirates (Abruf vom 23.03.2021).
Erll, Astrid/Gymnich, Marion (2007): Interkulturelle Kompetenzen: Erfolgreich kommunizieren
    zwischen den Kulturen, Stuttgart, S. 116.
Hall, Edward T. (1977): Beyond culture, New York.
Hall, Edward T. (1989): The dance of life: The other dimension of time, New York, S. 6.
Hall, Edward T. (1990b): The silent language, New York.
Hall, Edward T. (1990a): The hidden dimension, New York.
Hall, Edward T./Hall, Mildred (1992): Understanding cultural differences, Yarmouth.

Jammal, Elias/Schwegler, Ulrike (2007): Interkulturelle Kompetenz im Umgang mit arabischen Geschäftspartnern: ein Trainingsprogramm, Bielefeld.

Statista (2020): Vereinigte Arabische Emirate: Gesamtbevölkerung von 1980 bis 2005 und Prognosen bis 2025. Quelle: https://de.statista.com/statistik/daten/studie/259705/ umfrage/gesamtbevoelkerung-der-vereinigten-arabischen-emirate/ (Abruf vom 23.03.2021).

Aufgabe 2: Single-Choice-Aufgaben zu Hall

Wissen, Verstehen, Anwenden
30 Minuten

1. Fragestellung

Bitte tragen Sie bei den folgenden Aussagen ein, ob diese richtig („R") oder falsch („F") sind.

Tab. 2.3: Hall Single Choice Aufgaben.

Nr.		Richtig	Falsch
1.	Aktivitätsorientierung ist eine Kulturdimension nach Edward Hall.		
2.	Hinsichtlich der Raumorientierung unterscheidet Hall vier Dimensionen: die Privatsphäre, die persönliche Zone, die soziale und die öffentliche Zone.		
3.	Bei der Dimension Raumorientierung werden die sogenannten High-context- und Low-context-Kulturen unterschieden.		
4.	Informationsgeschwindigkeit bezeichnet, wie schnell Informationen in einer Gesellschaft weitergegeben werden.		
5.	Hinsichtlich der Dimension Zeitorientierung werden monochrone und polychrone Kulturen unterschieden.		
6.	Ein polychrones Zeitverhalten bzw. Zeitverständnis ist häufig in sogenannten Low-context-Kulturen zu finden.		
7.	Ein monochrones Zeitverhalten/Zeitverständnis ist in High-context-Kulturen zu finden.		
8.	Ein polychrones Zeitverhalten/Zeitverständnis ist in sogenannten High-context-Kulturen zu finden.		
9.	Skandinavien ist eher der High-context-Kultur zuzuordnen.		
10.	Die Schweiz ist eher der Low-context-Kultur zuzuordnen.		

2. Lösung

Tab. 2.4: Hall Single Choice Lösungen.

Nr.		Richtig	Falsch
1.	Aktivitätsorientierung ist eine Kulturdimension nach Edward Hall.		F
2.	Hinsichtlich der Raumorientierung unterscheidet Hall vier Dimensionen: die Privatsphäre, die persönliche Zone, die soziale und die öffentliche Zone.	R	
3.	Bei der Dimension Raumorientierung werden die sogenannten High-context- und Low-context-Kulturen unterschieden.		F
4.	Informationsgeschwindigkeit bezeichnet, wie schnell Informationen in einer Gesellschaft weitergegeben werden.	R	
5.	Hinsichtlich der Dimension Zeitorientierung werden monochrone und polychrone Kulturen unterschieden.	R	
6.	Ein polychrones Zeitverhalten bzw. Zeitverständnis ist häufig in sogenannten Low-context-Kulturen zu finden.		F
7.	Ein monochrones Zeitverhalten/Zeitverständnis ist in High-context-Kulturen zu finden.		F
8.	Ein polychrones Zeitverhalten/Zeitverständnis ist in sogenannten High-context-Kulturen zu finden.	R	
9.	Skandinavien ist eher der High-context-Kultur zuzuordnen.		F
10.	Die Schweiz ist eher der Low-context-Kultur zuzuordnen.	R	

3. Hinweise zur Lösung

1. **Falsch:** Aktivitätsorientierung ist eine Kulturdimension nach Kluckhohn/Strodtbeck. Vgl. dazu Kutschker/Schmid (2011): Internationales Management, 7. Aufl., München, S. 709.

2. **Richtig:** Hinsichtlich der Raumorientierung unterscheidet Hall diese vier Zonen.

3. **Falsch:** Hinsichtlich der Raumorientierung unterscheidet Hall vier Zonen. High Context und Low Context bezieht sich auf die Dimension Kontextorientierung, nicht jedoch auf die Raumorientierung.

4. **Richtig:** Informationsgeschwindigkeit bezeichnet die unterschiedlichen Geschwindigkeiten, mit denen Informationen codiert und decodiert werden.

5. **Richtig:** Typisch für monochrone Kulturen ist, dass Aufgaben nacheinander erledigt werden, hingegen werden in polychronen Kulturen viele Dinge zur gleichen Zeit erledigt.

6. **Falsch:** Ein polychrones Zeitverhalten bzw. Zeitverständnis ist häufig in High-context-Kulturen zu finden.

7. **Falsch:** Ein monochrones Zeitverhalten bzw. Zeitverständnis ist in Low-context-Kulturen zu finden.

8. **Richtig:** In polychronen Kulturen, wie beispielsweise in der arabischen Kultur, werden mehrere Dinge bzw. Aufgaben simultan erledigt. Für Personen aus monochronen Kulturen kann dies sehr lästig und unkonzentriert wirken.

9. **Falsch:** Skandinavien ist ebenso wie Deutschland und die USA eher der Low-context-Kultur zuzuordnen.

10. **Richtig:** So ist beispielsweise Pünktlichkeit eine typische schweizerische Tugend.

4. Literaturempfehlungen

Barmeyer, Christoph (2010): Kulturdimensionen und Kulturstandards, in: Barmeyer, Christoph/Genkova, Petia/Scheffer, Jörg (Hrsg.), Interkulturelle Kommunikation und Kulturwissenschaft. Grundbegriffe, Wissenschaftsdisziplinen, Kulturräume, Passau, S. 87–117.

Hall, Edward T. (1977): Beyond culture, New York.

Hall, Edward T. (1989): The dance of life: The other dimension of time, New York, S. 6.

Hall, Edward T. (1990b): The silent language, New York.

Hall, Edward T. (1990a): The hidden dimension, New York.

Hall, Edward T./Hall, Mildred (1992): Understanding cultural differences, Yarmouth.

Kutschker, Michael/Schmid, Stefan (2011): Internationales Management, 7. Aufl., München, S. 674–680.

2.2.2 Hofstede

Aufgabe 1: Kulturdimensionen nach Hofstede

Wissen, Verstehen, Anwenden
20 Minuten

1. Fragestellung

Welche Kulturdimensionen werden nach dem niederländischen Forscher Geert Hofstede unterschieden?

2. Lösung

Die Kulturdimensionen nach dem bedeutenden niederländischen Kulturforscher Geert Hofstede sind folgende:

1.) Individualismus versus Kollektivismus
2.) Maskulinität versus Femininität
3.) Hohe versus niedrige Machtdistanz
4.) Hohe versus niedrige Unsicherheitsvermeidung
5.) Langfristorientierung versus Kurzfristorientierung

Zu 1) In individualistischen Gesellschaften steht das Individuum bezüglich des Selbstbildes im Mittelpunkt in allen sozialen Belangen. Individuelle Interessen wie Unabhängigkeit, individueller Erfolg, persönliche Ziele und eine individuelle Identität haben Priorität gegenüber dem Kollektiv, welches nachrangige Bedeutung hat. Die Fokussierung auf das Individuum beginnt schon in der Kindererziehung in der Kleinfamilie. Das Kind lernt seine eigenen individuellen Bedürfnisse zu äußern und dafür einzustehen. Später im Erwachsenenalter wird Selbstverantwortung und Selbstversorgung erwartet. In individualistischen Gesellschaften sind Bindungen unter den Individuen eher locker und offen. Die Aufgabenorientierung am Arbeitsplatz steht über den menschlichen Beziehungen. In kollektivistischen Kulturen ist die Einbindung in soziale Gruppen stark ausgeprägt. Die Menschen verstehen sich als Kollektiv und ordnen sich der Gruppe, in der sie ein Wir-Gefühl erleben und damit auch einen lebenslangen Schutz erfahren, unter. Schon im Kindesalter wird gelernt, dass die individuellen Bedürfnisse den kollektiven Interessen nachrangig sind. Die eigene Meinungsbildung steht nicht im Mittelpunkt. Soziale Normen und Pflichten aus dem Kollektiv haben eine größere Bedeutung als individuelle Interessen. Die Wir-Identität steht im Mittelpunkt von kollektivistischen Kulturen. Tabelle 2.5 führt die Länder auf, die eher kollektivistisch bzw. eher individualistisch geprägt sind.

Tab. 2.5: Beispielländer für die Dimension Individualismus nach Hofstede.
Quelle: In Anlehnung an Kutschker/Schmid 2011, S. 725.

Individualistische Länder	Werte für Individualismus	Kollektivistische Länder	Werte für Individualismus
USA	91	Arabische Länder	38
Australien	90	Brasilien	38
Großbritannien	89	Türkei	37
Kanada	80	Mexiko	30
Niederlande	80	Malaysia	26
Neuseeland	79	Singapur	20
Schweden	71	Taiwan	17
Norwegen	69	Costa Rica	15
Schweiz	68	Venezuela	12
Deutschland	67	Guatemala	6

Zu 2) Maskulinität bezieht sich auf den Grad an maskulinen bzw. femininen Werten, die in einer Gesellschaft vorherrschen. Als typisch maskuline Werte gelten Zielstrebigkeit, Erfolg, Verfolgung von Status und Ansehen. In der Arbeitswelt stehen in maskulinen Kulturen die Möglichkeiten, viel Geld zu verdienen, hohes Ansehen und hohen Status zu erlangen, im Mittelpunkt. Die Geschlechterrollen sind klar voneinander abgegrenzt und die männliche Rolle ist durch Durchsetzungsvermögen, Disziplin, Karriereorientierung und materielles Streben gekennzeichnet. In femininen Kulturen sind Fürsorge und Pflegebereitschaft vorherrschend. Die feminine Rolle

zeichnet sich durch Bescheidenheit, Warmherzigkeit und Unterordnung aus. In der Arbeitswelt steht im Mittelpunkt, ein gutes Verhältnis zum Vorgesetzten zu haben, eine freundliche Umgebung, einen sicheren Arbeitsplatz und Zeit für die Familie. Die Geschlechterrollen sind nicht rigide getrennt. Männer können auch die Rolle des Hausmanns übernehmen und Frauen als sogenannte „Breadwinner" fungieren, die für den Lebensunterhalt der Familie verantwortlich sind. Länder mit einer hohen Ausprägung auf dem Wert Maskulinität bzw. Femininität sind der Tabelle 2.6 zu entnehmen. Deutschland hat einen Wert von 66 nach dem Index von Hofstede und liegt knapp in der Mitte mit der Tendenz zu einer höheren Maskulinität.

Tab. 2.6: Beispielländer für die Dimension Maskulinität nach Hofstede. Quelle: In Anlehnung an Kutschker/Schmid 2011, S. 727.

Maskulinität	Werte für Maskulinität	Femininität	Werte für Maskulinität
Japan	95	Finnland	26
Österreich	79	Costa Rica	21
Venezuela	73	Dänemark	16
Italien	70	Niederlande	14
Schweiz	70	Norwegen	8
Mexiko	69	Schweden	5
Deutschland	66		

Zum besseren Verständnis sei noch angemerkt, dass die Skalen ab 1997 auf 100 normiert wurden. Für weitere Informationen dazu sei auf Hofstede/Hofstede/Minkov 2010 verwiesen.

Zu 3) Machtdistanz bezeichnet das Ausmaß, in dem ungleiche Machtverhältnisse in allen Lebensbereichen von den Mitgliedern einer Kultur akzeptiert und auch erwartet werden. In Kulturen mit hoher Machtdistanz wird das Machtgefälle in der Gesellschaft nicht in Frage gestellt. Bemerkbar macht sich eine hohe Machtdistanz zum Beispiel in hierarchischen Organisationsstrukturen, einem autoritären Führungsstil, einer patriarchalen Vaterfigur als Vorgesetztem, der ostentativen Darstellung von Statussymbolen und der Anrede mit Titeln, sofern vorhanden. In Kulturen mit niedriger Machtdistanz werden Entscheidungen häufiger delegiert, Statussymbole nicht akzeptiert, der Führungsstil ist eher partizipativ ausgerichtet und eine Mitsprache wird für alle Beteiligten angestrebt. Die Anrede mit Titeln ist eher unüblich. Wie Tabelle 2.7 zeigt, gelten Länder wie Malaysia, Guatemala und die Philippinen als Kulturen mit hoher Machtdistanz, während Österreich, Israel oder Schweden als Kulturen mit geringer Machtdistanz zählen.

Zu 4) Unsicherheitsvermeidung bezieht sich auf das subjektiv empfundene Ausmaß an Gefühlen der Bedrohung durch unsichere und ungewisse Situationen. Wie aus Tabelle 2.8 ersichtlich ist, weisen Länder wie Griechenland, Portugal und Japan hohe

Tab. 2.7: Beispielländer für die Dimension Machtdistanz nach Hofstede.
Quelle: In Anlehnung an Kutschker/Schmid 2011, S. 72.

Hohe Machtdistanz	Werte für Machtdistanz	Niedrige Machtdistanz	Werte für Machtdistanz
Malaysia	104	Niederlande	38
Guatemala	95	Deutschland	35
Philippinen	94	Finnland	33
Mexiko	81	Norwegen	31
Arabische Länder	80	Schweden	31
Indien	77	Israel	13
		Österreich	11

Tab. 2.8: Beispielländer für die Dimension Unsicherheitsvermeidung nach Hofstede.
Quelle: In Anlehnung an Kutschker/Schmid 2011, S. 723.

Hohe Unsicherheits-vermeidung	Werte für Unsicherheits-vermeidung	Geringe Unsicherheits-vermeidung	Werte für Unsicherheits-vermeidung
Griechenland	112	USA	46
Portugal	104	Indien	40
Japan	92	Großbritannien	35
Frankreich	86	Schweden	29
Spanien	86	Jamaika	13
Brasilien	76	Singapur	8
Deutschland	65		

Punktwerte bei der Dimension Unsicherheitsvermeidung auf. Unsicherheitsvermeidung ist nicht gleichzusetzen mit Risikovermeidung bzw. der Risikobereitschaft einer Kultur, sondern bezieht sich auf die Präferenz nach der Vermeidung von Uneindeutigkeiten. Charakteristisch für Kulturen mit hoher Unsicherheitsvermeidung ist ein generell hohes Angst- und Stressniveau, die Sorge um Geld und Gesundheit, die Vorsicht gegenüber neuen Technologien und damit einhergehend der Wunsch nach detaillierten Regeln, Gesetzen und Vorschriften. Im Geschäftsleben geht eine hohe Unsicherheitsvermeidung einher mit einem hohen Stellenwert des Expertentums, der Vermeidung von Konflikten und einer geringen Ambiguitätstoleranz. MitarbeiterInnen sind weniger bereit, den Arbeitgeber zu wechseln, sie bevorzugen strukturierte Arbeitssituationen und klare Anweisungen von Führungskräften. Führungskräfte wiederum sind häufig stärker im operativen Geschäft tätig und fokussieren ihre Entscheidungsfindung stärker auf die Inhalte als auf die Prozesse. Weiterhin wird von Führungskräften erwartet, dass sie eindeutige Antworten auf Problemstellungen oder Fragen geben können.

Für Kulturen mit geringer Unsicherheitsvermeidung wie beispielsweise Schweden, Großbritannien und die USA gilt das Gegenteil. Diese Kulturen fühlen sich durch

Ungewissheit weit weniger bedroht und weisen eine höhere Ambiguitätstoleranz auf. Funktionieren bestehende Regeln nicht oder finden keine Anwendung mehr, so werden sie geändert. Der Tag wird eher so genommen, wie er ist. Eigeninitiative und Verantwortungsgefühl sind stärker ausgeprägt. In Tabelle 2.8 2.8 sind beispielhaft die jeweiligen Länder mit hoher bzw. niedriger Unsicherheitsvermeidung dargestellt.

Zu 5) Die Langfrist-/Kurzfristorientierung bezeichnet das Ausmaß der kurzfristigen bzw. langfristigen Planung und generellen Zeitorientierung einer Kultur. Die Gesellschaftsmitglieder aus langfristigen Orientierungen pflegen Tugenden wie Geduld, Beharrlichkeit bei der Verfolgung von Zielen sowie die Bereitschaft auf Verzicht kurzfristiger Bedürfnisbefriedigung. Weiterhin sind eine hohe Sparquote und ein ausgeprägtes Schamgefühl charakteristisch.

In Kulturen, die eher kurzfristorientiert sind, haben Traditionen eine hohe Bedeutung, Veränderungen wird eher misstraut, die Einhaltung von traditionellen sozialen Ritualen, in der Ehe, beim Schenken usw. ist wichtig. Die kurzfristorientierten Kulturen erwarten eher schnelle Ergebnisse und haben eine geringe Sparquote. Kurzfristige Bedürfnisbefriedigung im Konsum und sozialen Leben spielt eine größere Rolle als Ausdauer, Geduld und Disziplin. In Tabelle 2.9 sind beispielhaft jeweilige Länder mit Langfrist- bzw. Kurzfristorientierung dargestellt.

Tab. 2.9: Beispielländer für die Dimension Unsicherheitsvermeidung nach Hofstede. Quelle: Eigene Darstellung in Anlehnung an *Intercultural Success* 2018.

Eher Langfristorientierung	Werte für Langfristorientierung	Eher Kurzfristorientierung	Werte für Langfristorientierung
China	118	Deutschland	31
Taiwan	87	Kanada	23
Japan	80	Philippinen	19
Vietnam	80	Spanien	19
Südkorea	75	Nigeria	16
Brasilien	65	Tschechien	13
		Pakistan	00

Eine weitere und damit sechste Dimension, die erst nach 2010 in der Publikation „*Cultures and organizations-software of the mind: Intercultural cooperation and its importance*" von Michael Minkov und Geert und Jan Hofstede eingeführt wurde, ist Nachgiebigkeit bzw. Beherrschung. Kulturen mit einem hohen Wert in der Dimension Nachgiebigkeit erlauben mehr Freizügigkeit und Lockerheit. Der Umgang mit Moral und Sitte ist lockerer. Hohe Werte bei der Dimension Beherrschung verweisen auf einen strengen Umgang mit Sitte und Moral. Die eigene Körperlichkeit und Lustempfinden gilt es nicht nach außen zur Schau zu tragen. Hier sei angemerkt, dass die sechste Dimension nicht in allen relevanten Publikationen zur Kulturthematik Eingang gefunden hat.

3. Hinweise zur Lösung

Geert Hofstede gilt als einer der Pioniere auf dem Gebiet der betriebswirtschaftlichen und managementorientierten Kulturvergleichsforschung. Seine umfangreichen Forschungsarbeiten, die er Ende der 1960er und Beginn der 1970er Jahre zunächst nur bei MitarbeiterInnen des US-amerikanischen Computerherstellers IBM in 60 Ländern weltweit durchführte, haben ihn zu einem der bekanntesten und einflussreichsten Forscher gemacht. Die Erhebungspopulation umfasste im Zeitraum von 1968–1972 ca. 116.000 MitarbeiterInnen der Firma IBM, die aus unterschiedlichen Berufsgruppen und 53 Ländern stammten. Hofstedes Forschung ist kein abgeschlossenes Projekt, sondern mehr als ein lebendiges System zu betrachten. Hofstede hatte in der ersten Erhebung in den 1970er Jahren zunächst nur die Dimensionen Individualismus/Kollektivismus, Maskulinität/Femininität, Machtdistanz und Unsicherheitsvermeidung identifiziert. Dann hatte er in den 1980er Jahren seine Stichprobe um Studierende aus ca. 23 Ländern erweitert und die Dimension Langfristorientierung/Kurzfristorientierung identifiziert und in sein Modell aufgenommen. Für weitere Information bezüglich der Empirie sei auf Kutschker/Schmid (2011, S. 718–720) verwiesen.

Trotz der Pionierarbeit, die Hofstede geleistet hat, gibt es forschungsmethodische Kritik an seiner Arbeit. Als wesentliche Punkte werden angeführt, dass die Auswahl der Befragten, nämlich ausschließlich IBM-MitarbeiterInnen, nicht repräsentativ für die Landeskultur ist, sondern die Unternehmenskultur von IBM widerspiegelt. Auch ist die vollständige Erfassung der Kultur (sowohl Landeskultur als auch Unternehmenskultur) alleine durch Befragung nicht möglich. Denn wie schon im vorangegangenen Kapitel erläutert, gibt es zwei Ebenen, auf denen Kultur sich manifestiert, die Concepta- und die Percepta-Ebene. Die Concepta-Ebene lässt forschungsmethodisch nicht über die Methode der Befragung ermitteln. Ferner hat Hofstede nicht kulturinvariante Fragen gestellt, sondern solche gewählt, die aus Sicht der westlichen Welt interessant sind, aber möglicherweise nicht von Bedeutung für die anderen Kulturen sind. Zu den weiteren Ausführungen sei auf Kutschker/Schmid (2011, S. 729–732) verwiesen, welche die Kritik an Hofstede sehr komprimiert und anschaulich dargestellt haben.

4. Literaturempfehlungen

Hofstede, Geert (1983): The cultural relativity of organizational practices and theories, in: Journal of International Business Studies, 14(2), S. 75–89.

Hofstede, Geert/Hofstede, Gert J./Minkov, Michael (2010): Cultures and organizations: Software of the mind. Revised and expanded, 3. Aufl., New York.

Intercultural Success (2018): Kurzzeitorientierte und langzeitorientierte Kulturen. Quelle: https://www.intercultural-success.de/59-kurzzeitorientierte-und-langzeitorientierte-kulturen/ (Abruf vom 17.03.2021).

Kutschker, Michael/Schmid, Stefan (2011): Internationales Management, 7. Aufl., München, S. 674–680.

McSweeney, Brendan (2002): Hofstede's model of national cultural differences and their consequences: A triumph of faith – a failure of analysis, in: Human Relations, 55(1), S. 89–117.

Aufgabe 2: Erläuterung der Kulturdimensionen nach Hofstede am Beispiel des Ländervergleichs zwischen Deutschland und den Vereinigten Arabischen Emiraten

Wissen, Verstehen, Anwenden
30 Minuten

1. Fragestellung

Worauf müssen deutsche Geschäftsleute achten, wenn sie in den Vereinigten Arabischen Emiraten (VAE) erfolgreich tätig werden wollen? Legen Sie die folgenden Kulturdimensionsindizes von Hofstede zugrunde:

Tab. 2.10: Kulturdimensionsindizes von Hofstede.
Quelle: Abruf vom 1909.2021: https://www.hofstede-insights.com/ (Abruf vom 04.03.2021).

Index	PDI (engl.) Machtdistanz	IDV (engl.) Individualis- musindex	MAS (engl.) Maskulini- tätsindex	UAI (engl.) Unsicherheits- vermeidungsindex	LTO (engl.) Langfristori- entierung
Deutschland	35	67	66	65	83
VAE	90	25	50	80	k. A.

2. Lösung

Power Distance Index: PDI

Die Akzeptanz von Machtdistanz fällt in den Vereinigten Arabischen Emiraten deutlich höher aus. Die Vereinigten Arabischen Emirate weisen einen Wert von 90 auf, während Deutschland einen Wert von 35 hat. Das heißt, Geschäftsleute aus Deutschland müssen sich darauf einstellen, dass Macht, Autorität und starke Hierarchien in Organisationen toleriert und als legitim angesehen werden. Es gilt, Respekt zu haben und diesen auch beispielsweise vor ranghöheren Mitgliedern zu zeigen. Die Bedeutung von Titeln ist sehr hoch und deshalb sollten Menschen als Zeichen von Respekt auch immer mit ihren Titeln, sofern vorhanden, angesprochen werden.

In Kulturen mit hoher Machtdistanz agieren Vorgesetzte autoritärer, als dies normalerweise in Deutschland der Fall ist. Widerspruch, Meinungsäußerung oder Kritik von MitarbeiterInnen, wie es in Deutschland üblich ist und mittlerweile auch in modernen Organisationsstrukturen verlangt wird, isst in den Vereinigten Arabischen Emiraten eher unüblich. MitarbeiterInnen werden auch nicht in die Entscheidungsfindung einbezogen, sondern diese wird von der Führungskraft vollzogen.

Das starke Hierarchiegefälle kann sich deutlich in Gehaltsunterschieden, in Räumlichkeiten, Symbolen und Artefakten zeigen. Die Führungsperson, die in den Golfstaaten in der Regel männlich ist, hat das große oder größte Büro mit Vorzimmer und genießt diverse Privilegien (Dienstwagen, hohes Gehalt, diverse weitere Vergünstigungen). Gerade Führungskräften aus Deutschland mag dies unbehaglich vorkommen, denn der Trend in Deutschland, der sich unter anderem im agilen Projektmanagement, in der Zunahme von Großraumbüros (die zwischenzeitlich auch wieder abgebaut wurden) für alle Beschäftigten und in kollaborativen Arbeitsformen niederschlägt, geht einher mit einer Abflachung von Hierarchien und zunehmender Gleichheit. Moderne Großraumbürokonzepte und flache Organisationsstrukturen sind in Kulturen mit starker Machtdistanz nicht möglich.

Individualismusindex: IDV
Der Individualismusindex in den VAE ist mit einem Wert von 25 deutlich geringer als in Deutschland.

Daraus lässt sich schlussfolgern, dass kollektive Werte wie der Gruppenzusammenhalt und familiärer Zusammenhalt sehr wichtig sind und über den Wert der individuellen Freiheit gestellt werden. Der Stellenwert der Familie ist sehr hoch und die Bedeutung der Familie ist für die nordeuropäischen Kulturen häufig nicht nachvollziehbar. Es gilt alles zu unterlassen, was der Familie und auch dem Ansehen der Familie schaden könnte. Familie beschränkt sich nicht nur auf die engsten Verwandten, sondern zieht größere Kreise der Verwandtschaft mit ein. Der Familie ist man ein Leben lang loyal und andererseits kann man auch mit der lebenslangen Unterstützung der Familie rechnen.

Für die Zusammenarbeit mit Geschäftspartnern aus dem Golfstaat gilt, dass es viel Zeit und Geduld braucht, bis ein Vertrauensverhältnis aufgebaut ist und eine Geschäftsbeziehung aufgenommen werden kann. Eine erfolgreiche Zusammenarbeit erfordert, dass man Informationen über seine Familie und das Privatleben preisgibt. Gleichzeitig muss man sich mit den kulturellen Gepflogenheiten vertraut machen und wissen, welche Informationen man besser nicht preisgibt. So wird zwar über Familie gesprochen, nicht aber explizit über die Ehefrau. Auch sind beispielsweise Themen wie die Pflege von Familienangehörigen in Pflegeheimen besser nicht zu thematisieren, denn sie würden die Andersartigkeit zu der golfarabischen Kultur verstärken. Denn für die Emiratis, wie die einheimische Bevölkerung bezeichnet wird, wäre es unverständlich, dass man Familienangehörige in Heime gibt und nicht zu Hause pflegt. Im Geschäftsleben wird man unter anderem darauf stoßen, dass mehrere Familienmitglieder in einer Organisation tätig sind. In Deutschland gelten meritokratische Prinzipien. Beförderung und Einstellung von Familienmitgliedern und Verwandten wird als sogenannter Klüngel bezeichnet und verächtlich betrachtet. In den Vereinigten Arabischen Emiraten ist das andersherum. Familienmitglieder, die Minderleister sind, werden nicht gekündigt. Es gilt, sich zu arrangieren. Gerade in den Vereinigten Arabischen Emiraten ist die Wahrscheinlichkeit hoch, dass Sie es mit Familienmitgliedern zu tun haben, die Population liegt bei knapp 1 Million, es gibt viele Verwandtschaftsverhältnisse und man kennt sich untereinander.

In der Kommunikation gilt: Weniger E-Mail-Nutzung, mehr persönlicher Kontakt.

Maskulinitätsindex: MAS

In Bezug auf den Maskulinitätsindex unterscheiden sich die VAE und Deutschland geringfügig (66 für Deutschland und 55 für VAE). In den VAE ist der Maskulinitätsindex mit 55 Punkten sogar geringer als in Deutschland mit 66 Punkten. Der Maskulinitätsindex sagt nichts über die Gleichstellung von Frauen und Männern aus, sondern gibt an, ob sogenannte maskuline oder feminine Werte vorherrschen. Für Geschäftspartner aus Deutschland sind keine großen landeskulturellen Unterschiede zu erwarten. In eher maskulinen Kulturen gilt in Bezug auf die Arbeitsmoral das Motto *„Leben, um zu arbeiten"* und in femininen Kulturen *„Arbeiten, um zu leben"*. In maskulinen Kulturen dienen Meetings und Besprechungen nicht nur dem Austausch, sondern auch der Selbstdarstellung. Erfolg, Status und ein hohes Gehalt gelten als erstrebenswert. Belohnungssysteme sind auf die Gratifikation des Stärkeren und Besten ausgerichtet. In femininen Kulturen werden kürzere Arbeitszeiten statt hohen Gehaltes bevorzugt, in Besprechungen steht die Konsensfindung statt Profilierung im Mittelpunkt.

Unsicherheitsvermeidungsindex: UAI

Der Unsicherheitsvermeidungsindex liegt bei 80 für die Vereinigten Arabischen Emirate und fällt höher aus als der Wert von 65 für Deutschland, allerdings sind die Unterschiede nicht sehr groß. Unsicherheitsvermeidung am Arbeitsplatz äußert sich u. a. in der hohen Bedeutung der Beschäftigungssicherheit des Arbeitsplatzes. Auch geringer Arbeitgeberwechsel oder Stellenwechsel kennzeichnet Kulturen mit hoher Unsicherheitsvermeidung. In der deutsch-arabischen interkulturellen Zusammenarbeit gilt es zu beachten, dass die Geschäftspartner nicht unbedingt Emiratis sind, sondern durchaus aus sehr heterogenen Kulturkreisen kommen können. Der Wunsch nach internen Vorschriften, formellen Gesetzen und einer strukturierten Umgebung ist groß. Die MitarbeiterInnen benötigen genaue Anweisungen, wie Tätigkeiten ausgeführt werden sollen. Verantwortung wird eher weniger übernommen und das Ergreifen der Initiative ist auch geringer ausgeprägt. Führungskräfte verbringen im Vergleich zu Ländern mit geringer Unsicherheitsvermeidung mehr Zeit mit dem Alltagsgeschäft als mit strategischen Entscheidungen. Verhandlungen laufen nach stark ritualisierten Praktiken ab und Vertrauen ist eine wichtige Komponente im geschäftlichen Austausch. Um Unsicherheit zu vermeiden, können deutsche Geschäftspartner auf Gemeinsamkeiten, sofern vorhanden, verweisen. Gerne wird nach dem bevorzugten Fußballklub oder den Hobbies gefragt. Deutsche Geschäftspartner sollten sich unter anderem darauf einstellen, dass Länder mit einem hohen Unsicherheitsvermeidungsindex beispielsweise mehr Zeit für das Bezahlen ihrer Rechnungen benötigen. Experten und Spezialisten haben einen hohen Stellenwert, und getreu dem Motto *„Vertrauen ist gut, Kontrolle ist besser"* ist der Dienstweg strikt einzuhalten.

Langfristorientierung: LTO

Für die Dimension Langfristorientierung liegen für die Vereinigten Arabischen Emirate keine Angaben vor. In den Vereinigten Arabischen Emiraten herrscht eher die Mentalität „Ich lebe im Hier und Jetzt" vor. Deutschland hat einen Wert von 80 in der Dimension Langzeitorientierung. Die Langzeitorientierung äußert sich in einer hohen Sparquote, beruflicher Zielsetzung und Ausdauer statt kurzfristiger Bedürfnisbefriedigung.

3. Hinweise zur Lösung

In den Arabischen Emiraten ist der Islam nicht nur die vorherrschende Religion, sondern bestimmt auch maßgeblich das Leben. Im Islam hat die Scharia großen Einfluss. Deshalb ist es ratsam, sich mit den Besonderheiten auseinanderzusetzen. Eine weitere Besonderheit ist das sogenannte Wasta, auch Vitamin W genannt. Wasta steht für eine nicht ganz eindeutige Bezeichnung von einer Art der Großzügigkeit, die in der westlichen Welt in der Nutzung von Kontakten oder als Zahlung von Schmiergeld interpretiert werden würde. In der arabischen Welt ist dies ein Zeichen der Großzügigkeit und kann nur kontextuell gedeutet werden.

"*In sha Allah*" ist eine Redewendung, die nach mündlichen Vereinbarungen gesagt wird. Sie bedeutet so viel wie „So Gott will". Die Kultur der VAE ist hoch kontextuell und für deutsche Geschäftspartner nicht leicht zu verstehen. Es wird beispielsweise dreimal gefragt: „*How are you?*". Dies bedeutet nicht, dass die Person es nicht verstanden hätte oder nach einem Mal Nachfragen die Antwort vergessen hat. Vielmehr sind Wiederholungen Teil der hochkontextuellen Kultur. So wird sich dreimal erkundigt, wie es 1. einem selbst geht, 2. der Familie geht und 3. dem tribe (Stamm) geht. Auch ist Geduld sehr wichtig: Persönliche Beziehungen sind das A und O in der Geschäftswelt und brauchen viel Zeit, bis sie aufgebaut werden. Diese halten sich dafür ein Leben lang, wenn sie sich etabliert haben, da die Emiratis sehr loyal in ihren (menschlichen) Beziehungen sind. Weiterhin sollte man wissen, dass der Freitag ein Feiertag ist, an dem die Männer in die Moschee zum Beten gehen und sich der Familie widmen. Störungen gilt es zu vermeiden. Ebenso sind Religion, Politik und die Ehefrau des Anderen Tabuthemen. Es ist obligatorisch, sich nach der Familie zu erkundigen, nicht aber explizit nach der Ehefrau. Fragen dieser Art haben schon so manche Geschäftsbeziehungen im Keime ersticken lassen.

Wie schon in den vorangegangenen Erläuterungen von Hall erwähnt, so gilt auch für das Modell von Hofstede, dass es lediglich eine generelle Orientierung geben kann und nicht den Anspruch auf Vollständigkeit erhebt. Zu groß sind die individuellen Unterschiede, insbesondere in einem Land wie den Vereinigten Arabischen Emiraten, das als Schmelztiegel der Kulturen beschrieben werden kann, in dem die einheimische Bevölkerung lediglich ca. 10 % bis 20 % der Gesamtpopulation der Vereinigten Arabischen Emirate ausmacht. Umso mehr bedarf es für eine erfolgreiche interkulturelle Zusammenarbeit bzw. einen erfolgreichen Geschäftsabschluss einer intensiven Auseinandersetzung mit den Kulturen in den Vereinigten Arabischen Emiraten. Denn nur die gezielte Vorbereitung und die Auseinandersetzung mit dem Fremden, der anderen Mentalität und den Verhaltensweisen ermöglicht, kulturelle Missverständnisse zu reduzieren und verringert die Gefahr in das sogenannte „Fettnäpfchen" zu treten.

4. Literaturempfehlungen

Aycan, Zeynep/Kanungo, Rabindra N./Sinha, Jai B. P. (1999): Organizational culture and human resource management practices: The model of culture fit, in: Journal of Cross-Cultural Psychology, 30, S. 501–526.

Aycan, Zeynep/Kanungo, Rabindra N./Mendonca, Manuel/Yu, Kaicheng/Deller, Jürgen/Stahl, Günter/Kurshid, Anwar (2000): Impact of culture on human resource management practices: A 10-country comparison, in: Applied Psychology: An International Review, 49(1), S. 192–221.

El Sauaf, Sandrine (2017): Kultur in den Vereinigten Arabischen Emiraten und ihre Auswirkungen auf das Management, Wiesbaden.

Haufe Online Redaktion (2017): Kulturdimensionen: Interkulturelle Unterschiede verstehen. Quelle: https://www.haufe.de/personal/hr-management/interkulturelle-fuehrung-die-kulturdimensionen-von-geert-hofstede_80_397852.html (Abruf vom 10.03.2021).

Hofstede, Geert/Hofstede, Gert J./Minkov, Michael (2017): Lokales Denken, globales Handeln: interkulturelle Zusammenarbeit und globales Management, 6. Aufl., München.

Hutchings, Kate/Weir, David (2006): Guanxi and Wasta: A comparison, in: Thunderbird International Business Review, 48(1), S. 141–156.

Jones, Stephen (2011): Dubai: Wasta, das soziale Schmiermittel der arabischen Welt, in: The Epoch Times. Quelle: https://www.epochtimes.de/politik/ausland/dubai-wasta-das-soziale-schmiermittel-der-arabischen-welt-a661704.html (Abruf vom 17.03.2021).

Towers, Ian/Peppler, Alexander (2017): Geert Hofstede und die Dimensionen einer Kultur, in: Ternès A./Towers I. (Hrsg.), Interkulturelle Kommunikation, Wiesbaden.

Aufgabe 3: Single-Choice-Aufgaben zu Hofstedes Kulturdimensionen

---

Wissen, Verstehen
Minuten

---

1. Fragestellung

Bitte tragen Sie bei den folgenden Aussagen ein, ob diese richtig („R") oder falsch („F") sind.

Tab. 2.11: Hofstedes Kulturdimensionen Single Choice.

Nr.		Richtig	Falsch
1.	Die Dimensionen Maskulinität und Femininität stehen für den Grad der rechtlichen Gleichstellung von Mann und Frau in den jeweiligen Ländern.		
2.	Gesellschaften, die der Dimension Langzeitorientierung zuzurechnen sind, hegen Tugenden, die am zukünftigen Erfolg ausgerichtet sind, wie Beharrlichkeit und Sparsamkeit.		
3.	Landeskulturen mit hohen Werten in der Dimension Machtdistanz akzeptieren gesellschaftliche Ungleichheiten der Machtverteilung der Mitglieder einer Gesellschaft.		
4.	Ein Land, das sich durch eine starke Unsicherheitsvermeidung auszeichnet, ist beispielsweise Japan.		
5.	Ein Land, das sich durch eine geringe Unsicherheitsvermeidung auszeichnet, ist Schweden.		

2. Lösung

Tab. 2.12: Hofstedes Kulturdimensionen Single Choice Lösungen.

Nr.		Richtig	Falsch
1.	Die Dimensionen Maskulinität und Femininität stehen für den Grad der rechtlichen Gleichstellung von Mann und Frau in den jeweiligen Ländern.		F
2.	Gesellschaften, die der Dimension Langzeitorientierung zuzurechnen sind, hegen Tugenden, die am zukünftigen Erfolg ausgerichtet sind, wie Beharrlichkeit und Sparsamkeit.	R	
3.	Landeskulturen mit hohen Werten in der Dimension Machtdistanz akzeptieren gesellschaftliche Ungleichheiten der Machtverteilung der Mitglieder einer Gesellschaft.	R	
4.	Ein Land, das sich durch eine starke Unsicherheitsvermeidung auszeichnet, ist beispielsweise Japan.	R	
5.	Ein Land, das sich durch eine geringe Unsicherheitsvermeidung auszeichnet, ist Schweden.		F

3. Hinweise zur Lösung

1. **Falsch:** Maskulinität und Femininität stehen nicht für die rechtliche Gleichstellung, sondern u. a. für die erwartete und gelebte sowie emotionale Rollenverteilung von Frauen und Männern. Die Dimension gibt vielmehr an, in welche Richtung sich tendenziell die Gesellschaft eher verhält und welche Werte mehr zählen. Als feminine Gesellschaften gelten z. B. Schweden und Norwegen, während zu den maskulinen Gesellschaften die Länder Südamerikas zählen.

2. **Richtig:** China ist beispielsweise ein Land, welches einen hohen Punktwert von 118 Punkten für den Wert der Langfristorientierung aufweist. Menschen mit einer hohen Langfristorientierung gehen sparsamer mit ihren Ressourcen um, verspü-

ren weniger den sozialen Druck, Geld auszugeben, um eine gesellschaftliche Anerkennung zu erfahren. Es stehen Tugenden wie die soziale Pflichterfüllung im Mittelpunkt.

3. **Richtig:** Länder, die hohe Punktwerte in der Dimension Machtdistanz aufweisen, sind beispielsweise Malaysia, die Slowakei sowie die Philippinen und Russland. Länder mit einer niedrigen Ausprägung in der Dimension Machtdistanz sind beispielsweise Österreich, Israel und Dänemark.

4. **Richtig:** Japan ist ein Land, welches bei der Dimension Unsicherheitsvermeidung einen hohen Punktwert von über 90 Punkten aufweist. Japan ist als Ausnahme für asiatische Länder zu sehen. Tendenziell weisen asiatische Länder eine niedrige Unsicherheitsvermeidung auf. Länder, die sich eher durch eine geringe Unsicherheitsvermeidung auszeichnen und Punktwerte von unter 30 haben, sind beispielsweise Dänemark und Hongkong.

5. **Falsch:** Schweden weist einen Punktwert von unter 30 auf und gehört damit zu den Ländern, die eine geringe Unsicherheitsvermeidung aufweisen.

Die genauen und aktuellen Indexwerte können unter https://geerthofstede.com/country-comparison-graphs/ abgerufen werden. (Abruf vom 26.08.2021)

2.2.3 Trompenaars

Aufgabe 1: Erläuterung der Kulturdimensionen nach Trompenaars am Beispiel des Ländervergleichs zwischen Deutschland und den Vereinigten Arabischen Emiraten

Wissen, Verstehen
15 Minuten

1. Fragestellung

Ein weiterer bedeutender Kulturforscher ist Fons Trompenaars. Gemeinsam mit Charles Hampden-Turner hat er das berühmte Buch *„Riding the waves of culture"* geschrieben, in dem er sieben Kulturdimensionen unterscheidet. Welche Kulturdimensionen hat Trompenaars definiert? Erläutern Sie diese am Beispiel eines Ländervergleichs zwischen Deutschland und den Vereinigten Arabischen Emiraten.

2. Lösung

Fons Trompenaars unterscheidet die folgenden sieben Kulturdimensionen:

1. Universalismus versus Partikularismus
2. Individualismus versus Kollektivismus
3. Affektivität versus Neutralität
4. Spezifität versus Diffusität

5. Statuszuschreibung versus Statuserreichung
6. Zeitverständnis
7. Kontrollorientierung

Zu 1) Die Dimension Universalismus vs. Partikularismus gibt Aufschluss darüber, inwieweit Regeln oder menschliche Beziehungen eine höhere Priorität haben.

Universalistische Kulturen legen viel Wert auf die Einhaltung von Regeln und folglich werden Beziehungen durch Regeln definiert. Partikularistische Kulturen hingegen legen viel Wert auf die Beziehungen und somit definieren Beziehungen die Regeln. Als universalistische Landeskulturen gelten beispielsweise Deutschland, Österreich, Schweiz, USA, Kanada und das Vereinigte Königreich. Zu den partikularistischen Ländern zählen beispielsweise Venezuela, Südkorea, Russland, China und die Vereinigten Arabischen Emirate.

In Arbeitsgruppen oder in Meetings ist es zum Beispiel in der deutschen Kultur wichtig, dass es eine zuvor aufgestellte Tagesordnung gibt, dass diese eingehalten wird und in der Zusammenarbeit schnelle Arbeitsergebnisse erzielt werden. In der Kultur der Golfaraber hingegen stehen die zwischenmenschlichen Beziehungen stärker im Fokus als das genaue Einhalten der Tagesordnung oder das schnelle Erreichen von Arbeitsergebnissen. Lägen bei den Emiratis (Bezeichnung für die einheimische Bevölkerung der Vereinigten Arabischen Emirate) Störungen in der zwischenmenschlichen Beziehung vor, so würden sie zunächst einmal versuchen, diese zu beheben, und sich dann erst wieder der Arbeitsebene widmen. In der deutschen Kultur hingegen, würde man sich zuerst um die Arbeitsergebnisse kümmern und dann die Klärung zwischenmenschlicher Beziehung der Gruppenmitglieder vornehmen.

Zu 2) Die Dimension Individualismus vs. Kollektivismus bezieht sich auf das Ausmaß, in dem das „Ich" bzw. das „Wir" im Mittelpunkt steht. In individualistischen Kulturen definieren sich Individuen mehr über das „Ich" als das „Wir" und richten sich bei ihrer Entscheidungsfindung primär an den eigenen Interessen aus, während kollektivistische Kulturen sich in erster Linie über die Zugehörigkeit zu einer Gruppe definieren und sich bei ihrer Entscheidungsfindung an den Interessen des Kollektivs ausrichten.

In der Zusammenarbeit mit Geschäftspartnern aus den Vereinigten Arabischen Emiraten sollte beachtet werden, dass man es mit einer eher kollektivistischen Landeskultur zu tun hat, in der ein starkes Loyalitätsdenken vorherrscht. Eigene Interessen werden eher zum Wohl der Gruppe zurückgestellt. In individualistischen Kulturen wie der deutschen Kultur steht die Durchsetzung der eigenen Interessen stärker im Mittelpunkt.

Zu 3) Affektivität vs. Neutralität bezieht sich auf den Umgang mit Emotionen. Affektive Kulturen zeichnen sich eher durch „impulsives Verhalten" aus, d. h. Emotionen werden nicht unterdrückt, sondern können verbal oder nonverbal gezeigt werden. Was eine Person denkt oder fühlt, muss nicht versteckt werden. Lebhaftes und vitales Verhalten wird eher geschätzt als abgewertet. Gestik, Mimik und Berührungen können durchaus in der Kommunikation eingesetzt werden. Zu den affektiven Landeskulturen gehören zum Beispiel die südamerikanischen Länder und die Vereinigten Arabischen Emirate.

In den von Neutralität geprägten Landeskulturen, ist es eher unüblich, starke Mimik, Gestik und Emotionen zu zeigen. So gilt es bezogen auf die Gefühle nach außen hin, sowohl im Berufs- als auch Privatleben, Neutralität zu bewahren. Selbstbeherrschung gilt als positive Tugend. Distanziertheit und Sachlichkeit werden höher bewertet als emotionales Verhalten. Wie Trompenaars/Hampden-Turner (2012, S. 91) in ihrem Buch „*Riding the waves of culture*" beschreiben, sind in neutralen Kulturen Handlungen im Geschäftsleben instrumentell und haben eine klare Zielsetzung. Der Dimension Neutralität sind die Länder Japan, China und die nord- und mitteleuropäischen Staaten zuzuordnen.

In affektiven Kulturen dürfen Emotionen gezeigt werden. Temperamentvolle Menschen werden in affektiven Kulturen positiv bewertet oder zumindest nicht abgewertet. Geschäftliche Handlungen sind in affektiven Kulturen auch immer menschliche Angelegenheiten zu denen auch Emotionen gehören. Die südeuropäischen/südamerikanischen Kulturen sind ebenso wie die Vereinigten Arabischen Emirate den affektiven Kulturen zuzuordnen.

In der interkulturellen Zusammenarbeit mit den Vereinigten Arabischen Emiraten sollte beachtet werden, dass zwar Emotionen gezeigt werden dürfen, allerdings gibt es im Umgang zwischen Frauen und Männern spezielle Spielregeln, die beachtet werden müssen. Einem Mann ist es untersagt, im öffentlichen Bereich eine Frau beispielsweise im Gespräch zu berühren oder bei der Begrüßung oder der Verabschiedung die Hand zu reichen. Sollte die Frau von alleine die Hand reichen, dann ist es dem Mann gestattet, dies zu erwidern. Grundsätzlich gilt es gegenüber dem anderen Geschlecht immer einen körperlichen Abstand zu bewahren und eine Frau niemals mit Blicken zu taxieren oder zu lange in die Augen zu schauen.

Zu 4) Spezifität vs. Diffusität beziehen sich auf das Ausmaß der Trennung der privaten und geschäftlichen Lebensbereiche. In spezifischen Kulturen sind die privaten und geschäftlichen Lebensbereiche stark getrennt. In diffusen Kulturen sind die Übergänge von privaten und geschäftlichen Lebensbereichen fließend. Die deutsche Kultur ist eher durch Spezifität gekennzeichnet. Das Privatleben gilt es aus dem beruflichen Kontext fernzuhalten. Entscheidungen im Geschäftsleben werden aufgrund sachlicher Argumente getroffen und nicht aufgrund von persönlichen Beziehungen. In diffusen Kulturen, wie der Kultur in den Vereinigten Arabischen Emiraten, sind die Grenzen zwischen Privat- und Berufsleben fließender. Unter männlichen arabischen Geschäftsleuten ist es durchaus üblich, eine Einladung in das eigene Haus auszusprechen. Auch das Nachfragen nach dem Wohlergehen der Familie ist gewollt und erlaubt. Nachfragen nach der Ehefrau eines arabischen Mannes hingegen sind tabu und können zu einem Abbruch der Beziehung führen.

Zu 5) Die Dimension Statuszuschreibung vs. Statuserreichung unterscheidet Kulturen danach, ob eher die Herkunft oder eher die Leistung zählen. In Kulturen, die der

Dimension Statuserreichung zuzuordnen sind, bekommt man Anerkennung und Respekt aufgrund der erbrachten Leistung und der vorhandenen Fähigkeiten. Deutschland, Großbritannien und die USA gehören zum Beispiel zu den Ländern, die der Dimension Statuserreichung zuzuordnen sind. Die Vereinigten Arabischen Emirate sind der Dimension Statuszuschreibung zuzuordnen, d. h. es spielen beispielsweise das Alter, die universitäre Ausbildung und die soziale Herkunft eine vergleichsweise größere Rolle als in Ländern mit einer geringeren Ausprägung der Statuszuschreibung. Auch wird auf die Verwendung von Titeln sehr großer Wert auch innerhalb der Organisation gelegt. Und Statussymbole wie große Büros mit Vorzimmer, große Autos, Luxusmarkenartikel usw. werden gerne zur Schau gestellt.

Außerdem spielt die Herkunftsfamilie eine große Rolle bzw. der sogenannte „tribe" (engl. Bezeichnung für Stamm). In den Vereinigten Arabischen Emiraten gibt es mehr als 40 Stämme. Die bekannten Familien sind zum Beispiel „Al Maktoum", „Al Nahyan" und die „Al Nuaimi".

Zu 6) In Bezug auf das Zeitverständnis lassen sich Kulturen 1. hinsichtlich eines sequenziellen oder synchronen Zeitverständnisses, 2. in Bezug auf die Einstellung zur und den Umgang mit der Vergangenheit, der Gegenwart und der Zukunft und 3. hinsichtlich der kurzfristigen bzw. langfristigen Orientierung unterscheiden.

Die Unterscheidung zwischen Kulturen mit einem sequenziellen und einem synchronen Zeitverständnis ist der Unterscheidung von Hofstede (monochrone und polychrone Kulturen, vgl. Kapitel 2.2.2) sehr ähnlich. Während in Kulturen mit einem sequenziellen Verständnis Aufgaben nacheinander erledigt werden, können Menschen aus Kulturen mit einem synchronen Zeitverständnis mehrere Dinge gleichzeitig erledigen.

In Abbildung 2.4 sind die einzelnen Länder mit dem jeweiligen Stellenwert von Vergangenheit, Gegenwart und Zukunft dargestellt. Die Größe des Kreises spiegelt die Bedeutung von Vergangenheit, Gegenwart und Zukunft wider. So zeigt die Abbildung, dass Belgier die Vergangenheit, Gegenwart und Zukunft gleich gewichten, während für die Deutschen die Gegenwart eine höhere Bedeutung hat.

In den Vereinigten Arabischen Emiraten wird synchron gehandelt. Viele Dinge werden gleichzeitig erledigt. Dies kann bei Menschen, die aus einer Kultur mit sequenziellem Zeitverständnis kommen, zu Problemen in der Interaktion führen. Es fühlen sich beide Kulturen durch das Handeln des anderen verletzt. Führt z. B. ein deutscher Mitarbeiter ein Telefonat in seinem Büro und ein arabischer Kollege betritt ungeplant das Büro, würde der deutsche Kollege sein Telefonat fortführen und erst, sobald er es beendet hat, sich dem arabischen Kollegen widmen und ihn begrüßen. Der arabische Kollege aber erwartet, dass er sofort eine Begrüßung erhält. Das Warten, bis der deutsche Kollege sein Telefonat beendet hat, ist eine Beleidigung für den arabischen Kollegen.

zu 7) Die siebte Kulturdimension nach Trompenaars kommt der Rolle der Natur und der Kontrollorientierung über diese zu, inwieweit also der Mensch glaubt, die Natur kontrollieren zu können bzw. dieser schutzlos unterlegen ist. Kulturen, die ei-

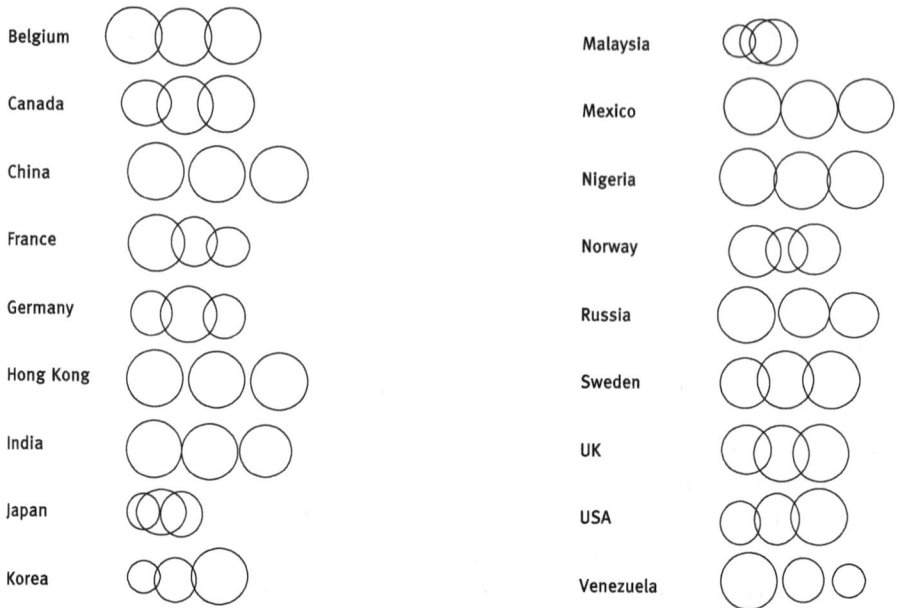

Abb. 2.4: Zeitverständnis verschiedener Kulturen.
Quelle: Trompenaars/Hampden-Turner 2012, S. 157.

ne starke Kontrollorientierung aufweisen, sind der Meinung, sich die Umwelt untertan machen zu können bzw. diese kontrollieren zu können. Eigenverantwortung hat einen hohen Stellenwert und Umstände und Ereignisse müssen nicht schicksalhaft angenommen werden. Zu den Kulturen, die eine starke Tendenz haben, die Kontrolle über die Natur zu gewinnen, zählen beispielsweise die westlichen Länder sowie Russland.

Kulturen mit einer geringen Kontrollorientierung unterwerfen sich eher der Natur in dem Sinne, dass sie beispielsweise Naturkatastrophen etc. als schicksalhaft begreifen und ihr Handeln darauf ausrichten, mit der Natur zu kooperieren statt sie zu kontrollieren. Muslimische und asiatische Länder wie Japan, Singapur und China haben eine weniger ausgeprägte Kontrollorientierung.

3. Hinweise zur Lösung

Die Studie von Trompenaars, auf deren Basis die sieben genannten Kulturdimensionen erarbeitet wurden, ist nicht ohne Kritik geblieben. Die ausgewählten TeilnehmerInnen der Studie sind nicht zufällig bzw. stichprobenartig ausgewählt worden, sondern es handelte sich um TeilnehmerInnen von Trompenaars eigens durchgeführten Managementtrainings. Nach Kutschker/Schmid (2011) greifen Trompenaars und Hampden-Turner bei ihren Erhebungen auf 15.000 Fragebögen zurück. Es wurden aus verschiedenen Unternehmen hauptsächlich Manager (75 % Anteil an der Gesamtbefragten) und weniger das Verwaltungspersonal (25 % Anteil an den Gesamtbefragten) befragt.

4. Literaturempfehlungen

Kutschker, Michael/Schmid, Stefan (2011): Internationales Management, 7. Aufl., München, S. 732–742.

MindTools (2020): The Seven Dimensions of Culture. Understanding and Managing Cultural Differences. Quelle: https://www.mindtools.com/pages/article/seven-dimensions.htm (Abruf vom 10.03.2021).

Trompenaars, Fons/Hampden-Turner, Charles (2012): Riding the waves of culture. Understanding diversity in global business, London, Boston, S. 39–192.

Aufgabe 2: Single-Choice-Aufgaben zu den Kulturdimensionen nach Trompenaars

Wissen, Verstehen
10 Minuten

1. Fragestellung

Bitte tragen Sie bei den folgenden Aussagen ein, ob diese richtig („R") oder falsch („F") sind.

Tab. 2.13: Kulturdimensionen nach Trompenaars Single Choice Aufgaben.

Nr.		Richtig	Falsch
1.	In universalistischen Kulturen sind vereinfacht formuliert, Beziehungen wichtiger als Regeln, und so kann eine Hilfeleistung gegenüber einem Freund wichtiger sein als das Befolgen von Regeln.		
2.	In spezifischen Kulturen können ArbeitnehmerInnen beispielsweise bei Neuantritt einer Stelle eher damit rechnen, dass sie bei der ggf. notwendigen Wohnungssuche unterstützt werden als in diffusen Kulturen.		
3.	In diffusen Kulturen können ArbeitnehmerInnen beispielsweise bei Neuantritt einer Stelle eher damit rechnen, dass sie bei der ggf. notwendigen Wohnungssuche unterstützt werden als in spezifischen Kulturen.		
4.	Affektive Kulturen halten sich mit der Expression von Emotionen bedeckt.		
5.	In universalistischen Kulturen haben allgemeingültige Gesetze eine höhere Bedeutung als situations- und personenabhängige Ausnahmen von der Regel.		
6.	Partikularisten tendieren eher dazu, Ausnahmen zu machen.		
7.	Die Kulturdimension „Kontrollorientierung" ist eher in westlich geprägten Ländern vorhanden.		
8.	Die Vereinigten Arabischen Emirate gehören zu den Kulturen, in denen die Herkunft sehr wichtig ist.		
9.	Das Prinzip, die Dinge nacheinander zu erledigen, trifft eher auf Kulturen mit synchronem Zeitverständnis zu.		
10.	Das Motto *„Ich bin meines eigenen Glückes Schmied"* trifft eher auf Kulturen zu, die Kontrolle über die Natur gewinnen wollen.		

2. Lösung

Tab. 2.14: Kulturdimensionen nach Trompenaars Single Choice Lösungen.

Nr.		Richtig	Falsch
1.	In universalistischen Kulturen sind vereinfacht formuliert, Beziehungen wichtiger als Regeln und so kann eine Hilfeleistung gegenüber einem Freund wichtiger sein als das Befolgen von Regeln.		F
2.	In spezifischen Kulturen können ArbeitnehmerInnen beispielsweise bei Neuantritt einer Stelle eher damit rechnen, dass sie bei der ggf. notwendigen Wohnungssuche unterstützt werden als in diffusen Kulturen.		F
3.	In diffusen Kulturen können ArbeitnehmerInnen beispielsweise bei Neuantritt einer Stelle eher damit rechnen, dass sie bei der ggf. notwendigen Wohnungssuche unterstützt werden als in spezifischen Kulturen.	R	
4.	Affektive Kulturen halten sich mit der Expression von Emotionen bedeckt.		F
5.	In universalistischen Kulturen haben allgemeingültige Gesetze eine höhere Bedeutung als situations- und personenabhängige Ausnahmen von der Regel.	R	
6.	Partikularisten tendieren eher dazu, Ausnahmen zu machen.	R	
7.	Die Kulturdimension „Kontrollorientierung" ist eher in westlich geprägten Ländern vorhanden.	R	
8.	Die Vereinigten Arabischen Emirate gehören zu den Kulturen, in denen die Herkunft sehr wichtig ist.	R	
9.	Das Prinzip, die Dinge nacheinander zu erledigen, trifft eher auf Kulturen mit synchronem Zeitverständnis zu.		F
10.	Das Motto *„Ich bin meines eigenen Glückes Schmied"* trifft eher auf Kulturen zu, die Kontrolle über die Natur gewinnen wollen.	R	

3. Hinweise zur Lösung

1. **Falsch:** In universalistischen Kulturen hat die Einhaltung von Regeln einen hohen Stellenwert. Deshalb würde man im Zweifelsfall eher Regeln einhalten als einem Freund zu helfen. In partikularistischen Kulturen hingegen sind Beziehungen wichtiger als Regeln. Daher würden Mitglieder einer eher partikularistisch geprägten Kultur eher einem Freund helfen als eine Regel zu beachten. Zu den partikularistischen Kulturen gehören u. a. die Länder China, Russland und Südkorea.

2. **Falsch:** In spezifischen Kulturen sind Privatsphäre und Berufsleben strikt getrennt. Die Wohnungssuche ist ein privates Anliegen, welches nicht durch den Arbeitgeber unterstützt wird. Allerdings sei angemerkt, dass es durchaus Länder gibt, die zwar als spezifisch im Sinne von Trompenaars zu klassifizieren sind, aber dennoch unterstützend bei der Wohnungssuche tätig sind, weil beispielsweise Fachkräfte aus dem Ausland rekrutiert werden. Als spezifische Kulturen gelten beispielsweise die Länder Nordamerikas.

3. **Richtig:** In diffusen Kulturen sind die Übergänge von Arbeitssphäre und Freizeitsphäre bzw. Privatleben fließend, deshalb ist es in diesen Kulturen eher üblich, dass ArbeitnehmerInnen bei der Wohnungssuche geholfen wird. Als diffuse Kulturen gelten die asiatischen Länder.

4. **Falsch:** Affektive Kulturen halten sich mit der Expression von Emotionen nicht bedeckt, sondern zeigen diese. In neutralen Kulturen hingegen ist es tendenziell unangemessen, Emotionen im öffentlichen Raum zu zeigen. Zu affektiven Kulturen zählen die arabischen Staaten.

5. **Richtig:** Zu den universalistischen Kulturen zählen beispielsweise Länder wie die USA, Kanada, Deutschland und Australien.

6. **Richtig:** Partikularistische Kulturen sind beziehungsorientiert und Beziehungen und Freundschaften haben bei Entscheidung ein hohes Gewicht.

7. **Richtig:** Die Kulturdimension „Kontrollorientierung" ist in muslimischen und asiatischen Kulturen weniger stark verbreitet.

8. **Richtig:** In den Vereinigten Arabischen Emiraten ist die Statuszuschreibung stark ausgeprägt und es ist für das gesellschaftliche Ansehen von enormer Bedeutung aus welcher Familie man stammt bzw. welchem Familien-Stamm man zugehörig ist.

9. **Falsch:** Das Prinzip, die Dinge nacheinander zu erledigen, trifft eher auf Kulturen mit sequenziellem Zeitverständnis zu.

10. **Richtig:** Kulturen, die sich eher dem Kontrollprinzip verschreiben, betrachten ihre Umwelt als steuerbar und möchten die Kontrolle über Geschehnisse bewahren.

4. Literaturempfehlungen

Kutschker, Michael/Schmid, Stefan (2011): Internationales Management, 7. Aufl., München, S. 732–741.

MindTools (2020): The Seven Dimensions of Culture. Understanding and Managing Cultural Differences. Quelle: https://www.mindtools.com/pages/article/seven-dimensions.htm (Abruf vom 10.03.2021).

Trompenaars, Fons/Hampden-Turner Charles (2012): Riding the waves of culture. Understanding diversity in global business, London/Boston, S. 39–192.

2.2.4 Die GLOBE-Studie

Aufgabe 1: Grundlagen der GLOBE-Studie und Vergleich zu Hofstedes Kulturdimensionen

Wissen, Verstehen
20 Minuten

1. Fragestellung

Was ist unter dem Akronym GLOBE zu verstehen und welche wesentlichen Unterschiede bestehen zu den kulturvergleichenden Studien von Geert Hofstede?

2. Lösung

Das Akronym GLOBE steht für **G**lobal **L**eadership **O**rganizational **B**ehavior **E**ffectiveness. Es handelt sich bei diesem Projekt um das weltweit größte, umfassendste und auch bis dato noch andauernde Langzeitforschungsprogramm zur Erforschung des Einflusses von Kultur auf die Führung, insbesondere die Führungseffektivität und den Führungsstil. Das GLOBE-Projekt wird häufig auch als GLOBE-Studie bezeichnet.

Das GLOBE-Projekt wurde in den 1990er Jahren unter der Leitung von Professor Robert J. House von der Wharton School of Business ins Leben gerufen und ist zum mehrfach ausgezeichneten Leuchtturm der interkulturellen Führungsforschung avanciert. Es besteht aus einem internationalen Forschungsteam mit mehr als 500 weltweit beteiligten Co-Investigatoren, die sich in 62 Kulturen den Fragestellungen internationaler Führungsforschung widmen.

Zwar weist das GLOBE-Projekt hinsichtlich der erfragten Dimensionen wie „Unsicherheitsvermeidung" und „Machtdistanz" Ähnlichkeit zu Hofstedes Dimensionen auf, differenziert sich aber dennoch stark von Hofstedes Arbeiten. Das wohl bedeutendste Alleinstellungsmerkmal der GLOBE-Studie ist die Differenzierung zwischen kulturellen Werten und Praktiken und deren Erhebung erfolgt anhand von 9 Dimensionen sowohl auf der Ebene der Organisation als auch in der Gesellschaft. Im Gegensatz zu Hofstede und anderen Kulturforschern, die ausschließlich nach Kulturpraktiken fragen, wird in der GLOBE-Studie abgefragt, „wie es ist", also nach dem Ist-Zustand und damit nach den Praktiken gefragt, wie auch nach dem Soll-Zustand „wie soll es sein" (Werte) bzw. wünschenswert wäre.

Tab. 2.15: Dimensionen nach Hofstede und des GLOBE-Projekts.
Quelle: In Anlehnung an House u. a. 2004a, S. 18 und S. 30.

Dimensionen nach Hofstede	Dimensionen des GLOBE-Projektes
Unsicherheitsvermeidung (Uncertainty avoidance)	**Unsicherheitsvermeidung (Uncertainty avoidance)** Diese Dimension gibt an, in welchem Ausmaß unsichere Situationen als bedrohlich betrachtet werden (Praktiken) oder betrachtet werden sollten (kulturelle Werte).
Machtdistanz (Power distance)	**Machtdistanz (Power distance)** Diese Dimension gibt an, in welchem Ausmaß ungleiche Machtverhältnisse in der Gesellschaft akzeptiert werden (Praktiken) und akzeptiert werden sollten (kulturelle Werte).

Tab. 2.15 (Fortsetzung)

Dimensionen nach Hofstede	Dimensionen des GLOBE-Projektes
Individualsimus/Kollektivismus (Individualism/Colletivism)	**Institutioneller Kollektivismus (Institutional collectivism)** Diese Dimension gibt an, in welchem Ausmaß Güter und Leistungen durch organisationale und institutionelle Praktiken kollektiv verteilt werden (Praktiken) und verteilt werden sollten (kulturelle Werte).
Maskulinität/Femininität (Masculinity/Femininity)	**Gruppenkollektivismus (In-group collectivism)** Diese Dimension gibt an, wie stark Individuen ihre Loyalität, ihren Stolz und das Gefühl der Zusammengehörigkeit gegenüber Mitgliedern einer Organisation oder eines Unternehmens ausdrücken (Praktiken) bzw. ausdrücken sollten (kulturelle Werte).
Langfrist-/Kurzfristorientierung (Long-term/Short-term orientation)	**Gleichheit der Geschlechter (Gender egalitarianism)** Diese Dimension gibt an, inwieweit ein Kollektiv bestrebt ist (Praktiken) bzw. sein sollte (kulturelle Werte), bestehende Geschlechterungleichheiten zu minimieren.
	Selbstbestimmtheit (Assertiveness) Diese Dimension beschreibt das Ausmaß, in dem den Individuen in ihrem Beziehungsverhalten bestimmt, aggressiv und konfrontativ sind (Praktiken) bzw. sein sollten (kulturelle Werte).
	Zukunftsorientierung (Future orientation) Dimension gibt an, inwieweit Individuen sich zukunftsorientiert verhalten (Praktiken) bzw. verhalten sollten (kulturelle Werte), indem sie bspw. kurzfristige Belohnungen zugunsten langfristigen Erfolgen aufschieben und zukunftsorientiert handeln bzw. handeln sollten.
	Leistungsorientierung (Performance orientation) Diese Dimension gibt an, inwieweit ein Kollektiv seine Gruppenmitglieder zu Leistungssteigerung anspornt und diese belohnt (Praktiken) und belohnen sollte (kulturelle Werte).
	Menschlichkeitsorientierung (Human orientation) Diese Dimension gibt an, inwieweit ein Kollektiv faires, altruistisches, großzügiges, sorgendes und freundliches Sozialverhalten der Individuen fördert und belohnt (Praktiken) bzw. fördern und belohnen sollte (kulturelle Werte).

Auch hinsichtlich der Zielgruppe unterscheiden sich Hofstedes Arbeiten von dem GLOBE-Projekt. Während Hofstedes Kreis der befragten Personen sich auf das Management wie auch die Nicht-Management-Ebene der IBM-MitarbeiterInnen bezieht, hat das GLOBE-Team ausschließlich Führungskräfte aus der Lebensmittel-, Finanz- und Telekommunikationsbranche gewählt.

Innerhalb der Kulturcluster ist die Ähnlichkeit sehr hoch und gegenüber anderen Kulturclustern ist die Unterscheidung sehr groß. Es wurden Gesellschaften mit großer kultureller Gemeinsamkeit zu einem Cluster zusammengefügt. Es handelt sich um Kulturen, die sich innerhalb eines Clusters stark ähneln, aber im Vergleich zu anderen Clustern stark differieren. Wie aus Tab. 2.16 hervorgeht, zeichnet sich das Kulturcluster Lateinamerika durch eine hohe Machtdistanz, eine geringe Geschlechtergleichheit und eine niedrige Zukunftsorientierung aus.

Aufbauend auf den Ergebnissen hat das GLOBE-Team ein Ländercluster erstellt.

3. Hinweise zur Lösung

Neben den neun genannten Kulturdimensionen und daraus abgeleiteten Kulturclustern, stellen die vom GLOBE-Team erarbeiteten sechs Führungsdimensionen einen zentralen Aspekt der Arbeit dar. Diese seien der Vollständigkeit halber genannt, werden jedoch in diesem Rahmen nicht vertieft. Zu den sechs Führungsdimensionen zählen folgende:

1. Charismatisch-wertebasierte Führung
2. Teamorientierte Führung
3. Partizipative Führung
4. Humane Führung
5. Autonome Führung
6. Selbstschützende Führung

Die interessierte Leserschaft sei auf das anschauliche Lehrbuch von Lang/Baldauf 2016, S. 69 sowie House u. a. 2004a, S. 659 ff. verwiesen.

4. Literaturempfehlungen

Brodbeck, Felix C. (2006): Navigationshilfe für Internationales Change Management. Erkenntnisse aus dem GLOBE-Projekt, in: Organisationsentwicklung, 3, S. 16–31.

Brodbeck, Felix C./Kirchler, Erich/Woschèe, Ralph (2016): Internationale Führung: Das GLOBE-Brevier in der Praxis, Heidelberg.

Hofstede, Geert (2006): What did GLOBE really measure? Researchers' minds versus respondents' minds, in: Journal of International Business Studies, 37, S. 882–896.

Hofstede, Geert/Hofstede, Gert J. (2017): Lokales Denken, globales Handeln: Interkulturelle Zusammenarbeit und globales Management, 6. Aufl., München.

House, Robert J./Hanges, Paul J./Javidan, Mansour/Dorman, Peter W./Gupta, Vipin (2004a): Culture, leadership, and organizations: The GLOBE study of 62 societies, Thousand Oaks, S. 3 und S. 18.

Lang, Rainhart/Baldauf, Nicole (2016): Interkulturelles Management, Wiesbaden, S. 70.

Tab. 2.16: Ländercluster nach der GLOBE-Studie.
Quelle: Lang/Baldauf 2016, S. 70.

Cluster	Länderauswahl	Kulturspezifische Praktiken
Lateinamerika	Argentinien, Bolivien, Brasilien, Mexiko	Machtdistanz tendenziell hoch, Geschlechtergleichheit und Zukunftsorientierung tendenziell niedrig
Angelsächsischer Raum	Australien, Irland, USA, UK	Unsicherheitsvermeidung tendenziell hoch, Gruppenkollektivismus und Geschlechtergleichheit tendenziell niedrig
Subsahara-Afrika	Namibia, Nigeria, Sambia, Simbabwe	Gruppenkollektivismus und Humanorientierung tendenziell hoch, Unsicherheitsvermeidung und Geschlechtergleichheit tendenziell niedrig
Mittlerer Osten	Ägypten, Kuwait, Marokko, Katar, Türkei	Gruppenkollektivismus tendenziell hoch, Geschlechtergleichheit und Zukunftsorientierung tendenziell niedrig
Lateinisches Europa	Frankreich, Italien, Spanien, Portugal	Machtdistanz tendenziell hoch, Unsicherheitsvermeidung und Zukunftsorientierung tendenziell niedrig
Deutsches Europa	Deutschland, Österreich, Niederlande	Unsicherheitsvermeidung und Zukunftsorientierung tendenziell hoch, Humanorientierung und Gruppenkollektivismus tendenziell niedrig
Nordisches Europa	Dänemark, Finnland, Schweden	Unsicherheitsvermeidung und institutioneller Kollektivismus tendenziell hoch, Gruppenkollektivismus und Machtdistanz tendenziell niedrig
Osteuropa	Russland, Polen, Griechenland, Ungarn	Machtdistanz tendenziell hoch, Leistungsorientierung und Unsicherheitsvermeidung tendenziell niedrig
Konfuzianisches Asien	China, Japan, Südkorea	Leistungsorientierung und Gruppenkollektivismus tendenziell hoch, Geschlechtergleichheit tendenziell niedrig
Südasien	Indien Indonesien, Thailand, Iran	Humanorientierung und Gruppenkollektivismus tendenziell hoch, Geschlechtergleichheit tendenziell niedrig

Aufgabe 2: Single Choice Fragen zum GLOBE-Project

Wissen, Verstehen
5 Minuten

1. Fragestellung

Bitte tragen Sie bei den folgenden Aussagen ein, ob diese richtig („R") oder falsch („F")
sind.

Tab. 2.17: GLOBE-Projekt Single Choice Aufgaben.

Nr.		Richtig	Falsch
1.	Die Dimension „Machtdistanz" wird sowohl in den Forschungsarbeiten von Hofstede als auch in dem GLOBE-Projekt untersucht.		
2.	Die Dimension „Unsicherheitsvermeidung" wird sowohl in den Forschungsarbeiten von Hofstede als auch in dem GLOBE-Projekt untersucht.		
3.	Länder, die im Rahmen der GLOBE-Forschung eine hohe Ausprägung auf dem Wert „Human orientation" haben, legen Wert auf Fairness und Freundlichkeit.		
4.	Das Akronym GLOBE steht für Global Leadership of Behaviour.		
5.	In der GLOBE-Studie wird zwischen organisations- und landeskulturellen Praktiken und Werten unterschieden.		
6.	In Ländern, die im Rahmen der GLOBE-Forschung eine hohe Ausprägung auf dem Wert „Performance orientation" zu verzeichnen haben, sind Frauen häufig in hohen Positionen vertreten.		
7.	Die Dimension „Leistungsorientierung" wird sowohl in den Forschungsarbeiten von Hofstede als auch in dem GLOBE-Projekt untersucht.		
8.	Die Forscher des GLOBE-Projekts haben in ihrer Untersuchung Subkulturen wie z. B. die deutsch- und französischsprachige Schweiz untersucht.		
9.	In Hofstedes kulturvergleichenden Arbeiten wurden ausschließlich Personen auf Managementebene befragt.		
10.	Die befragten Personen des GLOBE-Projekts sind ausschließlich Personen auf Managementebene.		

2. Lösung

Tab. 2.18: GLOBE-Projekt Single Choice Lösungen.

Nr.		Richtig	Falsch
1.	Die Dimension „Machtdistanz" wird sowohl in den Forschungsarbeiten von Hofstedes als auch in dem GLOBE-Projekt untersucht.	R	
2.	Die Dimension „Unsicherheitsvermeidung" wird sowohl in den Forschungsarbeiten von Hofstede als auch in dem GLOBE-Projekt untersucht.	R	
3.	Länder, die im Rahmen der GLOBE-Forschung eine hohe Ausprägung auf dem Wert „Human orientation" haben, legen Wert auf Fairness und Freundlichkeit.	R	
4.	Das Akronym GLOBE steht für Global Leadership of Behaviour.		F
5.	In der GLOBE-Studie wird zwischen organisations- und landeskulturellen Praktiken und Werten unterschieden.	R	
6.	In Ländern, die im Rahmen der GLOBE-Forschung eine hohe Ausprägung auf dem Wert „Performance orientation" zu verzeichnen haben, sind Frauen häufig in hohen Positionen vertreten.		F
7.	Die Dimension „Leistungsorientierung" wird sowohl in den Forschungsarbeiten von Hofstede als auch in dem GLOBE-Projekt untersucht.		F
8.	Die Forscher des GLOBE-Projekts haben in ihrer Untersuchung Subkulturen wie z. B. West- und Ostdeutschland sowie die deutsch- und französischsprachige Schweiz untersucht.	R	
9.	In Hofstedes kulturvergleichenden Arbeiten wurden ausschließlich Personen auf Managementebene befragt.		F
10.	Die befragten Personen des GLOBE-Projekts sind ausschließlich Personen auf Managementebene.	R	

3. Hinweise zur Lösung

1. **Richtig:** An die Studie von Hofstede knüpft die GLOBE-Studie an. Allerdings werden in der GLOBE-Studie weit mehr Differenzierungen genutzt als bei Hofstede.

2. **Richtig:** Die Punktwerte für die Dimension „Unsicherheitsvermeidung" variieren bei Hofstede und den Ergebnissen der GLOBE-Studie. Beispielsweise hat Hofstede für Schweden eine schwache Unsicherheitsvermeidung attestiert, während die Ergebnisse der GLOBE-Studie eine hohe Unsicherheitsvermeidung zeigen.

3. **Richtig:** Länder, die im Rahmen der GLOBE-Forschung eine hohe Ausprägung auf dem Wert „Human Orientation" haben, legen Wert auf Fairness und Freundlichkeit.

4. **Falsch:** Das Akronym GLOBE steht für Global Leadership Organizational Behavior Effectiveness.

5. **Richtig:** Die Unterscheidung zwischen Werten und Praktiken ist wichtiges Differenzierungsmerkmal der GLOBE-Studie.

6. **Falsch:** Dies würde eher auf die Dimension „Geschlechtergleichheit" zutreffen, nicht jedoch auf die Dimension „Leistungsorientierung" bzw. Performance Orientation.

7. **Falsch:** In den Untersuchungen von Hofstede ist die Dimension „Leistungsorientierung" nicht vorhanden.

8. **Richtig:** Die interessierte Leserschaft sei auf die Literatur der GLOBE-Studie in den Literaturempfehlungen verwiesen.

9. **Falsch:** Die Befragten in Hofstedes Forschung waren sowohl Manager als auch Angestellte bzw. Nicht-Manager. Die Befragten des GLOBE-Projekts hingegen sind ausschließlich Manager.

10. **Richtig:** Die GLOBE-Studie hat den Fokus auf Führungskräfte gesetzt.

4. Literaturempfehlungen

Brodbeck, Felix C. (2006): Navigationshilfe für Internationales Change Management. Erkenntnisse aus dem GLOBE-Projekt, in: Organisationsentwicklung, 3, S. 16–31.

Brodbeck, Felix C./Kirchler, Eric/Woschèe, Ralph (2016): Internationale Führung: Das GLOBE-Brevier in der Praxis, Heidelberg.

Hofstede, Geert (2006): What did GLOBE really measure? Researchers' minds versus respondents' minds, in: Journal of International Business Studies, 37, S. 882–896.

Hofstede, Geert/Hofstede, Gert J./Minkov, Michael (2017): Lokales Denken, globales Handeln: Interkulturelle Zusammenarbeit und globales Management, 6. Aufl., München.

House, Robert J./Hanges, Paul J./Javidan, Mansour/Dorman, Peter W./Gupta, Vipin (2004a): Culture, leadership, and organizations: The GLOBE study of 62 societies, Thousand Oaks, S. 3 und S. 18.

2.3 Veränderung und Persistenz von Unternehmenskultur

Aufgabe 1: Kulturwandel in Unternehmen

Wissen, Verstehen
15 Minuten

---

1. Fragestellung

Die Geschäftsleitung der Concept AG hat vor Kurzem eine bekannte Unternehmensberatung angeheuert, damit diese Verbesserungen im strategischen Management aufzeigt. Nachdem die Concept AG von dieser genannten Beratung intensiv beraten wurde, hat die Geschäftsleitung der Firma beschlossen, einen Transformationsprozess in der Firma einzuleiten. Die UnternehmensberaterInnen sind der Meinung, dass die Unternehmenskultur respektive die Organisationskultur (Begriffe werden hier synonym verwendet) eine wesentliche Quelle für Wettbewerbsvorteile darstellt. Diese Wettbewerbsvorteile könnten genutzt werden. Dazu bedarf es allerdings eines kulturellen

Wandels. Die Concept AG müsse ihre Kultur verändern, so die Meinung der BeraterInnen, sonst hätte sie keine Chance, im langfristigen Wettbewerb zu bestehen. Den Kulturwandel und damit auch das Ergebnis könne man steuern und planen, so die Meinung der BeraterInnen. Sie als Assistent bzw. Assistentin der Geschäftsleitung erinnern sich, dass Sie im Studium gelernt haben, dass man Unternehmenskulturen nur sehr schwer verändern kann. Ihre Führungskraft sagte immer, dass die Concept AG ein Unternehmen mit einer starken Kultur sei. Das macht Sie nachdenklich und Sie fangen an zu recherchieren. Gehen Sie bei Ihrer Lösung auf den Variablen-Ansatz und den Metaphern-Ansatz ein.

2. Lösung

Die UnternehmensberaterInnen sind der Meinung, dass sie Veränderungsprozesse steuern können und Organisationskultur zum Gegenstand eines geplanten Wandels machen können. In der Literatur haben sich zu dieser Thematik zwei Positionen, nämlich die Kulturingenieure und die Kulturalisten (Schreyögg 2016, S. 193), herausgebildet. Es handelt sich bei dieser Unterscheidung um Extrempositionen, die in der Literatur auch mit den Bezeichnungen „Variablen-Ansatz" und „Metaphern-Ansatz" differenziert werden.

Nach dem Variablen-Ansatz bzw. der Sichtweise der Kulturingenieure lässt sich Unternehmenskultur wie jedes andere Steuerungsinstrument auch instrumentell einsetzen und verändern. Ähnlich wie jedes Veränderungsvorhaben muss dieser Prozess geplant und durchgeführt werden. Wenngleich die Vertreter dieser Sichtweise betonen, dass Unternehmenskulturen beharrlich sind, so ist Kultur dennoch veränderbar und gestaltbar. Neben verschiedenen anderen Erfolgsfaktoren, die aus dem Veränderungsmanagement entlehnt sind, werden Zielstrebigkeit und Entschlossenheit als wesentliche Voraussetzung für die Veränderung einer Kultur betrachtet. Eine anschauliche Einführung dazu bieten Sackmann (2017) und Homma u. a. (2014). Die interessierte Leserschaft sei auf diese Titel zur Vertiefung verwiesen.

Für die Kulturalisten hingegen, die der Denkrichtung des Metaphern-Ansatzes zuzuordnen sind, lässt sich Unternehmenskultur nicht instrumentell steuern. Gemäß dem Metaphern-Ansatz haben Unternehmen keine Kultur, sondern Unternehmen sind eine Kultur. Im Mittelpunkt dieser Sichtweise steht nicht die Gestaltbarkeit von Organisationskultur, sondern die Analyse der Organisation als Kultur. Jedes Organisationsmitglied ist Quelle und Gestalter der Kultur. Der Zugang zu der Kultur erfolgt über die symbolische Ebene und nicht über den sichtbaren Teil, wie es im Variablen-Ansatz der Fall ist. Komplexitätsreduktion und Sinngebung ist die Funktion von Kultur im Metaphern-Ansatz. Eine Veränderung kann aus dieser Perspektive nur über neue Interpretationsmuster erfolgen und nicht als geplanter strategischer Wandelprozess, der Top-down verordnet wird.

3. Hinweise zur Lösung

Die Stärke einer Unternehmenskultur lässt sich nur indirekt und qualitativ messen. Gängige Dimensionen, die zur Beurteilung der Stärke bzw. Schwäche einer Kultur herangezogen werden, sind:

1. Prägnanz bezeichnet die Klarheit der Orientierungsmuster und Werthaltungen einer Kultur. In einer starken Kultur sind den Mitgliedern einer Organisation deren Werte, Standards und Symbolsysteme klar. In einer schwachen Kultur sind die Orientierungsmuster und Werthaltungen nicht konsistent und es besteht möglicherweise Verwirrung darüber, welchem Pfad gefolgt werden soll.

2. Verbreitungsgrad: Bezieht sich auf das Ausmaß, in dem die Mitglieder einer Kultur diese auch teilen sowie einheitliche Normen und Vorstellungen handlungsleitend sind. Starke Kulturen zeichnen sich dadurch aus, dass, viele Mitglieder einer Organisation die Normen, Werte und Orientierungsmuster teilen. In schwachen Kulturen hingegen orientieren sich die Mitglieder an verschiedenen Normen, und es besteht kein dominantes und von allen geteiltes Orientierungsmuster. Es existieren vielmehr verschiedenen Werte und Kulturen.

3. Verankerungstiefe: Beschreibt, in welchem Maße die Mitglieder einer Organisation die kulturellen Muster zum Bestandteil des täglichen Handelns machen.

Von der Stärke einer Unternehmenskultur gehen unterschiedliche Effekte aus. Eine starke Unternehmenskultur steht entgegen der landläufigen Meinung nicht zwingend mit Spitzenleistungen im Zusammenhang. Starke Unternehmenskulturen haben positive Effekte, wie beispielsweise eine reibungslose Kommunikation, schnelle Entscheidungsfindung und Umsetzung. Starke Kulturen können aber auch negative Effekte. haben Die negativen Effekte sind mangelnde Flexibilität, die Fixierung auf traditionelle Erfolgsmuster, die ggf. nicht mehr dienlich sind, und die Tendenz zur Abschließung gegenüber der Außenwelt. Alles was im Widerspruch zu der bestehenden Kultur steht, wird verdrängt, um den Status quo aufrecht zu erhalten. Diese negativen Effekte sind für eine Veränderung einer Unternehmenskultur, so wie die BeraterInnen es in der Aufgabenstellung vorschlagen, nicht förderlich.

Zur Vertiefung sowie auf den möglichen Ablauf eines Kulturwandels sei auf die anschauliche Darstellung in Schreyögg/Koch 2014, S. 243 ff. verwiesen.

4. Literaturempfehlung

Homma, Norbert/Bauschke, Rafael/Hofmann, Laila M. (2014): Einführung Unternehmenskultur. Grundlagen, Perspektiven, Konsequenzen, Wiesbaden, S. 49–66.

Sackmann, Sonja (2017): Unternehmenskultur: Erkennen – Entwickeln – Verändern. Erfolgreich durch kulturbewusstes Management, 2. Aufl., Wiesbaden, S. 139–169.

Schein, Edgar H./Schein, Peter (2018): Organisationskultur und Leadership, 5. Aufl., München, S. 101.

Schreyögg, Georg (2016): Grundlagen der Organisation. Basiswissen für Studium und Praxis, 2. Aufl., Wiesbaden, S. 177–195.

Schreyögg, Georg/Koch, Jochen (2014): Grundlagen des Managements. Basiswissen für Studium und Praxis, 3. Aufl., Wiesbaden, S. 243–273.

Aufgabe 2: Single Choice Aufgaben zu Veränderung und Persistenz von Unternehmenskultur

Wissen, Verstehen
5 Minuten

1. Fragestellung
Bitte tragen Sie bei den folgenden Aussagen ein, ob diese richtig („R") oder falsch („F") sind.

Tab. 2.19: Single Choice Aufgaben zu Veränderung und Persistenz von Kultur.

Nr.		Richtig	Falsch
1.	Die Universalisten vertreten die „Culture-Bound-These" und die Kulturalisten die „Culture-Free-These".		
2.	Starke Unternehmenskulturen gehen mit Spitzenleistungen einher.		
3.	Starke Unternehmenskulturen lassen Veränderungen bzw. Prozesse des organisatorischen geplanten Wandels tendenziell eher zu.		
4.	Schwache Unternehmenskulturen lassen Veränderungen bzw. Prozesse des organisatorischen geplanten Wandels tendenziell eher zu.		
5.	In starken Kulturen ist das Konformitätsdenken tendenziell stärker ausgeprägt als in schwachen Kulturen.		

2. Lösung

Tab. 2.20: Kultur in der internationalen Unternehmung Single Choice Lösungen.

Nr.		Richtig	Falsch
1.	Die Universalisten vertreten die „Culture-Bound-These" und die Kulturalisten die „Culture-Free-These".		F
2.	Starke Unternehmenskulturen gehen mit Spitzenleistungen einher.	F	
3.	Starke Unternehmenskulturen lassen Veränderungen bzw. Prozesse des organisatorischen geplanten Wandels tendenziell eher zu.		F
4.	Schwache Unternehmenskulturen lassen Veränderungen bzw. Prozesse des organisatorischen geplanten Wandels tendenziell eher zu.	R	
5.	In starken Kulturen ist das Konformitätsdenken tendenziell stärker ausgeprägt als in schwachen Kulturen.	R	

3. Hinweise zur Lösung

1. **Falsch:** Die Universalisten vertreten die „Culture-Free-These" und die Kultura-
    listen die „Culture-Bound-These". Für die Universalisten spielt die Kultur eines
    Landes keine Rolle für das Handeln und die Auslandsaktivitäten. Management-
    techniken und Konzept werden auch nicht von kulturellen Gegebenheiten beein-
    flusst. Für die Kulturalisten, die die „Culture-Bound-These" vertreten, spielt die
    Kultur sehr wohl eine Bedeutung und hat Auswirkungen auf das Management-
    handeln. Die internationale Debattenintensität über die „Culture-Bound-These"
    und „Culture-Free-These" des vergangenen 20. Jahrhunderts ist zugunsten einer
    spezifischen Betrachtung gewichen.

2. **Falsch:** Empirisch konnte der Zusammenhang zwischen starken Unternehmens-
    kulturen und Spitzenleistungen nicht nachgewiesen werden.

3. **Falsch:** Starke Unternehmenskulturen erweisen sich eher als Hemmschuh gegen-
    über Veränderungen.

4. **Richtig:** Schwache Unternehmenskulturen lassen Veränderungen eher zu, da sie
    tendenziell weniger auf die Erhaltung des Status Quo fixiert sind und sich durch
    Veränderungen weniger bedroht sehen.

5. **Richtig:** Starke Kulturen neigen eher zu Konformitätsdenken, weil Widerspruch
    und konträre Positionen eher zurückgedrängt werden.

4. Literaturempfehlungen

Kutschker, Michael/Schmid, Stefan (2011): Internationales Management, 7. Aufl., München, S. 805.

Sackmann, Sonja (2017): Unternehmenskultur: Erkennen – Entwickeln – Verändern. Erfolgreich
durch kulturbewusstes Management, 2. Aufl., Wiesbaden, S. 139–169.

Schein, Edgar H./Schein, Peter (2018): Organisationskultur und Leadership, 5. Aufl., München,
S. 101 ff.

Schreyögg, Georg (2016): Grundlagen der Organisation. Basiswissen für Studium und Praxis,
2. Aufl., Wiesbaden, S. 175–195.

3 Internationales Personalmanagement/Einflüsse von Kultur auf das Personalmanagement

3.1 Herausforderungen im internationalen Personalmanagement

Aufgabe 1: Megatrends im internationalen Personalmanagement

Wissen, Erläutern
15 Minuten

---

1. Fragestellung

Welche Megatrends lassen sich in den letzten Jahren ausmachen und welche Auswirkungen hat das auf das Personalmanagement?

Nennen und beschreiben Sie exemplarisch zwei Megatrends mit ihren naheliegenden Auswirkungen im Personalmanagement.

2. Lösung

Digitalisierung

Der Megatrend der letzten Jahre war sicher der nun beschleunigt einsetzende Prozess der Digitalisierung der Arbeit. Durch die Möglichkeiten, die heute durch leistungsfähige Datenleitungsnetze, Hard- und Software entstanden sind, lassen sich neue Formen von Flexibilisierung sowohl der Arbeitszeit als auch des Arbeitsortes erreichen.

Die durch die Digitalisierung und Virtualisierung von Arbeitsplätzen entstandenen Formen der Zusammenarbeit sind praktisch rund um den Globus möglich. Die Folgen dieser Verfügbarkeit werden nicht nur positiv wahrgenommen. Eine ständige Verfügbarkeit ist mitunter ein Preis der neuen Arbeitsformen. Der damit verbundene Leistungsdruck und die Gefahr, kaum noch abschalten zu können, bergen die Gefahr einer schnellen, dauerhaften und spürbaren Erschöpfung.

Die mit dem dabei möglichen latenten Stress einhergehenden gesundheitlichen Beeinträchtigungen, die das Immunsystem von Menschen betreffen, sind in ihrer Wirkung zum Teil massiv und nicht zu unterschätzen. Diese Entwicklung im Personalmanagement proaktiv durch geeignete Interventionen zu begleiten, gehört zu den Herausforderungen der nächsten Jahre.

Digitalisierungsprozesse haben dazu geführt, dass das sogenannte E-Recruiting enorm an Bedeutung gewonnen hat. In letzter Zeit können erste, allerdings eher bescheidene Ansätze von künstlicher Intelligenz im Rahmen von Auswahlprozessen beobachtet werden. Vorsicht ist geboten, weil die eingesetzten Systeme valide und von den Nutzern noch durchschaubar sein sollten, um nicht mehr nachvollziehbare Fehlentscheidungen zu erkennen und zu vermeiden.

https://doi.org/10.1515/9783110737547-003

Wertewandel

Unterstellt man, dass die unmittelbaren Bedürfnisse von Menschen wie Schlaf und Nahrung, festes Einkommen, Recht und Ordnung und soziale Bedürfnisse zumindest in den westlichen Ländern zu einem großen Teil befriedigt sind, kommen andere Bedürfnisse in den Vordergrund. Nicht zuletzt die Bewegung *Fridays for Future* hat gezeigt, dass der nachwachsenden Generation andere Werte ebenfalls sehr wichtig sind. Ein Wertewandel wird mittlerweile sehr gut wahrnehmbar. Begriffe wie Wertschätzung, Selbstverwirklichung sowie die Entfaltung der eigenen Vorstellungen und Wünsche treten viel deutlicher in das Blickfeld.

Die Corona-Krise hat gezeigt, dass sich durchaus auf der Grundlage der Bedrohungslage und den daraus ableitbaren Konsequenzen schnell wirksame Impulse ergeben können. Die Verlagerung der Arbeit in das Homeoffice wurde so innerhalb eines sehr kurzen Zeitraums umgesetzt. In welcher Weise sich diese Veränderungen auf die Leistungsfähigkeit und die Belastung der Arbeitskräfte auswirkt, wird in Zukunft sehr genau zu beobachten sein wie bereits angedeutet wurde.

Die behutsame Flexibilisierung und die angemessene Individualisierung von Arbeit, die die Bedürfnisse der sich im Arbeitsprozess befindlichen Menschen aufnimmt und sie in konkreten Maßnahmen umsetzt, wird eine Kernaufgabe des Personalmanagements der Zukunft darstellen.

3. Hinweise zur Lösung

Neben den beiden genannten Megatrends werden sehr häufig der demographische Wandel und die Globalisierung angeführt. Allein der demographische Wandel wird auch in Zukunft immer wieder eine Diskussion über das Renteneintrittsalter auslösen. Tendenzen, dass die Belegschaft im Durchschnitt spürbar älter sein wird, sind unmittelbar prognostizierbar.

Das hat zum Beispiel Auswirkungen auf das betriebliche Gesundheitsmanagement, das in Zukunft noch größere Bedeutung gewinnen wird, um die Arbeitskraft der Beschäftigten zu erhalten. Im Wettbewerb wird sich zeigen, welche Unternehmen in der Lage sein werden, qualitativ hochwertige Unterstützung zur Erhaltung der Arbeitskraft anzubieten.

Die mit der Notwendigkeit verbundene Aufgabe, den internationalen Arbeitsmarkt zu nutzen, um einen Arbeitskräftemangel auszugleichen, wird dazu führen, dass sich sowohl die durch Diversität entstehenden Chancen im Personalmanagement vergrößern, als auch die aus der Vielfalt ergebenden Anforderungen an die Führungskräfte steigen werden. Letzteres wird einen Personalentwicklungsbedarf auslösen, der sich mit den Konsequenzen aus der Internationalität der Unternehmen auseinandersetzen muss. Hier ist vor allem auf die kulturelle Sensibilität und den Umgang mit kultureller Vielfalt hinzuweisen (siehe dazu unten die Fragen zur den kulturellen Dimensionen).

Ähnliche Wirkungen lassen sich aus Globalisierungsprozessen ableiten. Die Wettbewerbssituation wird sich nicht nur auf das von der jeweiligen Unternehmung produzierte Gut oder die Dienstleistung beziehen, sondern sich auf die Gewinnung der besten Arbeitskräfte der nachwachsenden Generation. Die Attraktivität des Unternehmens als Arbeitgeber wird sich mehr denn je im Markt bemerkbar machen und die Attraktivität von Unternehmen differenzieren.

Die Gestaltung einer dafür notwendigen Employer-Branding-Strategie (Strategie zur Gestaltung einer Arbeitgebermarke durch Steigerung der Attraktivität des Unternehmens) wird in Zukunft unumgänglich sein. Das wird nicht nur die großen Unternehmen betreffen, sondern zunehmend die kleineren mittelständischen Unternehmen, die in peripheren Regionen ihre Standorte erhalten wollen.

4. Literaturempfehlungen

Schwuchow, Karlheinz (Hrsg.) (2019): Internationales Personalmanagement, Freiburg u. a., S. 19–23.
Güttel, Christine/Schneider, Petra (2018): Chancen und Herausforderungen der Digitalisierung für das internationale Personalmanagement, in: Covarrubias Venegas, Barbara u. a. (Hrsg.), Personalmanagement. Internationale Perspektiven und Implikationen für die Praxis, Wiesbaden, S. 19–41.

Aufgabe 2: Talentorientierung und Talentkultur

Wissen, Erläutern
10 Minuten

1. Fragestellung

Als Folge des demographischen Wandels nimmt, wie oben beschrieben, das Bemühen um die Gewinnung von Arbeitskräften eine wichtige Rolle ein. Die Megatrends erfordern von allen Beteiligten einen hohen Grad an Offenheit für Neues und die Fähigkeit, die Folgewirkungen eigener Handlungsmöglichkeiten, soweit das möglich ist, zu analysieren und abzuschätzen.

Das erfordert, dass Unternehmen noch viel mehr als in der Vergangenheit darüber nachdenken müssen, wie sie mit ihrem Personal umgehen, um die eigene Wettbewerbsfähigkeit zu erhalten und im besten Fall zu stärken. In diesem Zusammenhang sprechen viele Unternehmen von Talentorientierung und Talentkultur.

Warum ist beides für die Zukunft gerade unter dem Blickwinkel der Internationalisierung überaus bedeutsam und was verbirgt sich hinter diesen beiden Begriffen?

2. Lösung

Die Gewinnung von Arbeitskräften, die in ausländischen Märkten tätig werden sollen, hat sich in den letzten Jahren genauso wie im inländischen Markt als keine einfache Aufgabe erwiesen. Leistungsfähige und mit den Belangen der jeweiligen Region vertraute Mitarbeiterinnen und Mitarbeiter müssen deshalb sorgfältig ausgewählt und gegebenenfalls weiterentwickelt werden. Die Schwierigkeit liegt allgemein darin, die regionalen und/oder nationalen Besonderheiten angemessen in das Personalmanagement zu integrieren und das Maß zwischen den Notwendigkeiten bestimmter Arbeitsabläufe aus den inländischen Vorgaben und Abläufen und den Spezifika des Auslands zu finden.

Talentorientierung bedeutet, Mitarbeiter und Mitarbeiterinnen dort einzusetzen, wo sie ihre Kompetenzen umsetzen können. Dieser Ansatz beruht auf der begründeten Annahme, dass Mitarbeiterinnen und Mitarbeiter insbesondere dann hohe Leistungen vollbringen, wenn sie in einem Arbeitsfeld arbeiten, in dem sie sich wohlfühlen.

Eine Talentkultur geht noch weiter und versucht, in einer Organisation systematisch die Ressourcen der Beschäftigten zu erfassen, zu fördern und die konkrete Tätigkeit darauf auszurichten.

3. Hinweise zur Lösung

Die Kunst der Förderung von Talenten und der Aufbau einer Talentkultur in der Auseinandersetzung mit nationalen und internationalen Regeln und Kulturen sind gerade in einem Land wie Deutschland nicht ganz einfach.

Im Allgemeinen sind die Vorgehensweisen im nationalen Kontext tendenziell von einem sehr hohen Regelungsumfang und der Beachtung von rechtlichen Anforderungen gekennzeichnet. So kann es sein, dass in ausländischen Niederlassungen wenig oder gar kein Verständnis für Vorschriften vorhanden sind. Daraus folgt, dass die Verantwortlichen für Verständnis werben und gleichzeitig Anregungen aufnehmen, neue und sinnvolle Ideen in den Geschäftsablauf einzubauen. Gerade hier liegt die Chance, durch die Einbindung von ausländischen Talenten, einen Ausgleich der berechtigten inländischen und ausländischen Interessen herzustellen. Der Lerneffekt dürfte in der Regel zweiseitig sein.

Gerade in der Auseinandersetzung mit anderen Ideen und Haltungen kann eine für ein Unternehmen fruchtbare Konsequenz eintreten. Sowohl die vielleicht übergeregelte inländische Vorgehensweise wie das unter Umständen sehr regelungsarme und mit vielen Unsicherheiten versehene Geschehen im Ausland kann dann zielbezogen überdacht werden.

Nicht zu unterschätzen ist, dass die Einbindung von Talenten aus dem Ausland die sprachlichen Besonderheiten eines Landes besonders berücksichtigen kann. Obwohl Schulungen beachtliche Ergebnisse erzielen können, ist es fraglich, ob Nicht-Muttersprachler die Feinheiten der jeweiligen Sprache soweit entwickeln können, dass hochdifferenzierte Sachverhalte und Stimmungen der ausländischen Geschäftspartner erfasst werden. Das gilt insbesondere für die Sprachfamilien, die keinerlei Bezüge zur inländischen Sprache aufweisen. In diesen Fällen wird die Suche nach geeigneten und sprachlich besonders talentierten Personen zum Schlüsselfaktor für den Erfolg im Ausland.

Ein kurzes Beispiel macht klar, dass die Tücke ausländischer Märkte im Detail liegt. Eine Werbung in arabischen Ländern sollte die Lesegewohnheiten des Landes berücksichtigen. Wer üblicherweise von rechts nach links liest, wird durch eine Werbeanzeige mit Foto zumindest verwirrt, die darauf keine Rücksicht nimmt. Bei der Einführung von Babynahrung wurde von einem Anbieter eine Fotoabfolge von einem weinenden Kind hin zu einem lächelnden Kind von links nach rechts zur Verdeutlichung der Wirkung einer bestimmten Babynahrung eingesetzt. Wer die Bilder umgekehrt aufnimmt, wird sich zunächst hüten, ein Kind mit der gezeigten Nahrung zu versorgen. Die Verkaufszahlen gingen in dem konkreten Fall logischerweise zurück (vgl. dazu Blom/Meier 2017, S. 35).

4. Literaturempfehlungen

Schwuchow, Karlheinz (Hrsg.) (2019): Internationales Personalmanagement, Freiburg u. a., S. 86–89.
Blom, Herman/Meier, Harald (2017): Interkulturelles Management, Herne, S. 35–46.

Aufgabe 3: Talentsuche und Entwicklung

Wissen, Erläutern
10 Minuten

1. Fragestellung

Im Rahmen der Talentsuche und Entwicklung werden in der Praxis durchaus neue und kreative Methoden der Personalentwicklung eingesetzt, um die klassischen Wege der Personalentwicklung zu verlassen und über in Ansätzen spielerische Methoden besondere Anreize zu schaffen.

Zu diesen in der Regel mit ihren englischen Begriffen benutzten Ansätzen gehören:

- Action Learning
- Learning Circles
- Stretch Assignments

Was versteht man unter diesen Begriffen? Erläutern Sie kurz die Zusammenhänge.

2. Lösung

Das Wichtige beim Action Learning ist, dass ein bestimmtes Team von Mitarbeiterinnen und Mitarbeitern an einem aus der Praxis stammenden und realen Problem arbeitet, was außerhalb der eigenen Kompetenzen liegt (vgl. zum Folgenden Piech 2015,

S. 22 f. und die dort gegebenen Literaturhinweise). Die Aufgabenstellungen selbst sind bereichsübergreifend und strategisch ausgerichtet. Im Prozess sollen und werden persönliche und fachliche Entwicklungen ermöglicht. Gefördert werden soll in aller Regel auch der Blick auf das Ganze eines Unternehmens.

Learning Circles sind sich selbst organisierende Gruppen aus den einzelnen Unternehmen, die an den für die Teilnehmerinnen und Teilnehmer wichtigen Themen arbeiten. Die Beteiligten setzen sich eigene Ziele der Entwicklung und gestalten die für sie relevanten Handlungsschritte. Durch den Austausch mit den Kolleginnen und Kollegen erhalten die Mitglieder der Learning Circles im günstigen Fall eine wertvolle Reflexions- und Feedback-Plattform. Häufig gelingt der Aufbau umfassender Netzwerke in den Unternehmen, die über den eigenen Bereich hinausgehen. Das wiederum ermöglicht, auf diese Kontakte bei der Lösung von Entscheidungsprozessen zurückzugreifen.

Stretch Assignments ist ein in den beiden bisher genannten Formen der Talentförderung stärker auf die einzelne Person abgestimmtes Vorgehen. Dabei werden besonders herausfordernde Aufgaben definiert. Diese beinhalten zur Lösung neue von den Talenten noch nicht gezeigte Kompetenzen.

3. Hinweise zur Lösung

Bei allen Formen der Talentförderung ist es wichtig, den Kontext so zu gestalten, dass weder eine Über- noch eine Unterforderung eintreten kann, um die Gefahr einer massiveren Demotivation oder Frustration zu vermeiden. In der Praxis ist die Lösung der Frage einer Über- oder Unterforderung sicher nicht banal und verlangt, dass diejenigen, die die Prozesse initiieren, sich umfassend um die beteiligten Personen kümmern sollten. Das klingt einleuchtend, ist aber in der Praxis ein umfassendes diagnostisches Problem.

Der Einsatz von Mentoren und Coaches, die den Prozess begleiten, ist deshalb angeraten. Das macht deutlich, dass die Investition in die geschilderten Maßnahmen durchaus hoch ist. Alle drei vorgestellten Methoden zur Förderung von Talenten beinhalten das empirisch gut beobachtbare Phänomen, dass die eigene Aktivität und die Wahrnehmung von Selbstwirksamkeit den langfristigen Lernerfolg überaus begünstigen.

4. Literaturempfehlungen
Piech, Sylke (2015): Internationale Talententwicklung im Human Resources Management, Wiesbaden, S. 15–29.

Aufgabe 4: Interkulturelle Organisationsentwicklung

Wissen, Erläutern
10 Minuten

1. Fragestellung

Es gibt wenig Zweifel, dass die Entwicklung der Globalisierung und die daraus ableitbaren Folgen der Wettbewerbsverschärfung die Dringlichkeit spürbar erhöht haben, sich um das Thema Organisationsentwicklung in den Unternehmen zu kümmern. War noch vor einigen Jahren beobachtbar, dass sich relativ stabile Strukturen in den Unternehmen beobachten ließen, so ist heute die Veränderung statt Stabilität fast der Normalfall geworden. Organisationen werden zunehmend labil, weil die Veränderungen dazu auffordern.

In diesem Zusammenhang fallen die Begriffe monolithische, pluralistische und multikulturelle Organisation. Sie dienen dazu, kulturelle und demographische Besonderheiten von Organisationen deutlich zu machen.

Beschreiben Sie kurz alle drei Begriffe.

Was ist in diesem Zusammenhang unter dem „Cultural bias" zu verstehen und warum ist es so wichtig, sich um dieses Phänomen zu kümmern?

2. Lösung

Die monolitische Organisation hat eine Belegschaft, die sowohl demographisch als auch kulturell weitgehend homogen ist (vgl. hierzu und zum Folgenden Blom/Meier 2017, S. 199–200). Dieser Fall dürfte mittlerweile in der Praxis eher die Ausnahme und nicht mehr die Regel sein.

Die pluralistische Organisation stellt durchaus Mitarbeiter und Mitarbeiterinnen aus Minderheitsgruppen ein. Zu einer tatsächlichen Integration und einer angemessenen Beteiligung etwa an Führungspositionen kommt es allerdings nicht.

Die multikulturelle Organisation greift den Gedanken des Diversity-Managements auf (vgl. dazu insgesamt Becker 2015; vgl. auch Fereidooni/Zeoli 2016). Dieser Ansatz wird als wichtiger Wert für die Entwicklung erkannt und in die strategischen Überlegungen integriert, weil die in einer Belegschaft vorhandene personelle und soziale Vielfalt konstruktiv genutzt werden kann und soll.

Cultural bias lässt sich mit kultureller Verzerrung übersetzen. Wer sich in einer Gesprächssituation befindet, wird nicht selten feststellen, dass unterschiedliche Gepflogenheiten in den einzelnen Kulturen erhebliche Wirkungen haben können. So kommt es auf Grund einer einseitig geprägten Sicht unter Umständen zu gravierenden Beurteilungsunterschieden. Diese sind dann nicht etwa in einer unterschiedlichen Leistungsfähigkeit begründet, sondern in kulturell unterschiedlichen und jeweils akzeptierten Verhaltensweisen, Wahrnehmungen oder Bewertungen. Wer aus einer Kultur heraus eher blumig, bildhaft und/oder verbal elaboriert Verhandlungen führt, wird unter Umständen von Menschen, die stringent und verbal überaus sparsam auf ein Ziel hin agieren, verwirrt.

3. Hinweise zur Lösung

Es gibt zunehmend Unternehmen, die Managing Diversity (diversitätsbewusste Ausrichtung von Organisationen) zum einem Grundsatz erklären. Die Entwicklung hin zu diesem Status durchläuft typische Phasen, die im Folgenden angedeutet werden. Die Forschungen beziehen sich zwar auf den Sozialbereich, können allerdings vorsichtig verallgemeinert werden.

7 Interkulturelle Organisation (= multikulturelle Organisation)
6 Integrales kulturelles Management
5 Interkulturelles Management von Personal
4 Eingliederung von Mitarbeitern aus Minderheitsgruppen
3 Interkulturelles Management der Dienstleistungen
2 Dienstleistungen an Kunden aus Minderheitsgruppen
1 Monokulturelle Organisation (= monolithische Organisation)

Abb. 3.1: Das 7-Stufen-Modell der interkulturellen Organisation (nach Hoogsteder).
Quelle: In Anlehnung an Blom/Meier 2017, S. 200 ff.

Ohne auf die einzelnen Phasen an dieser Stelle genauer einzugehen, kann man sagen, dass am Ende der Entwicklung kulturelle Vielfalt als ein echter Mehrwert erkannt wird. Die Produktion oder das Angebot an Dienstleistungen sind auf eine multikulturelle Kundschaft ausgerichtet (vgl. dazu und zum Folgenden Blom/Meier 2017, S. 202). Die unterschiedlichen Kompetenzen der Mitarbeiterinnen und Mitarbeiter werden produktiv kombiniert und genutzt. Normen und Werte stehen gleichberechtigt zueinander. Auf allen Managementebenen sind die einzelnen Gruppen der Organisation vertreten. Die Organisation besteht im Grunde nicht mehr aus einer Vielzahl von Minderheiten, sondern aus Gruppen, die sich in ihrer Kompetenz ergänzen, schätzen und gegenseitig benötigen.

In der Praxis wird dieser Zustand sicher nicht durchgehend stabil sein und der Weg bis zur beschriebenen interkulturellen Organisation ist weit. Es wäre naiv anzunehmen, dass die interkulturelle Organisation frei von Konflikten ist. Gerade die Vielfalt birgt allerdings auch Ansätze, mit Konflikten kreativ umzugehen, wenn man an verschiedene Wege denkt, Konflikte zu lösen.

Der Weg zur interkulturellen Organisation und ihr Management verlangt auf der Leitungsebene Mut, Reflexionsfähigkeit und eine überaus hochwertige Konfliktkompetenz von allen Beteiligten.

4. Literaturempfehlungen

Becker, Manfred (2015): Systematisches Diversity Management: Konzepte und Instrument für die Personal- und Führungspolitik, Stuttgart.

Blom, Herman/Meier, Harald (2017): Interkulturelles Management, Herne, S. 35–46; S. 200–202.

Fereidooni, Karim/Zeoli, Antonietta, P. (2016): Managing Diversity. Die diversitätsbewusste Ausrichtung des Bildungs- und Kulturwesen, der Wirtschaft und Verwaltung, Wiesbaden.

3.2 Internationale Stellenbesetzung und Personalauswahl

Aufgabe 1: Sensibilität und Vorurteilsfreiheit

Wissen, Erläutern
10 Minuten

1. Fragestellung

Die Aufgaben der Personalbeschaffung sind sowohl im Inland wie im Ausland grundsätzlich die gleichen. Die Kernfragen lauten wie folgt:

- Wie viele Mitarbeiter und Mitarbeiterinnen,
- mit welchen Qualifikationen,
- über welchen Zeitraum und/oder zu welchem Zeitpunkt,
- über welche Wege beziehungsweise an welchen Orten und
- mit welchem Wertbeitrag

sind zu beschaffen (vgl. dazu und zum Folgenden Scholz/Scholz 2019, S. 138 ff.).

Dieser auch als Personalakquisition bezeichnete Vorgang beinhaltet bei der internationalen Stellenbesetzung zusätzliche Schwierigkeiten. Zwar ermöglichen mittlerweile globale Online-Jobbörsen lokalen Personalreferenten, nach Mitarbeiterinnen und Mitarbeitern zu suchen und/oder offene Stellen weltweit transparent zu machen, jedoch wird die Auswahl durch Anforderungen erschwert, die im Zusammenhang von Auslandseinsätzen eine besondere Relevanz erhalten.

Dazu gehören unter anderem die kulturelle Sensibilität und ein hoher Grad an Vorurteilsfreiheit der zu beschaffenden Arbeitskräfte.

Erläutern Sie die beiden Begriffe und stellen Sie jeweils die Begründung für die besondere Relevanz bei der Beschaffung geeigneter Mitarbeiterinnen und Mitarbeiter für den Auslandseinsatz dar.

2. Lösung

Die kulturelle Sensibilität zeigt sich darin, die im Ausland vorherrschenden und ungeschriebenen Regeln und Gesetze wahrzunehmen sowie deren Einhaltung zielbezogen und differenziert zu beachten. Letztlich geht es darum, sich die innere Logik und/oder Psychologik der anderen Kultur zu erschließen und am Ende ein Sicherheit gebendes und reflektiertes Verhalten zeigen zu können (vgl. dazu und zum Folgenden Bittner/Reisch 2012, S. 164).

Bei der Vorurteilsfreiheit geht es um die angemessene und differenzierte Wahrnehmung und Verarbeitung von neuen und komplexen Informationen, die im Widerspruch zu dem stehen, was die einzelne Person bisher an Erfahrungen sammeln konnte. Vorurteile sind demgegenüber einfache und undifferenzierte Erklärungsmuster. Sie beinhalten nicht selten eher negative und diskriminierende Aussagen.

3. Hinweise zur Lösung

Der Unterschied der einzelnen kulturellen Besonderheiten ist, wie schon erwähnt, mitunter sehr hoch. Da lange Zeit verinnerlichte, non-verbale Signale nur schwer oder gar nicht kontrollierbar sind, ist dies eine besondere Gefahr, die im Zusammenhang von Auslandseinsätzen entstehen kann. Bei manifesten Vorurteilen gegenüber einer ausländischen Kultur ist es schwer, als negativ empfundene, non-verbale Signale zu unterdrücken. Wer mit negativ besetzten Vorurteilen ins Ausland entsandt wird, wird es schwer haben, weil die Menschen normalerweise non-verbale Signale wahrnehmen und darauf reagieren werden. Im Falle negativer Signale wird ein Vorurteil also spürbar sein und im Zweifel wird eine kontraproduktive Wirkung entfaltet.

Neben der Vorurteilsfreiheit und der kulturellen Sensibilität wird darüber hinaus bei der Auswahl von Personal für den Auslandseinsatz auf die folgenden Kompetenzen hingewiesen, die besondere Bedeutung erlangen (vgl. dazu und zum folgenden vor allem Bittner/Reisch 2012, S. 163 ff.):

– Ambiguitätstoleranz
– Empathiefähigkeit
– Frustrationstoleranz

Unter Ambiguitätstoleranz ist zu verstehen, dass unstrukturierte, uneindeutige und in sich widersprüchliche Situationen angemessen ausgehalten werden können. Dies verhindert, dass entweder Handlungsunfähigkeit eintritt oder überzogene Reaktionen die Folge sind (zum Beispiel Aggressivität). Es liegt auf der Hand, dass gerade das neue Umfeld eines Auslandseinsatzes vielfältige Situationen für Widersprüchliches bereithält.

Nahe liegt auch, dass eine Entsendung von Arbeitskräften ins Ausland nicht ganz selten den Kontrast deutscher Regelungsgenauigkeit und einer gewissen Regelungsarmut in der fremden Umgebung deutlich machen wird. Auch dieses Spannungsfeld muss im Zweifel ertragen werden, um den Erfolg der Bemühungen nicht in Frage zu stellen. Wer übrigens spürt, dass er die Widersprüchlichkeit, denen man begegnet, nicht verarbeiten kann, sollte darüber nachdenken, ob er oder sie den Auslandseinsatz, beziehungsweise ganz allgemein die Situation, in der man sich befindet, nicht besser meiden sollte. Dies würde dem Grundsatz aus der Organisationsentwicklung entsprechen, der, ganz allgemein formuliert, heißt: *Change it, love it, leave it!*

Empathiefähigkeit verlangt, sich in andere Menschen hineindenken und einfühlen zu können. Mangelnde Empathie stellt ein Problem dar, das sich immer dann als Problem erweisen wird, wenn es nicht gelingt, sich die wirklichen Anliegen und Interessen von Geschäftspartnern vorstellen zu können. Rein sachrationale Lösungsansätze haben es so in fremden Kulturen mitunter besonders schwer. Sie machen es im Zweifel unmöglich, erfolgreiche Kooperationen zu gestalten.

Irrtümer und Missverständnisse sind nach all dem, was bisher gesagt wurde, gerade in der Anfangsphase einer Auslandstätigkeit unvermeidlich. Wird dieses Erleben nicht selbstkritisch-konstruktiv, sondern in den erwähnten Vorurteilen ertränkt oder zur pauschalen Abwertung der fremden Kultur benutzt, verstärkt sich erfahrungsgemäß die Frustration der Beteiligten. Bei mangelnder Frustrationstoleranz sind die Voraussetzungen für einen dauerhaft erfolgreichen Auslandseinsatz erfahrungsgemäß genauso stark gefährdet wie bei dem Nichtvorhandensein der bereits beschriebenen Kompetenzen.

4. Literaturempfehlungen
Bittner, Andreas/Reisch, Bernhard (2012): Interkulturelles Personalmanagement, Wiesbaden, S. 162–165.
Scholz, Christian/Scholz, Torsten M. (2019): Grundzüge des Personalmanagements, München, S. 138–162.

Aufgabe 2: Personalstrategien im internationalen Kontext

Wissen, Erläutern
15 Minuten

1. Fragestellung

Die Planung und Umsetzung von Auslandsentsendungen stellt sich als komplexes Problem dar. Obwohl sich in der Praxis eine Vielzahl von Strategien beobachten lässt, ist es möglich, Grundmuster in der personalpolitischen Steuerung von Auslandsstandorten festzustellen.

Ein schon vor einiger Zeit entstandenes Modell von Howard Perlmutter und David Heenan beinhaltet vier alternative Personalstrategien. Sie unterscheiden sich durch die Beziehungsgestaltung zwischen der inländischen und der ausländischen Unternehmung (Mutter- und Tochtergesellschaft). Im Einzelnen ist dies der
- ethnozentrische Ansatz
- polyzentrische Ansatz
- regiozentrische Ansatz
- geozentrische Ansatz

(vgl. dazu und zum Folgenden Schwuchow 2019, S. 40 ff.)

Beschreiben Sie kurz und kritisch die einzelnen Ansätze, indem sie jeweils einen denkbaren Vor- und Nachteil erwähnen.

2. Lösung

Der ethnozentrische Ansatz beinhaltet eine straff und zentralistisch orientiert Muttergesellschaft, die ihre Vorstellungen weltweit umsetzt (vgl. hierzu und zum Folgenden Schwuchow 2019, S. 40 ff.). So entsteht ein weltweit einheitliches Gefüge mit einem hohen Grad an Konsistenz und Standardisierung. Die damit verbundenen interkulturellen Probleme sind allerdings leicht einsehbar. Erwartungen und Bedürfnisse ausländischer Mitarbeiterinnen und Mitarbeiter, die allerdings für den langfristigen Erfolg überaus bedeutsam sind, werden in diesem Ansatz nicht berücksichtigt.

Dezentrale Steuerung mit einem hohen Selbstbestimmungsgrad der Tochtergesellschaft kennzeichnet den polyzentrischen Ansatz. Die Vor- und Nachteile des ethnozentrischen Ansatzes kehren sich in diesem Vorgehen um. So werden Führungspositionen mit lokalen Arbeitskräften besetzt. Die Standards der Muttergesellschaft und die Gesamtunternehmensziele geraten so leicht aus dem Blickfeld, was Folgeprobleme verursachen wird.

Das regiozentrische Vorgehen betont die jeweiligen Besonderheiten der jeweilig betreffenden Region. Es stärkt die Tochtergesellschaft und ihre Vorstellungen und Ideen vor Ort, was die Motivation der dort beteiligten Arbeitskräfte mit einer gewissen Wahrscheinlichkeit erhöhen wird. Andererseits besteht die Gefahr einer unabgestimmten Verselbständigung der Tochtergesellschaften und der mangelnden Berücksichtigung von Synergieeffekten, die andernfalls im Gesamtunternehmen denkbar sind.

Der geozentrische Ansatz baut auf weltweiten, kooperativen Prozessen auf. Sie sollen dazu beitragen, dass standardisierte Lösungen entstehen, die allerdings durch die Beteiligung der Auslandstöchter Anpassungen der jeweiligen Region ermöglichen. Internationales Personalmanagement wird so als eine Gemeinschaftsaufgabe interpretiert, die sich durch die produktive Zusammenarbeit von Mutter- und Tochterunternehmen auszeichnet.

Das bietet zweifellos Vorteile, weil die installierten Systeme einen hohen Grad an Akzeptanz aufweisen, da die (auch im Ausland von den Entscheidungen) Betroffenen in die Gestaltung der Lösungen einbezogen werden.

Es dürfte auf der Hand liegen, dass derartige Verfahren zeitaufwendig sind. Deshalb ist die Fähigkeit der Beteiligten von besonderer Bedeutung, die berechtigten Interessen aller Beteiligten herauszuarbeiten und sich in einem als fair empfundenen Einigungsprozess zu einer Lösung durchzuringen. Die Gefahr des geozentrischen Ansatzes liegt darin, dass sich langwierige Diskussionen ergeben können, die am Ende zu keiner Lösung führen. Das damit entstehende Konfliktpotenzial ist nicht zu unterschätzen.

3. Hinweise zur Lösung

Sowohl der ethno- als auch der geozentrische Ansatz lassen sich in der Praxis recht häufig antreffen. Erst danach werden mit einigem Abstand in der Häufigkeit Strategien verfolgt, die eher polyzentrisch oder noch etwas seltener regiozentrisch ausgestaltet sind (vgl. dazu Schwuchow 2019, S. 41).

Die Entwicklung in der Praxis zeigt, dass bei der Veränderung vom internationalen zum multinationalen und weiter zum transnationalen Unternehmen die genannten Dimensionen von Mutter- und Tochtergesellschaften nicht mehr so deutlich erkennbar sind (vgl. dazu Armutat 2012, S. 30 ff.). Vielmehr werden zum Beispiel bei der Besetzung von Stellen die Anforderungen der Stelle und der Abgleich mit den Kompetenzen der Arbeitskräfte dominanter.

4. Literaturempfehlungen

Armutat, Sascha (2012): Elemente, Zusammenhänge und Formen internationaler HR-Governance-Strukturen, in: DGFP e. V. (Hrsg.), Internationales Personalmanagement gestalten. Perspektiven, Strukturen, Erfolgsfaktoren, Praxisbeispiele, S. 25–49.

Blom, Herman/Meier, Harald (2017): Interkulturelles Management, Herne, S. 35–46; S. 200–202.

Schwuchow, Karlheinz (Hrsg.) (2019): Internationales Personalmanagement, Freiburg u. a., S. 40–47.

Aufgabe 3: Typische Fehler bei Personalauswahl im internationalen Kontext

Wissen, Erläutern
10 Minuten

1. Fragestellung

Die Entscheidungen, die im Zusammenhang mit der Auswahl von Mitarbeiterinnen und Mitarbeitern gefällt werden, hängen wie die im Inland von der zentralen Frage ab, ob bei einer bestimmten Person die Eignung für die betreffende Stelle vorliegt.

Bei der Auswahl von Mitarbeiterinnen und Mitarbeitern kommt es zu typischen Fehlern bei der Entscheidung. Beschreiben Sie kurz, was sich hinter den drei besonders eindrücklichen Fehlern verbirgt, die hier stichwortartig genannt werden:
- Personalentsorgung ins Ausland
- Die Unfreiwilligen zuerst
- Einmal Ausland - immer Ausland

2. Lösung

Es liegt bei einer Personalentscheidung relativ nahe, dass man nicht ohne weiteres die besten Mitarbeiterinnen und Mitarbeiter ziehen lässt – auch nicht ins Ausland. Wer demgegenüber nur diejenigen ins Ausland entsendet, die im Inland ohnehin nicht zu den Leistungsträgern gehören, wird in vielen Fällen großen Schaden anrichten.

Zu den größten Sünden bei der Personalauswahl gehört, dass man mangels Freiwilligen und Motivierten diejenigen nimmt, die den Wechsel eigentlich gar nicht wollen. Der dadurch entstehende Frust wird sich sehr sicher bei der Bewältigung der Aufgaben im Ausland auswirken.

Wer einmal im Ausland war, hat nicht automatisch eine besondere Vorliebe für das nächste Land, in das er oder sie versetzt wird. Wenn die kulturelle Differenz zwischen dem bereits erlebten Land und dem nun anstehenden besonders deutlich ist, überfordert das mitunter und führt wie die beiden anderen geschilderten Fälle zu einem Kardinalfehler bei der Besetzung von Auslandsstellen. Einmal im Ausland – immer im Ausland ist zwar möglich, jedoch keinesfalls ein Automatismus und sollte sorgfältig überlegt werden.

3. Hinweise zur Lösung

Bei der Entsendung von Mitarbeiterinnen und Mitarbeitern ins Ausland entstehen mitunter sehr komplexe Entscheidungssituationen. So ist zum Beispiel die Entsendung ins Ausland mittlerweile regelmäßig dadurch gekennzeichnet, dass aus verschiedenen Richtungen Bedenken der potenziellen Auslandskräfte entstehen. Nicht selten bestehen diese auf Grund der familiären Situation, die dazu führt, dass eine Stelle abgelehnt wird (vgl. dazu und zum Folgenden Blom/Meier 2017, S. 117). Darüber hinaus werden Karrierenachteile für den jeweiligen Partner/die Partnerin genannt oder eigene Karrierenachteile befürchtet. Nicht unwichtig bei der Entsendung ist die als adäquat oder nicht adäquat angesehene Vergütung und/oder die als nicht ausreichend angesehene Lebensqualität am Entsendeort.

Grundsätzlich stehen natürlich alle auch im Inland angewendeten Auswahlinstrumente zur Verfügung. Dazu gehören u. a. die Bewerbungsunterlagen. Bei der Anwerbung ausländischer Arbeitskräfte ist Vorsicht geboten, wenn es um Standards geht, die in Deutschland als selbstverständlich angesehen werden. In vielen Kulturen sind zum Beispiel Arbeitszeugnisse eher unüblich. Mitunter wird dann wesentlich mehr Wert auf persönliche Referenzen gelegt. Die bereits mehrfach angesprochene kulturelle Sensibilität spielt in diesen Fällen eine entscheidende Rolle, um valide Entscheidungen treffen zu können.

4. Literaturempfehlungen
Blom, Herman/Meier, Harald (2017): Interkulturelles Management, Herne, S. 35–46; S. 200–202.

3.3 Vorbereitung zur Auslandsentsendung

Aufgabe 1: Begleitung der Entsendung

Wissen, Verstehen
10 Minuten

---

1. Fragestellung
Ist die Entscheidung für die Stellenbesetzung im Ausland gefallen, ist es unbedingt notwendig, das Vorhaben durch geeignete Maßnahmen so zu unterstützen, dass der möglichst reibungslose Ablauf des Wechsels gelingt. Zwischen der Entscheidung und der tatsächlichen Entsendung von inländischen Mitarbeiterinnen und Mitarbeitern sollte im günstigen Fall mindestens ein halbes Jahr liegen. Zu bedenken ist, dass in einigen Fällen auch die ersten Sprachkurse absolviert werden müssen.

Die Vorbereitung auf den Auslandseinsatz kann zum Beispiel dadurch unterstützt werden, dass die einzelnen Phasen bis zum Umzug in den Blick genommen werden.

Überlegen Sie bitte, was in den im Folgenden aufgeführten Phasen der Vorbereitung wichtig sein könnte:
- Nachentscheidungskonflikte
- Wecken von inhaltlichem Interesse
- Vermittlung unmittelbar relevanter Informationen
- Fragen rund um die Ausreise

2. Lösung

Nachentscheidungskonflikte

Die Phase nach der Entscheidung für die Übernahme einer Auslandsposition ist ähnlich wie in vielen anderen Entscheidungssituationen zunächst davon gekennzeichnet, dass eine Bestätigung der Wahl stattfindet. Viele Menschen wollen dann eher hören, dass die Entscheidung die richtige war. Befürchtungen und Ängste werden zumindest zurückgestellt.

Trotzdem werden die Reaktionen im Umfeld des Betroffenen irgendwann auch widersprüchlich sein. Von einigen Kolleginnen und Kollegen bewundert, von anderen beneidet, wird man gleichzeitig die Trennung von nahestehenden Menschen als Realität wahrnehmen müssen (vgl. dazu und zum Folgenden Bittner/Reisch 2012, S. 180 ff.).

In der Praxis hat sich bewährt, dass Gespräche mit Rückkehrern sinnvoll sein können, die ein ehrliches und ermutigendes Bild vom neuen Umfeld vermitteln. Darüber hinaus wird es notwendig sein, die offenen Punkte in dieser Phase zu klären. Das kann zum Beispiel eine Unterstützung zur Bewältigung aller organisatorischen Fragen im Zusammenhang der Entsendung sein. Hilfreich werden für viele die Informationen sein, die sowohl inhaltlich als auch emotional auf den Aufenthalt vorbereiten.

Wecken von inhaltlichem Interesse

In der zweiten Phase nach dem Fällen der Entscheidung werden die Fragen nach den genauen Details des neuen Umfelds zunehmend interessant. Dabei wird nicht nur die eigentliche neue Aufgabe eine Rolle spielen, sondern auch, welches Umfeld (die Landeskunde) oder die Besonderheiten in der Kultur den Entsendeten erwartet. Diese Phase dürfte nicht unwichtig sein, weil sie Vorfreude wecken kann, also positive Emotionen hervorruft und die Entscheidung für den neuen Arbeitsplatz durch interessante Informationen zum neuen Umfeld emotional stabilisiert.

Vermittlung unmittelbar relevanter Informationen

Wenn der Umzugstermin naht, stehen ganz konkrete Fragen des Umzugs im Vordergrund, die beantwortet werden sollten. Je konkreter die Antworten auf diese Fragen werden, umso weniger Stress, der durch die Unsicherheit der Situation ausgelöst werden kann, wird spürbar sein. Sollte es tatsächlich, insbesondere auch im familiären Umfeld zu Stressreaktionen kommen, ist Hilfestellung angesagt. Man sollte dies nicht unterschätzen. Neuere Forschungen zu den Vorgängen im Umfeld von Beziehungsveränderungen legen es nahe, sich sehr intensiv auch mit den Wirkungen auf die Familie des Entsendeten zu befassen.

Fragen rund um die Ausreise

Wenn es ernst wird, werden die eben beschriebenen Prozesse nochmals verstärkt. Je stärker diese Phase durch ganz konkrete Lösungsangebote für offene Fragen gestaltet wird, umso besser gelingt es, die Aufregung vor dem eigentlichen Wechsel zu beherr-schen. Diese Phase wird, wenn das neue Umfeld gut vorbereitet das erste Mal erlebt wird, zum Glück häufig durch eine euphorische Phase abgelöst.

3. Hinweise zur Lösung

Die gesamte Problematik der Vorbereitungsphasen der Entsendung ist nicht zu unter-schätzen. Die beschriebenen Phänomene rund um die Entsendung werden dem Ent-sendeten entweder einen eher als gut oder eher als schlecht wahrgenommenen Start ermöglichen. Gerade eine familiäre Situation, in der ein Partner oder eine Partnerin vermeintlich oder tatsächlich zurückstecken muss, weil die eigene Tätigkeit zunächst aufgegeben werden muss, kann das gesamte Vorhaben gefährden. Ansätze, die auch im Inland mittlerweile eine gewisse Bedeutung gewonnen haben und sich darin ma-nifestieren, dass man sich um einen Arbeitsplatz für beide Teile einer Partnerschaft kümmert (Dual-Career-Ansätze), gewinnen zunehmend an Bedeutung.

4. Literaturempfehlungen
Bittner, Andreas/Reisch Bernhard (2012): Interkulturelles Personalmanagement.

Aufgabe 2: Simulationstraining und Interaktionskonzepte

Wissen, Erläutern
10 Minuten

1. Fragestellung
Neben den eher organisatorischen Fragen und allgemeineren Informationen über das neue Umfeld bieten viele Unternehmen, die ihre inländischen Mitarbeiter ins Ausland entsenden, gezielte Trainings an, um die Vorbereitung auf das neue Umfeld zu gestal-ten. Dazu zählen vor allem interkulturelle Seminare. Zu den Konzepten, die in diesem Zusammenhang verfolgt werden, zählen das sogenannte Simulationstraining und das Interaktionskonzept.

Erläutern Sie kurz beide Ansätze.

2. Lösung
Simulationstraining (Culture Awareness-Ansatz)
Methodisch arbeiten die Simulationstrainings mit Fallstudien und Rollensimulatio-nen. Dabei werden die einzelnen Übungen zunächst in der Gruppe erlebt und durch Feedback reflektiert. Inhaltlich kommt es darauf an, dass möglichst realitätsnah ei-gene und fremde Arbeits- und Lebenssituationen simuliert und ausgewertet werden können (vgl. hierzu und zum Folgenden Blom/Meier 2017, S. 139 ff.).

Interaktionskonzept

Etwas anders gehen Interaktionskonzepte vor. Sie bauen zum Beispiel im Inland auf realen Kontakten mit Vertretern aus dem Gastland auf. Diese wiederum werden in der Seminargruppe beobachtet und reflektiert. Statt Vertreter aus dem Gastland einzuladen, wird gelegentlich auch vor Ort im neuen Umfeld des Arbeitsplatzes ein Kontakt zwischen den Entsendeten und Vertretern aus dem Gastland im Seminar hergestellt.

3. Hinweise zur Lösung

Die Schwierigkeit von Trainings besteht darin, dass es nicht nur darum geht, kognitive Lernziele zu erreichen (zum Beispiel Lernen von Regeln, fachliches Wissen und/oder Fremdsprachen). Es geht vielmehr vor allem darum, sich auf die fremde Kultur einzustellen. Das bedeutet, dass es nicht nur um Verhaltensweisen geht, die der Einzelne anwenden kann. Es geht vor allem neben den rein kognitiven Inhalten um Haltungen zur neuen Kultur. Haltungen werden allerdings nicht durch ein nur wenige Tage dauerndes Training verändert.

Die Veränderung von Haltungen braucht Zeit. Das bedeutet, dass interkulturelle Trainings sich über einen längeren Zeitraum erstrecken sollten, was bedeuten kann, dass der Auslandsaufenthalt über den gesamten Zeitraum durch Trainings begleitet wird. Möglicherweise sind bei besonders schwierigen Kontexten (zum Beispiel Familienproblemen) Coachings als Ergänzung nötig.

Alles in allem wird deutlich, dass die hochwertige Begleitung und Betreuung von Auslandskräften kostspielig sein kann. In vielen Fällen ist es allerdings noch teurer, wenn der Auslandsaufenthalt recht schnell wieder beendet wird, weil die Probleme rund um den Stellenwechsel zu massiv werden.

4. Literaturempfehlungen

Blom, Herman/Meier, Harald (2017): Interkulturelles Management, Herne, S. 35–46; S. 200–202.

Aufgabe 3: Managemententwicklung in verschiedenen Kulturen

Wissen, Erläutern
10 Minuten

1. Fragestellung

Eine wichtige und für den Erfolg im Ausland entscheidende Frage ist die, ob es gelingt, die richtigen Führungskräfte zu gewinnen und auf die Tätigkeit im Ausland vorzubereiten. Die Entwicklung von Führungskräften unterscheidet sich allerdings in unterschiedlichen Kulturen deutlich voneinander. Das ist durchaus gut nachvollziehbar, weil auch die Ausprägung der Kompetenzen in den verschiedenen Ländern durch unterschiedliche Schul- und Hochschulsysteme gekennzeichnet ist.

Darüber hinaus ist auch das Selbstverständnis der Führungskräfte unterschiedlich. Stark vereinfacht kann man folgende These aufstellen: In Deutschland steigen zum Beispiel nicht selten eher Arbeitskräfte in eine Führungsfunktion auf, die auf eine erfolgreich bewältigte Fachfunktion hin initiiert wird. Im angloamerikanischen Raum sind es eher die Generalisten, die Führungsverantwortung übernehmen.

Die gerade exemplarisch beschriebenen Ansätze lassen sich grob systematisieren und helfen dabei, Fehler bei der Auswahl zu vermeiden und verschiedene Sichtweisen zu begreifen.

Sie spiegeln sich in typischen Systemen der Managemententwicklung wider (vgl. hierzu Blom/Meier 2017, S. 142 f. und allgemein Schneider/Barsoux 2003, S. 33 ff.). Dazu gehören:
- das Germanic Model
- das Anglo-Dutch Model
- das Latin Model
- das Japanese Model

Beschreiben Sie kurz, was sich hinter diesen Modellen verbirgt.

2. Lösung
Germanic Model
Das Germanic Model ist dadurch gekennzeichnet, dass die Unternehmen versuchen, vor allem das vorhandene Potenzial einzelner Arbeitskräfte in den Blick zu nehmen. Das geschieht häufig über Assessment-Center oder Assistentenfunktionen. Der jeweilige Funktionsbereich dient dann in vielen Fällen dazu, weiter im System aufzusteigen.

Anglo-Dutsch Model
Das Anglo-Dutch Model ist eher durch generalistische Kompetenzen gekennzeichnet. Auch hier werden Assessments eingesetzt, die den Fortschritt bescheinigen sollen. Der häufige Positionswechsel wird dann nach einiger Zeit der Beobachtung genutzt, um die Führungskräfte weiterzuentwickeln.

Latin Model
Im Latin Model erfolgt die Testung der in Frage kommenden Führungskräfte meist direkt nach dem Studium und durch die Übernahme von Verantwortung. Weitere Schritte im Rahmen einer Karriere erfolgen nach der Bewährung in verschiedenen Funktionen. Das Selbstmarketing, sprich die Nutzung von Beziehungen, die durch die Pflege

der Kontakte zu anderen Beteiligten im Unternehmen erfolgen, wird im Latin Model als ergänzendes Mittel eingesetzt, um auf der Karriereleiter voranzukommen.

Japanese Model
Das Japanese Model ähnelt dem Latin Model, weil es ebenfalls bei den Hochschulabgängern ansetzt. In einer langjährigen Betreuungs- und Trainingsphase werden die ausgewählten Arbeitskräfte in ihren Funktionen bewertet. Im Erfolgsfall wird der Aufstieg möglich, bei Misserfolgen kann die Karriere allerdings auch schnell, zumindest im aktuellen Unternehmen, beendet sein.

3. Hinweise zur Lösung
Eine interessante Folgefrage, die sich im Zusammenhang mit der Besetzung von Führungsfunktionen im Ausland ergibt, ist, ob sich das eine oder andere Modell als besonders geeignet erweist, um das Auslandengagement erfolgreich zu unterstützen. Unter dem Aspekt, dass in verschiedenen Kulturen auch verschiedene Vorstellungen davon vorhanden sind, was sich besonders gut eignet, ist eine pauschale Antwort sicher verkehrt.

Das Germanic Model könnte bei genauerer Betrachtung durchaus eine Botschaft vermitteln, dass Menschen Führungseigenschaften aufweisen, die eigentlich „nur" entdeckt werden müssen, um sie dann erfolgreich zu nutzen. Die dahinter stehende Eigenschaftstheorie ist kritisch zu bewerten.

Das liegt zum einen daran, dass es bis heute kaum möglich erscheint, eindeutig bestimmte Eigenschaften für den Führungserfolg zu benennen. Zum anderen vernachlässigt es den durch die (Hirn-)Forschung entdeckten Nachweis, dass unabhängig vom Alter deutliche Veränderungen von Kompetenzen möglich erscheinen. Die neueren Erkenntnisse der Hirnforschung weisen eher darauf hin, dass sich Menschen ein Leben lang verändern können. Wer ein Assessment-Center absolviert und anschließend die Nachricht erhält, dass keine besonderen Führungseigenschaften beobachtet werden konnten, sollte sich zwar intensiv reflektieren, jedoch nicht entmutigen lassen.

Das Ergebnis kann unter anderem mit der in der Praxis nicht selten beobachtbaren Unvollkommenheit von Assessment-Centern zu tun haben. Andererseits wäre auch dann, wenn das Assessment-Center valide (also das Richtige misst) und sogar objektiv (also unabhängig vom Beobachter) sowie reliabel (also messgenau) ist, eine Entwicklung möglich, die noch fehlenden Kompetenzen in den Blick nimmt oder die vorhandenen Kompetenzen zielbezogener einsetzbar macht. Das Germanic Model, das eine sehr frühe Auswahl von Führungskräften vornimmt, würde also gegebenenfalls Potenziale ungenutzt lassen, was angesichts der drohenden Knappheit von Arbeitskräften (und auch Führungskräften) nicht verantwortbar wäre.

Die in den anderen beschriebenen Modellen zum Teil sehr langen Phasen der gezielten Betreuung von Nachwuchskräften und der durch die Einnahme verschiedener Funktionen gekennzeichnete Weg berücksichtigt in gewisser Weise die Lernfähigkeit der jungen Führungskräfte. Viele Beispiele aus der Praxis zeigen, dass beachtliche Entwicklungen im Führungsverhalten möglich sind.

4. Literaturempfehlungen

Blom, Herman/Meier, Harald (2017): Interkulturelles Management, Herne, S. 139–144.
Schneider, Susan/Barsoux, Jean-Louis (2003): Managing across cultures, London u. a.

3.4 Repatriation/Wiedereingliederung

Aufgabe 1: Probleme bei der Rückkehr von Expatriates

Wissen, Verstehen
10 Minuten

---

1. Fragestellung

Die Möglichkeit, ins Ausland zu gehen und dort neue und höchstinteressante Erfahrungen zu sammeln, ist für viele Mitarbeiterinnen und Mitarbeiter faszinierend. Die wenigsten bleiben allerdings für den Rest ihrer beruflichen Tätigkeit oder sogar für das restliche Leben im Ausland. Die Gründe für eine Rückkehr sind so vielfältig wie die Menschen, die ins Ausland versetzt worden sind.

Zu den eher unangenehmen Begründungen für eine Rückkehr der Expatriates gehört, dass die Integration in die neue Situation einfach nicht gelingen will. Da viele Mitarbeiterinnen und Mitarbeiter mit dem Partner/der Partnerin und den Kindern ins Ausland gehen, können zum Beispiel familiäre Probleme zur Rückkehr bewegen.

Nicht immer sind allerdings die offiziellen Gründe die gleichen wie die wahren Gründe. Schwierigkeiten bei der Bewältigung der Stelle können durch die Angabe von anderen Beweggründen dazu führen, dass der Schaden, der durch einen Abbruch entsteht, bei der Rückkehr an den ursprünglichen Standort gering bleibt.

Aber auch bei der planmäßigen Rückkehr können sich Problem ergeben, was sich mitunter darin zeigt, dass die Expatriates vergleichsweise häufig das Unternehmen verlassen. Machen Sie sich bitte Gedanken darüber, was bei einer Rückkehr aus dem Ausland schwierig werden kann.

Nennen Sie bitte drei Problembereiche bei der Rückkehr von Expatriates.

2. Lösung

Je nachdem wie lange man sich im Ausland aufgehalten hat, wird sich auch am alten Standort einiges verändert haben. Das betrifft ebenfalls das private Umfeld. Möglicherweise sind sogar die Freunde von „damals" nicht mehr da und neue Freunde noch nicht gefunden. Das erschwert gerade am Anfang die Wiedereingliederung und die Situation zu Beginn des Auslandseinsatzes wiederholt sich nun im Inland.

Was den unmittelbaren Arbeitsplatz betrifft, kann es vorkommen, dass die im Ausland eingenommene Position rein hierarchisch gesehen vergleichsweise hoch angesiedelt war. Wer im Ausland die Geschäftsführung eines Unternehmens innehatte, wird sich grundsätzlich schwer tun, sich in die Hierarchie des Heimatunternehmens einzuordnen.

Die so häufig und zu Recht beschriebene und gelernte kulturelle Sensibilität kann durchaus bei der Rückkehr dazu führen, dass die Enge des Heimatlandes und die Skepsis gegenüber dem Fremden, die dann bei der Rückkehr erfahren wird, als schwierig empfunden werden.

3. Hinweise zur Lösung

Es gibt sicher eine Vielzahl von möglichen Problemfeldern, die hier nicht alle genannt werden können. Fest steht, dass die Rückkehr aus dem Ausland ein Sachverhalt ist, der in den Blick genommen werden sollte. Dazu existieren typische Muster, die bei der Rückkehr zu erwarten sind. Diese sind Gegenstand von Gedanken zur Unterstützung, die in der nächsten Frage bearbeitet werden soll.

Steht am Anfang der Rückkehr vielleicht noch die Euphorie des „wieder zu Hause Seins", wird nach einiger Zeit das Hochgefühl nicht selten durch eine Ernüchterung ersetzt (vgl. dazu und zum Folgenden Pawlik 2000, S. 118). Man ist zu Hause, fühlt sich allerdings eigentlich nicht richtig angekommen. Ärger und Unzufriedenheit sind die Folge.

Die nächste Phase, die einer gelungenen Integration, setzt üblicherweise nach ca. einem Jahr ein. Die Erwartungen an die Entwicklung im Inland sind realistischer geworden, eine Anpassung gelingt, ohne dass die eigenen Stärken verleugnet werden müssen. Die Erfahrungen aus dem Ausland werden produktiv genutzt und die Integration wird im günstigen Fall authentisch und ohne Selbstbetrug abgeschlossen.

Diese Prozesse lassen sich in den folgenden Stichworten zusammenfassen:

- Phase der naiven Integration
- Phase des Integrationsschocks
- Phase der echten Integration

(vgl. dazu die Quellenangabe in Pawlik 2000, S. 118)

Unternehmen, die sich intensiver um die Rückkehrer kümmern wollen, gehen ähnlich vor, wie vor, während und nach der Entsendung. Zu den Maßnahmen, die ergriffen werden, um die Rückkehr möglichst reibungslos zu gestalten, gehören die folgenden:

- Ermöglichung einer vor der eigentlichen Rückkehr liegenden Reise in das Heimatland
- Regelung der durch die Rückkehr verursachten administrativen Vorgänge

- gegebenenfalls Hilfe bei der Arbeitssuche des Partners/der Partnerin
- Debriefing (Nachbesprechung)
- Mentoring
- Erfahrungsaustausch mit anderen Rückkehrern
- Rückkehrer-Seminare

Es liegt auf der Hand, dass es sich hierbei um durchaus kostenintensive Maßnahmen handelt. Nicht nur die Entsendung ins Ausland ist aufwendig. Auch die Rückkehr ist ein Kostenfaktor, der deutlich macht, dass die Erschließung ausländischer Märkte ein Geschehen ist, dass von den Unternehmen gut geplant, umgesetzt und evaluiert werden muss.

4. Literaturempfehlungen
Pawlik, Thomas (2000): Personalmanagement und Auslandseinsatz, Wiesbaden, S. 117–119.
Blom, Herman/Meier, Harald (2017): Interkulturelles Management, Herne, S. 35–46; S. 129–134.

Aufgabe 2: Expatriates, Inpatriates und Flexpatriates

Wissen, Erläutern
5 Minuten

1. Fragestellung
In den bisherigen Beispielen wurde sehr häufig der Begriff der Rückkehrer, also der derjenigen benutzt, die aus dem Ausland in das Stammhaus zurückkommen. In den letzten Jahren haben sich darüber hinaus die Begriffe Inpatriates und Flexpatriates herausgebildet.
Was ist unter Inpatriates und Flexpatriates zu verstehen?

2. Lösung
Bei den Inpatriates handelt es sich um diejenigen Mitarbeiter und Mitarbeiterinnen, die in der Tochtergesellschaft im Ausland arbeiten. Diese gewinnen bei der Besetzung von Fach- und Führungspositionen am ausländischen Standort zunehmend an Bedeutung (vgl. dazu Schwuchow 2019, S. 42 ff.).

Flexpatriates arbeiten zeitweise im Ausland, verlegen allerdings nicht ihren Wohnsitz. Sie sind sozusagen internationale Pendler.

3. Hinweise zur Lösung

Inpatriates werden genauso wie Expatriates auf ihre Tätigkeiten vorbereitet werden müssen. Häufig werden sie in der Firmenzentrale eingearbeitet und übernehmen dann anschließend die erste Fach- oder Führungsposition.

Trotz einer zunehmenden Digitalisierung scheint es bei den Flexpatriates so zu sein, dass sie nur eine Ergänzung zu dem herkömmlichen Modell der Expatriates darstellen. Die klassische Entsendung werden Flexpatriates nicht ersetzen, da die stabilen, unmittelbaren und persönlichen Kontakte vor Ort in der Auslandsumgebung nach wie vor die beste Voraussetzung darstellen, um erfolgreich den ausländischen Markt zu erschließen.

4. Literaturempfehlungen
Schwuchow, Karlheinz (Hrsg.) (2019): Internationales Personalmanagement, Freiburg u. a., S. 42–47.

Aufgabe 3: Entsendung und Rückkehr zwischen Anpassung und Abweichung

---

Wissen, Erläutern
10 Minuten

---

1. Fragestellung
Bei Expatriates, Inpatriates und Flexpatriates ergibt sich grundsätzlich die Frage, wie diese sich in der jeweils fremden Kultur verhalten könnten. Interkulturelle Kompetenz mit einem Verstehen und anschließend mit einer weitgehenden Anpassung an die ausländische Kultur auszulegen, ist nicht die einzige Antwort auf die Frage, wie mit der Entsendung ins Ausland umzugehen ist. Allgemeine Handlungsstrategien, die pointiert die Muster einzelner Verhaltensweisen herausarbeiten, stellen so eine Möglichkeit dar, die interkulturellen Aktivitäten kritisch in den Blick zu nehmen.

Beschreiben Sie kurz die im Folgenden genannten Handlungsstrategien, die für Expatriates, Inpatriates und Flexpatriates gelten können (vgl. dazu insgesamt Scholz/Stein 2013, S. 81 ff.):
- Kultur-Chamäleon
- Kultur-Cowboy
- Kultur-Nivellierer
- Kultur-Positivist

2. Lösung
Das Kultur- Chamäleon ist eine Person, die als grundsätzliche Handlungsnorm die weitgehende Anpassung wählt. Das Infragestellen der im Ausland wahrgenommenen

Kultur wird zumindest im Umgang mit den Geschäftspartnern nicht ins Kalkül gezogen.

Das Gegenmodell zum Kultur-Chamäleon ist der Kultur-Cowboy. Er löst das Problem des Andersartigen dadurch, dass er die fremde Kultur an die eigenen Vorstellungen anpasst. Er ist sich seiner eigenen Stärken bewusst, lebt diese aus und widerspricht, wenn nötig, den im Ausland vorgefundenen Denk- und Handlungsmustern.

Der Kultur-Nivellierer hat eine universalistische Handlungsstrategie. Hier wird auf Werte zurückgegriffen, die im günstigen Fall für alle Kulturen und Unternehmen passen. Probleme werden im Wesentlichen sachorientiert angegangen.

Der Kultur-Positivist differenziert sein Verhalten. Er passt sich reflektiert an bestimmte Regeln und Verhaltensweisen fremder Kulturen an. Anderseits weicht er davon ab, um erfolgreich zu werden, beziehungsweise strategische Notwendigkeiten umzusetzen.

3. Hinweise zur Lösung

Die Gefahr des Kultur-Chamäleons liegt darin, dass die Wettbewerbsstrategie des Stammhauses angesichts der (fast) vollständigen Übernahme der fremden Standards ins Wanken geraten kann. Entsprechend besteht die Gefahr des Misserfolgs, die in Folge der wenig oder gar nicht reflektierten Regeln und Standards durch Assimilation (Angleichung) folgen kann.

Der Kultur-Cowboy wird früher oder später im Ausland anecken. Wird dieses Handlungsmuster praktiziert, entstehen mehr oder weniger große durchaus den Erfolg gefährdende Konflikte. Der Erfolg des Kultur-Cowboys wird davon abhängen, ob sich die Konflikte auflösen lassen oder ein Dauerkampf zwischen ihm und den einheimischen Beteiligten entsteht. Tendenziell wird der Kultur-Cowboy einen Teil seiner Kräfte durch Konfrontation verlieren.

Kultur-Nivellierer haben immer dann ein Problem, wenn, was nicht selten im Ausland passiert, die Probleme auf der Grundlage persönlicher Beziehungen gelöst werden. Die persönlich–emotionale Komponente ist in arabischsprachigen Ländern, Afrika, Lateinamerika und den meisten Staaten Asiens deutlicher beobachtbar als im mittel- und nordeuropäischen Raum.

Hinter dem Kultur-Positivismus verbirgt sich eine Haltung, die davon geprägt ist, dass Erkenntnisse auf Befunde gestützt sind, die empirisch erhoben und abgesichert sind. Der Kultur-Positivist versucht so die fremde Kultur fundiert zu ergründen, und reagiert auf das Wahrgenommene entweder mit Anpassung, Ignoranz oder Gegensteuern. Die in diesem Ansatz zum Ausdruck kommende Haltung ist im erfolgreichen Fall eine Verbindung aus interkultureller und strategischer Kompetenz (vgl. dazu Schwuchow 2019, S. 46).

Der Kultur-Positivismus wird so zu einem Handlungskonzept, dass in gewisser Weise kulturdifferenzierend und –integrierend vorgeht und damit als reife Form einer Handlungsstrategie für Aktivitäten im Ausland bezeichnet werden könnte.

Wird der Kultur-Positivismus zur allgemeinen Haltung von Mitarbeiterinnen und Mitarbeitern, entsteht ein interessanter Global Mindset (ein Verständnis für unterschiedliche Kulturen und eine Verbindung der Kulturansätze), der zu einem wettbewerbsrelevanten Erfolgsfaktor werden kann.

4. Literaturempfehlungen

Schwuchow, Karlheinz (Hrsg.) (2019): Internationales Personalmanagement, Freiburg u. a., S. 42–47.
Scholz, Christian/Stein, Volker (2013): Interkulturelle Wettbewerbsstrategien, Stuttgart.

4 Mobile und virtuelle Zusammenarbeit und Führung im nationalen und internationalen Kontext

4.1 Arbeiten im Homeoffice/Mobiles Arbeiten

Aufgabe 1: Chancen und Herausforderungen im Homeoffice

Wissen, Verstehen
10 Minuten

---

1. Fragestellung

Die Geschäftsleitung der Concept AG möchte in Anbetracht der Erfahrungen aus der Corona-Pandemie aus den Jahren 2020 und 2021 sowie aufgrund der demografischen und technologischen Veränderungen neue Wege in der Personalpolitik gehen. Die Geschäftsleitung muss sehr stark die Kostenbremse anziehen und möchte, dass die Belegschaft in Zukunft mindestens 50 % ihrer Arbeitszeit im Homeoffice verbringt. Erläutern Sie die Chancen und Risiken, die durch das Arbeiten im Homeoffice entstehen können.

2. Lösung

Die Bezeichnung Homeoffice wird umgangssprachlich als Synonym für das Arbeiten von Zuhause benutzt. Eine rechtlich bindende Definition gibt es für diese Arbeitsform nicht und die mit der Einführung von Homeoffice einhergehenden Chancen und Risiken sind nicht pauschal zu beantworten, sondern bedürfen einer Einzelfallbetrachtung und können für die jeweiligen Zielgruppen (Arbeitgeber vs. Beschäftigte) differieren.

Der wichtigste Rahmen, der bei der Einführung von Homeoffice gesetzt werden sollte, ist zunächst einmal die Überprüfung, ob die Tätigkeiten bei der Concept AG für die Arbeitsform Homeoffice geeignet sind. Ist diese erste und wichtigste Voraussetzung gegeben, so können die aus Tabelle 4.1 dargestellten Chancen und Risiken entstehen.

Die aufgelisteten Chancen und Risiken sind beispielhaft dargestellt und nicht erschöpfend. Die Auflistung lässt sich je nach Einzelfallbetrachtung erweitern. Damit die Arbeit aus dem Homeoffice gelingt, müssen auf der „Hardware-Seite" (technische Ausstattung) als auch auf der „Software-Seite" (Führungsverhalten, Unternehmenskultur) die entsprechenden Voraussetzungen gegeben sein. Die bisherigen Forschungen zeigen, dass das Arbeiten von Zuhause zu erhöhter Effizienz führen kann, wenn die folgenden Voraussetzungen erfüllt sind: 1. Technische Voraussetzungen wie ein schnelles Internet und ein leistungsfähiger Computer/Laptop, 2. Klarheit hinsichtlich

https://doi.org/10.1515/9783110737547-004

Tab. 4.1: Chancen und Risiken der Arbeit im Homeoffice.

Chancen	Risiken
– Wegfall von Pendelzeiten ins Büro und dadurch höhere Arbeitszufriedenheit – Erhöhte Effizienz durch störungsfreie Umgebung – Vereinbarkeit von Beruf und Familie und damit ggf. Work-Life-Balance durch Flexibilität und Ungebundenheit des Arbeitsortes – Attraktivität als Arbeitgeber steigt, da das Konzept der virtuellen Arbeit den Vorstellungen der jungen Generation entspricht – Kosteneinsparungen durch Nichtnutzung/Teilung von Büroflächen – Bildung einer Vertrauenskultur im Unternehmen und damit einhergehende positive Effekte auf die Produktivität	– Missverständnisse in der E-Mail-Kommunikation, da die Körpersprache und Mimik nicht vorhanden sind – Vereinsamung der MitarbeiterInnen zu Hause – Erhöhter Stress durch familiäre Belastung – Know-how-Verlust im Betrieb – Datensicherheit und Datenschutz können gefährdet sein – Überarbeitung der MitarbeiterInnen – Wegfall von informellen Treffen und dem spontanen persönlichen Gespräch mit Führungskräften und KollegInnen – In Abhängigkeit der vorherrschenden Unternehmenskultur kann eine – Herrscht eine Kultur des Misstrauens und der Kontrolle vor, wird Leistung mit Präsenz gleichgesetzt, kann eine fehlende Leistungskontrolle für den Arbeitgeber als Risiko betrachtet werden

der Aufgabenerledigung 3. ein hohes Maß an Selbstorganisation bei den Beschäftigten, 4. eine Arbeitsumgebung in der ungestört gearbeitet werden kann, und 5. Bekanntheit der KollegInnen und Führungskräfte aus vorherigem Präsenzbetrieb bzw. physischer Interaktionen.

Repräsentative Ergebnisse zu den Auswirkungen von Homeoffice seit der Corona-Pandemie für die Zielgruppen Mitarbeitende, Führungskräfte und Teams sind der Konstanzer Homeoffice Studie (2021) unter der Leitung von Prof. Dr. F. Kunze zu entnehmen, die derzeit als das Standardwerk zu dieser Thematik gilt.

3. Hinweise zur Lösung

Die Begriffe „Homeoffice", „Telearbeit" bzw. „mobiles Arbeiten" werden häufig synonym benutzt, sind jedoch zu unterscheiden.

Telearbeit ist in der Arbeitsstättenverordnung (ArbStättV § 2 Abs. 7) geregelt und bezeichnet einen vom Arbeitgeber eingerichteten Bildschirmarbeitsplatz im Privatbereich des Arbeitnehmers, der arbeitsvertraglich oder im Rahmen einer Vereinbarung festgelegt wurde. Teleheimarbeitsplätze unterliegen strengen Bestimmungen hinsichtlich des Gesundheitsschutzes und der ergonomischen Anforderungen. Telearbeit kann als vollständige oder alternierende Teleheimarbeit stattfinden. Bei der alternierenden Teleheimarbeit wird nicht ausschließlich vom Heimarbeitsplatz gearbeitet, sondern auch im Unternehmen.

Das Homeoffice ist eine Form von Telearbeit, die jedoch nicht rechtlich bindend definiert ist. Unter Homeoffice wird das gelegentliche oder ständige Arbeiten in den privaten Räumlichkeiten verstanden. Ebenso ist das mobile Arbeiten nicht rechtlich definiert. Im Gegensatz zum Homeoffice muss mobiles Arbeiten aber nicht in den privaten Räumlichkeiten stattfinden, sondern kann beispielsweise in öffentlichen Verkehrsmitteln, im Hotel oder zwischen Büro und dem Zuhause, stattfinden. Mobiles Arbeiten ist der Begriff, der in der gängigen Literatur benutzt wird und die Begrifflichkeiten Homeoffice und Telearbeit einschließt.

4. Literaturempfehlungen

Herrmann, Dorothea/Hüneke, Knut/Rohrberg, Andrea (2012): Führung auf Distanz. Mit virtuellen Teams zum Erfolg, 2. Aufl., Wiesbaden.

Kunze, Florian/Hampel, Kilian/Zimmermann, Sophia (2021): Homeoffice und mobiles Arbeiten? Klare Antworten aus erster Hand, München.

Landes, Miriam/Steiner, Eberhard/Wittmann, Ralf/Utz, Tatjana (2020): Führung von Mitarbeitenden im Home Office. Umgang mit dem Heimarbeitsplatz aus psychologischer und ökonomischer Perspektive, Wiesbaden.

Aufgabe 2: Single Choice Aufgaben zu mobilem Arbeiten/zur virtuellen Zusammenarbeit

Wissen, Verstehen
5 Minuten

1. Fragestellung

Bitte tragen Sie bei den folgenden Aussagen ein, ob diese richtig („R") oder falsch („F") sind.

Tab. 4.2: Mobiles Arbeiten Single Choice Aufgaben.

Nr.		Richtig	Falsch
1.	Mobiles Arbeiten und Telearbeit sind Synonyme für das Arbeiten von zu Hause.		
2.	Als alternierende Telearbeit bezeichnet man den Sachverhalt, wenn Arbeitnehmer teilweise von zu Hause und teilweise im Betrieb arbeiten.		
3.	Seit der Corona-Pandemie haben ArbeitnehmerInnen ein Recht auf Homeoffice.		
4.	Für Telearbeit gelten nicht die Arbeitsschutzbedingungen, die im Betrieb Anwendung finden.		
5.	Führungskräfte sind Vorbilder und Anleiter für neue Arbeitsformen.		

2. Lösung

Tab. 4.3: Mobiles Arbeiten Single Choice Lösungen.

Nr.		Richtig	Falsch
1.	Mobiles Arbeiten und Telearbeit sind Synonyme für das Arbeiten von zu Hause.		F
2.	Als alternierende Telearbeit bezeichnet man den Sachverhalt, wenn Arbeitnehmer teilweise von zu Hause und teilweise im Betrieb arbeiten.	R	
3.	Seit der Corona-Pandemie haben ArbeitnehmerInnen ein Recht auf Homeoffice.		F
4.	Für Telearbeit gelten nicht die Arbeitsschutzbedingungen, die im Betrieb Anwendung finden.		F
5.	Führungskräfte sind Vorbilder und Anleiter für neue Arbeitsformen.	R	

3. Hinweise zur Lösung

1. **Falsch:** Mobile Arbeit ist der Begriff für eine Tätigkeit, die nicht an das Büro oder den häuslichen Arbeitsplatz gebunden ist. Mobile Arbeit kann beispielsweise in öffentlichen Verkehrsmitteln, in Co-working-spaces und an anderen Plätzen stattfinden. Mobile Arbeit ist rechtlich nicht definiert. Telearbeit hingegen schon. In der Arbeitsstättenverordnung ist Telearbeit geregelt. Telearbeit bezeichnet den Zustand, wenn ein Teil oder die gesamte Arbeit im privaten Bereich verrichtet wird (vgl. Arbeitsstättenverordnung – ArbStättV).

2. **Richtig:** Telearbeit kann vollständig oder teilweise in privaten Räumlichkeiten stattfinden.

3. **Falsch:** Ein Recht auf Homeoffice wurde diskutiert, hat sich aktuell (Stand Sept. 2021) nicht durchgesetzt.

4. **Falsch:** Für Telearbeitsplätze gelten ebenso die Arbeitsschutzbedingungen, nur sind diese schwieriger durchzusetzen. Der Arbeitgeber müsste zur Überwachung des Arbeitsschutzes die Privaträume des Arbeitnehmers betreten. Dies ist rechtlich äußerst problematisch, denn in Art. 13 Abs. 1 GG muss das Recht auf Unverletzlichkeit der Wohnung gewährleistet sein.

5. **Richtig:** Gemäß dem Motto *„Der Fisch stinkt immer erst vom Kopf"* hat die Führungskraft eine hohe Bedeutung, wenn es um neue Arbeitsformen oder sonstige Neuerungen geht, die von großer Bedeutung sind.

4. Literaturempfehlungen
Kunze, Florian/Hampel, Kilian/Zimmermann, Sophia (2021): Homeoffice und mobiles Arbeiten? Klare Antworten aus erster Hand, München.

4.2 Virtuelle Führung im nationalen Kontext

Aufgabe 1: Grundfragen der Führung als Basis virtueller Führung

---

Wissen, Erläutern
20 Minuten

---

1. Fragestellung

Die virtuelle Führung im nationalen oder internationalen Kontext wird davon abhängen, was überhaupt unter dem Begriff Führung zu verstehen ist. Aufbauend auf diesem Ansatz ist über Aufgaben, Verantwortlichkeit und (Entscheidungs-)Kompetenz von Führungskräften nachzudenken. In der einschlägigen Führungsliteratur existieren eine Vielzahl von Ansätzen, die das Phänomen Führung zu fassen versuchen.

Von den vielen Definitionen, die dazu existieren, soll eine Version exemplarisch herausgehoben werden, weil sie eine Reihe von Kriterien thematisiert, die in Führungsprozessen besondere Bedeutung gewinnen und verallgemeinert werden können.

Führung (Weibler 2016, S. 22):

> „Führung heißt, andere durch eigenes, sozial akzeptiertes Verhalten so zu beeinflussen, dass dies bei den Beeinflussten mittelbar und unmittelbar ein intendiertes Verhalten bewirkt."

Die in dieser Definition zum Ausdruck gebrachte Auffassung, dass es sich bei Führung um einen Einflussversuch handelt, ist ein Ausgangspunkt, um das überaus komplexe Phänomen Führung genauer zu beschreiben und zu verstehen.

Die Kriterien, die in diesem Zusammenhang genannt werden können, um der Grundlage von Führung näher zu kommen, sind die folgenden (vgl. dazu vor allem Weibler 2016, S. 22 ff.):

- (Verhaltens-)Beeinflussung
- Akzeptanz
- Intentionalität
- (Un-)Mittelbarkeit

Versuchen Sie, den Zusammenhang zwischen dem Phänomen Führung und den genannten Kriterien herzustellen, indem Sie kurz erläutern, wie (Verhaltens-)Beeinflussung, Akzeptanz, Intentionalität und (Un-)Mittelbarkeit den Führungsprozess bestimmen.

Die erkenntnisleitende und nicht leichte Frage zur Beantwortung lautet:

Warum sind diese drei Kriterien wichtig, um die Grundlagen von Führung verstehen zu können?

2. Lösung

(Verhaltens-)Beeinflussung

Wer führt, muss aktiv werden (vgl. zum Folgenden vor allem Weibler 2016, S. 22 ff.). Ohne Aktivität gibt es keine Führung.

Akzeptanz

Führung kann nur gelingen, wenn bei den Beeinflussten Akzeptanz vorhanden ist. Das klingt banal, ist aber verständlich, wenn man sich vorstellt, dass eine Führungskraft eine Anweisung gibt und derjenige, den es betrifft, die Anweisung nicht ausführt und zwar unabhängig davon, welche Konsequenzen das hat. Dann wird die Führungskraft erheblich infrage gestellt.

Intentionalität

Das Kriterium Intentionalität ist deshalb wichtig, weil die genannte Definition der Führung ausschließt, dass eine Verhaltensweise, die nicht beabsichtigt erfolgt, in der oben genannten Definition nicht vorgesehen ist.

(Un-)Mittelbarkeit

Nicht alle Führungsaktivitäten werden dazu führen, dass die Geführten sofort handeln können oder wollen. Das leuchtet ein, da nicht immer die Rahmenbedingungen vorliegen, um sich in einer bestimmten Art und Weise zu verhalten. Wer mit einer anderen Aufgabe beschäftigt ist, die nicht unterbrochen werden kann, reagiert nicht sofort. Trotzdem wird man die Anweisung der Führungskraft als Führung bezeichnen.

3. Hinweise zur Lösung

Letztlich geht es beim Thema Führung im Sinne der oben genannten Definition immer darum, dass eine Person auf eine andere Person einwirkt, um ein irgendwie geartetes und bezogen auf das Ziel der Führung sinnvolles Verhalten zu initiieren.

Es spielt keine Rolle, ob dies permanent oder nur gelegentlich passiert. Es spielt auch keine Rolle, ob der Impuls für die Beeinflussung von der Führungskraft selbst stammt oder etwa in der betreffenden Organisation, in der sich Führung abspielt, von einer anderen und übergeordneten Stelle als Auftrag stammt.

Da es um das Verhalten einer Person geht, die beeinflusst werden soll, ist die Frage zu stellen, wovon das Verhalten einer Person abhängt (vgl. dazu Weibler 2016, S. 22 und die dort genannte Quelle). Die dazu üblicherweise genannten Determinanten sind die folgenden:

- das Können (Qualifikation)
- das Wollen (Motivation)
- das Dürfen und Sollen (Werte und Normen)
- das situative Ermöglichen (Infrastruktur im weiteren Sinne)

Offen ist, ob dies durch Anweisung, Überzeugung und/oder Vorleben geschieht. Es ist zunächst auch nicht klar, ob die Beeinflussung den kognitiven (Verstehensbereich der geführten Person) erreicht oder, ob der Geführte emotional berührt wird und gegebenenfalls handelt. Was passiert, wenn Führung wirksam werden soll, hängt zentral vom Kriterium der Akzeptanz ab.

Im Zusammenhang der Akzeptanz eines von der Führungskraft intendierten Verhaltens ist es wichtig, auf eine sehr grundsätzliche, leider in der Praxis häufig vernachlässigte Verknüpfung hinzuweisen. Je geringer die Akzeptanz einer konkreten Anweisung einer Führungskraft ist, umso kleiner ist die Wahrscheinlichkeit, dass die Anweisung erfolgreich umgesetzt wird.

Die Akzeptanz hängt ihrerseits davon ab, ob die Führungskraft in der Lage ist, die Sinnhaftigkeit des Gesagten zu begründen. Führung hat sich zweifellos in den letzten Jahrzehnten deutlich verändert. Es geht schon lange nicht mehr um Befehl und Gehorsam. In der Realität der Organisationen des 21. Jahrhunderts geht es darum, mündige Mitarbeiterinnen und Mitarbeiter so in das Führungsgeschehen einzubinden, dass einerseits die Kompetenzen aller Beteiligten angemessen eingebunden werden und andererseits um das Verständnis und die damit verbundene Akzeptanz für konkrete Entscheidungen. Dass in diesem grundsätzlichen Geschehen interkulturelle Aspekte und Nuancen eine durchaus wichtige Rolle spielen können, liegt auf der Hand und wird in den folgenden Fragen aufgegriffen.

Im Kontext der im Folgenden zu beantwortenden Fragen und Antworten sind die hier aufgezeigten Zusammenhänge der Führung sowohl bei virtuellen Führungsprozessen im nationalen wie auch im internationalen Rahmen als wichtige Rahmenbedingung zu bedenken.

4. Literaturempfehlungen
Franken, Svetlana (2019): Verhaltensorientierte Führung, Wiesbaden.
Weibler, Jürgen (2016): Personalführung, München, S. 13–26.

Aufgabe 2: Praktische Führung vor dem Hintergrund der Systemtheorie

Wissen, Erläutern
5 Minuten

1. Fragestellung
Vielleicht ist in der Beantwortung der gerade gestellten Frage deutlich geworden, dass Führung sowohl theoretisch wie praktisch ein überaus komplexes Geschehen darstellt. Dieses Problem wird durch Virtualität und Internationalität noch verschärft. Das kann und wird dazu führen, dass sich Führungskräfte überfordert fühlen.

Damit ergibt sich die Frage, wie in konkreten und sehr komplexen Situationen überhaupt sinnvoll und zielbezogen gehandelt werden kann, wenn eine praktisch unüberschaubare Anzahl verschiedenster Aspekte in einer Führungssituation berücksichtigt werden müssten.

Die Lösung einer derartigen und sehr grundsätzlichen Komplexität ist in der Realität schwer. Eine Hilfe besteht darin, das Vorgehen, in dem sich Führung abspielt, zu systematisieren und dabei Anhaltspunkte für praktisches Handeln zu finden. Ein derartiger Ansatz könnte in einer systemischen Sichtweise bestehen.

Definieren Sie kurz den Begriff System und erläutern Sie, welche Bedeutung die Wechselwirkung aller beteiligten Elemente in einem System hat.

2. Lösung

Ein System besteht aus einzelnen Elementen (und Objekten) (vgl. dazu und zum Folgenden Schmidt 2013, S. 51 und die dort genannten Quellen). Zwischen den Elementen des Systems bestehen Beziehungen verschiedenster Art. Der Zusammenhalt des Systems wird durch die Wechselwirkungen zwischen den Elementen gewährleistet.

3. Hinweise zur Lösung

Die Wechselwirkungen im System laufen nicht planlos und/oder zufällig ab. Es existieren Regeln, die den Ablauf bestimmen. Diese sind darauf ausgerichtet, dass das System Bestand hat. Die Regeln können bei einer sich ständig verändernden Umgebung (Kontext) nicht starr sein (Homöostase), wenn das System erhalten bleiben soll. Sie müssen sich in Abstimmung mit der Umgebung immer wieder ändern (Morphogenese).

„Wer also einigermaßen der Gleiche bleiben will, muss sich ständig ändern." (Schmidt 2013, S. 52). Der sich dadurch ergebende Prozess ist der einer Balance zwischen Homöostase und Morphogenese, der sich im Austausch mit der Umwelt (Kontext) ergibt.

Das Problem derartiger Systeme liegt darin, dass sie so dynamisch und wenig durchschaubar sein können, dass praktisch permanent Wechselwirkungen zustande kommen, bei denen Ursache und Wirkung nicht mehr voneinander zu trennen sind. Was die Ursache und was die Wirkung für einen konkreten Sachverhalt ist, ist in komplexen Systemen definitionsgemäß nicht zu klären (keine linear-kausalen Zuschreibungen).

Für das nationale und internationale Führungsgeschehen, egal ob es virtuell oder nicht virtuell ist, sind diese Zusammenhänge hilfreich. Komplexe Führungssituationen in komplexen sozialen Gebilden sind unüberschaubar. Trotzdem ist es notwendig, seinen Führungsaufgaben gerecht zu werden. Die aus der systemischen Beratung bekannte Lösung, sich überhaupt noch für eine Handlung entscheiden zu können, besteht darin, Ziele zu definieren (oder definierte Ziele zu Übernehmen), die Situation (den Kontext) zu analysieren (Informationen zu sammeln) und eine im System musterverändernde Handlung (Intervention) zu vollziehen. Am Ende stehen die Beobachtung des Systems und die Frage, ob eine im Sinne des Ziels gewünschte Wirkung herbeigeführt werden konnte.

Den Zusammenhang können Sie der folgenden Abbildung 4.1 entnehmen. Zunächst wird die Führungskraft ein Ziel definieren (oder von der nächst höheren Führungskraft erhalten) und anschließend den Kontext analysieren. Also zum Beispiel Informationen über die Beteiligten, Ressourcen und Regeln sammeln. Im Sinne eines Musterbruches wird dann nach einer passenden Intervention Ausschau gehalten, die das vorhandene Muster soweit ändert, dass das bisher Beobachtete und nicht Gewünschte im Sinne des Ziels verändert wird.

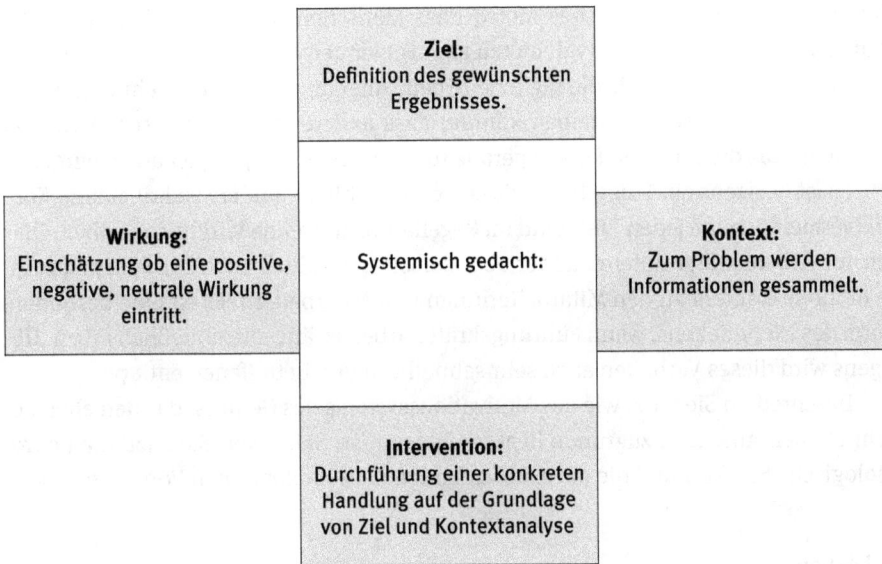

Ziel:
Definition des gewünschten Ergebnisses.

Wirkung:
Einschätzung ob eine positive, negative, neutrale Wirkung eintritt.

Systemisch gedacht:

Kontext:
Zum Problem werden Informationen gesammelt.

Intervention:
Durchführung einer konkreten Handlung auf der Grundlage von Ziel und Kontextanalyse

Abb. 4.1: Systemisch gedacht: Vom Ziel über den Kontext und die Intervention zur Wirkung.

Da die Intervention nicht immer erfolgreich sein wird, ist darüber nachzudenken, ob sie wiederholt oder eine neue Idee für eine Intervention gefunden werden sollte. Das Gleiche immer wieder zu versuchen, ohne dass sich das Ergebnis ändert und kein Beitrag zur Zielerreichung erfolgt, vergeudet Kraft. Der Ablauf des gesamten Prozesses kann sich schnell oder langsam vollziehen. Je nachdem, wie viele Informationen über die Situation zusammengetragen werden müssen, wird eine Entscheidung unverzüglich oder mit einigem Zeitverzug erfolgen können.

In der Systemtheorie würde man davon sprechen, dass ein Unterschied gemacht wird, der einen Unterschied macht. Das heißt, es wird ein im bisherigen System beobachtbares und nicht erwünschtes Muster zielbezogen verändert.

4. Literaturempfehlungen
Schmidt, Gunther (2013): Einführung in die hypnosystemische Therapie und Beratung, Heidelberg, S. 50–57.

Aufgabe 3: Anerkennung, Motivation und Führung

Wissen, Verstehen
10 Minuten

---

1. Fragestellung
Ein zentrales neurobiologisches Motiv, dass Menschen bewegt (motiviert), ist der Wunsch nach Anerkennung (vgl. hierzu zum Folgenden Bauer 2015, S. 28 ff.). Das gilt auch und insbesondere für die tägliche Arbeit. Anerkennung ist ein sehr komplexes Produkt, das man so beschreiben könnte, dass andere Menschen gesehen werden und dem, was die fragliche Person gerade tut, eine Bedeutung zugemessen wird.

Es ist übrigens ein Trugschluss, dass dies ausschließt, andere zu kritisieren. Konfliktvermeidung um jeden Preis wird im Regelfall verheerende Wirkungen haben. Dies gilt für Arbeitskräfte untereinander aber selbstverständlich auch für Führungskräfte in ihrem Kontakt zu den Mitarbeiterinnen und Mitarbeitern. Es ist eine besondere Form des Nicht-Sehens, wenn Führungskräfte Arbeitskräfte ausschließlich loben. Übrigens wird dieses Verhalten auch sehr schnell von den Betroffenen entlarvt.

Beschreiben Sie kurz, wie das Motivationssystems des Gehirns, das den eben beschriebenen Aussagen zugrunde liegt, aufgebaut ist. Skizzieren Sie dazu die neurobiologische Struktur und die darin ablaufenden neurobiologischen Vorgänge.

2. Lösung
Das neurobiologische Motivationssystem besteht aus einem in der Mitte des Gehirns angesiedelten Nervenzellennetzwerk. Es besteht aus zwei Komponenten, die verbunden sind. Die im Basisbereich dieses Systems liegenden Neuronen produzieren Dopamin und sind die Ursache für Motivation und Lebensfreude. Dopamin bewirkt, dass Menschen psychische aber auch physische Energie freisetzen können und stellt in den dafür zuständigen Bereichen des Gehirns die Voraussetzung für Bewegung bereit. Die psychische Komponente bewirkt, dass Menschen sich engagiert um etwas kümmern wollen. Das ausgeschüttete Dopamin löst Wirkungen aus, die mit einer Droge vergleichbar sind, die beim Doping eingesetzt wird. Dopamin erzeugt so insgesamt ein Wohlgefühl, ermöglicht uns, uns zielbezogen zu konzentrieren und löst Handlungsbereitschaft aus. Dopamin macht uns also bereit und setzt uns gleichzeitig in Gang.

Die im zweiten Teil des Motivationssystems angesiedelten Nervenzellen schütten darüber hinaus die sogenannten endogenen Opioide aus, die ebenfalls eine wohltuende Wirkung entfalten. Sie verursachen unter anderem Lebensfreude. Nebenbei vermindern sie die Schmerzempfindlichkeit und stärken das Immunsystem.

Der dritte in diesem Zusammenhang und für den gesamten Bereich der Personalführung wichtige Botenstoff ist das Oxytozin. Er sorgt für das Entstehen von Vertrauen zwischen Menschen und ist damit die Basis dafür, dass Menschen überhaupt miteinander Kontakt aufnehmen und gemeinsam etwas tun. Die Wirkung von Oxytozin ist interessant, weil der Botenstoff in zwei Richtungen wirkt. Er ist sowohl eine Ursache von Bindungserfahrung als auch eine Wirkung von Bindungserfahrung.

3. Hinweise zur Lösung

Für alle Fragen von Führung ist wichtig, dass die gerade beschriebenen Zusammenhänge sehr grundsätzlich sind. Nimmt man sie ernst, was anzuraten ist, da die Ergebnisse der Forschung sie umfassend bestätigen, ist ein Gerüst vorhanden, das national und international sowie für virtuelle Führungsbeziehungen als Basis von Führungsverhalten herangezogen werden kann.

Bringt man die Dinge auf eine kurze Formel, wird man sagen können, dass zwischenmenschliche Anerkennung, Wertschätzung, Zuwendung für den Führungsprozess von herausragender Bedeutung sind (vgl. dazu Bauer 2014, S. 37). Falls keine realistische Chance auf soziale Zuwendung besteht, werden die neuronalen Motivationssysteme abgeschaltet und sie springen an, wenn das Gegenteil eintritt.

Ein über längere Zeit nicht erlebter sozialer Kontakt kann damit verheerende Folgen haben. Wenn Menschen unfreiwillig über längere Zeit soziale Isolation erleben, stellt die beschriebene Dopamin-Achse ihre Arbeit ein. Diese Form der Einsamkeit, die in pandemischen Zeiten beobachtbar wurde, ist geeignet, das körpereigene Motivationssystem kollabieren zu lassen. Die daraus folgenden Konsequenzen sind massiv. Im Letzten sind ernstzunehmende Erkrankungen die Folge (vgl. dazu Bauer 2015, S. 31; vgl. auch Badura u. a. 2010, S. 42).

Alle zum neurobiologischen Motivationssystem dargestellten Ausführungen lassen den Schluss zu, dass virtuelle Führungskontakte auch und vor allem unter dem Blickwinkel gesehen werden sollten, zwischenmenschliche Beziehungen aufzubauen, zu erhalten und gegebenenfalls im Sinne einer Verbesserung umzugestalten. Die Ausführungen zum systemischen Ansatz stellen dann ein Instrumentarium zur Verfügung, sich über das angestrebte Ziel und über die Analyse des Kontextes für eine aussichtsreiche Intervention zu entscheiden.

4. Literaturempfehlungen

Badura, Bernhard u. a. (2010): Betriebliche Gesundheitspolitik. Der Weg zur gesunden Organisation, S. 41–58.
Bauer, Joachim (2015): Arbeit. Warum sie uns glücklich oder krank macht, München, S. 28–31.
Ders. (2014): Prinzip Menschlichkeit. Warum wir von Natur aus kooperieren, München, S. 26–49.

Aufgabe 4: Chancen virtueller Teams

Wissen, Verstehen
10 Minuten

---

1. Fragestellung

Virtuelle Teams sind keine Vision mehr. Sie sind real. Bereits vor der pandemischen Entwicklung im Jahre 2020, die die Arbeitswelt nochmals deutlich verändert hat, waren virtuelle Teams eine Realität. Vor der Pandemie war das Thema Outsourcing sicher ein Treiber des Geschehens, virtuelle Kontakte zu forcieren. Zweifellos hat allerdings die besondere Situation von Corona die Zahl der Homeoffice-Arbeitsplätze massiv erhöht. Waren es vor der Pandemie ca. 5 Prozent, so stieg die Zahl zu Beginn von Corona auf ca. 25 Prozent (vgl. dazu Lindner 2020, S. 4 und die dort angegebene Quelle).

Ein Faktor, der virtuelle Zusammenarbeit begünstigt hat, war die Vergünstigung der Technologie, die einer Organisation von virtuellen Teams zugrunde liegt. Trotz der Tatsache, dass es zumindest in der Fläche noch Probleme im Angebot von leistungsfähigen Datennetzen gibt, ist die Reduzierung der Hardwarekosten ein Faktor gewesen, der die Entwicklung hin zur Virtualität begünstigt hat (vgl. Lindner 2020, S. 6).

Abgesehen davon, dass es einen gewissen Zwang gibt, der durch die Pandemie verursacht wurde, stellt sich die unternehmerische Frage, welche Chancen der Trend hin zur Virtualisierung der Arbeit hat.

Erläutern Sie unter diesem Aspekt die drei folgenden Stichworte:

(1) Recruiting von Fachkräften
(2) Kosten
(3) Flexibilität und Agilität

2. Lösung

(1) Die Gestaltung eines virtuellen Teams kann Vorteile haben, wenn es gelingt, den Zugriff auf Arbeitskräfte zu erhalten, die bei einer Verlagerung des Wohnsitzes nicht den entsprechenden Arbeitsplatz gewählt hätten. Darüber hinaus wird da, wo früher eine aufwendige Reisetätigkeit einen Kontakt verhindert hat, heute ein virtuelles Treffen mit sehr kurzem Vorlauf gestaltet, der den Austausch aktueller Ideen und Informationen ermöglicht.

(2) Es liegt dann auf der Hand, dass virtuelle Kontakte auf Dauer ein beachtliches Kosteneinsparungspotenzial beinhalten. Das betrifft insbesondere auch die Vorhaltung von teurem und vielleicht sogar innerstädtischen Büroraumes.

(3) Virtuelle Zusammenarbeit macht zum Beispiel den schnellen und gezielten Einsatz von Experten möglich, die gegebenenfalls bei der Lösung von Problemen eingesetzt werden müssen. Das erhöht die Reaktionsgeschwindigkeit bei Leistungen aller Art und damit die Wettbewerbsfähigkeit von Unternehmen.

3. Hinweise zur Lösung

Die Chancen von virtueller Zusammenarbeit müssen im Einzelfall sehr genau in den Blick genommen werden. Die genannten und sehr naheliegenden Vorteile beinhalten Aspekte, die durchaus kritisch betrachtet werden müssen. Der für einige Arbeitskräfte sofort nachvollziehbare Vorteil, morgens nicht zur Arbeit fahren zu müssen und zu Hause arbeiten zu können, kann dazu führen, dass die Trennung von Beruf und Freizeit misslingt. Das Ergebnis ist dann im ungünstigen Fall, dass die Work-Live-Balance abhandenkommt und statt einer Entspannung der Burn-Out vorprogrammiert ist. Es ist deshalb wichtig, sich auch um die Risiken der Virtualisierung von Arbeit zu kümmern.

4. Literaturempfehlungen

Lindner, Dominic (2020): virtuelle Teams und Homeoffice, Wiesbaden, S. 1–10.

Aufgabe 5: Risiken virtueller Teams

Wissen, Verstehen
10 Minuten

1. Fragestellung

Neben den Chancen der virtuellen Zusammenarbeit gibt es greifbare Risiken. Beschreiben Sie bitte genauso wie der vorhergehenden Aufgabe mögliche Risiken virtueller Führung.

Orientieren Sie sich dazu bitte an den folgenden Stichworten:
(1) Selbstorganisation
(2) Steuerung von Teams
(3) Datenschutz

2. Lösung

(1) Die Arbeit im Homeoffice oder in Distanz zu anderen Teammitgliedern oder Führungskräften erfordern eine verstärkte Selbstorganisation. Zur Selbstorganisation gehört, dass die jeweilige Person über ein hohes Maß an Konzentrationsfähigkeit und Impulskontrolle verfügen muss. Wer im Homeoffice in der Regel alleine arbeitet, ist erfahrungsgemäß leichter verführt, sich durch nicht zur eigentlichen Tätigkeit gehörende Reize ablenken zu lassen. Sich weitgehend selbstverantwortlich und geeignet zu organisieren, stellt mitunter eine Herausforderung dar, die zumindest am Anfang der neuen Arbeitsweise vielen schwergefallen ist.

(2) Bei der Steuerung von Teams, ist, wie bereits oben erwähnt, die Herstellung von Vertrauen ein zentrales Thema (siehe die Zusammenhänge unter dem Stichwort

Oxytozin). Führungskräfte sind deshalb gut beraten, über besondere Formen der Vertrauensbildung nachzudenken. Die Distanz virtueller Kontakte beinhaltet, dass die über die verschiedenen Sinne gesammelten Informationen eingeschränkt sind. Die Lösung dieser Problematik wird weiter unten noch angesprochen.

(3) Die vielen Hinweise auf Sicherheitslücken in Datennetzen sind nach wie vor ein Thema. Sie werden sicher auch in Zukunft als Problem verbleiben. Selbst verschlüsselte Systeme sind mitunter anfällig wie die Erfahrung der letzten Jahre gezeigt hat. Der Datenschutz bleibt ein latentes Thema im virtuellen Geschehen.

3. Hinweise zur Lösung
Virtuelle Zusammenarbeit erfordert von Führungskräften zusätzliche Kompetenzen und neue Formen der Leitung von Teams. Die systembedingte Distanz zwischen den Beteiligten braucht besondere Wachsamkeit für die Beurteilung der Teamkontakte und den verstärkten Aufbau von Vertrauen. Die Zukunft der virtuellen Führung unterscheidet sich heute schon erkennbar von der der Führung vor Ort. Die Ausgestaltung der neuen Kultur erfordert ein sehr genaues Beobachten der Prozesse, die sich auf Distanz abspielen und trotzdem eine gewisse Nähe benötigen, damit Führung gelingt.

4. Literaturempfehlungen
Lindner, Dominic (2020): virtuelle Teams und Homeoffice, Wiesbaden, S. 10–12.

Aufgabe 6: Führung mit Distanz und die Wirkung auf das Teamgefüge

Wissen, Verstehen
10 Minuten

1. Fragestellung
Nehmen wir an, dass ein Team, das zuvor praktisch 100 Prozent vor Ort zusammengearbeitet hat, ab einem bestimmten Zeitpunkt (zum Beispiel wegen einer Pandemie) nur noch virtuell zusammenarbeiten darf bzw. muss. In dieser Situation stellen sich einige Fragen. Dazu gehören zum Beispiel technische Fragen, wie die Online-Situation von zu Hause aus mit einer konkreten Soft- und Hardware bewältigt werden kann.

Darüber hinaus ergeben sich allerdings auch Fragen rund um die Teamsituation als solche.

Beschreiben Sie drei Problemfelder, die mit einer hohen Wahrscheinlichkeit in einer derartigen Situation auftreten werden.

2. Lösung

(1) Führungskräfte, die in einer derartigen Situation darüber nachdenken, was zu tun ist, sind gut beraten, sich zunächst darüber klar zu werden, wie die Mitarbeiterinnen und Mitarbeiter die neue Lage aufnehmen. Welche Vorbehalte oder Fragen sind also im Team vorhanden, die gelöst werden sollten?

Es könnte zum Beispiel sein, dass sehr unterschiedliche Voraussetzungen am Heimarbeitsplatz vorliegen und daraus Schwierigkeiten oder sogar Ängste bei der Bewältigung der Aufgaben entstehen.

(2) Es gibt Stellen innerhalb eines Teams, die ganz besonders auf die Präsenz der Teammitglieder ausgerichtet sind. Wer die „gute Seele" des Teams ist und vor Ort für alles sorgt, was notwendig ist, damit sich alle Beteiligten bei einer Sitzung wohlfühlen, wird ganz besonders unter der neuen Situation leiden.

(3) Konkrete Treffen vor Ort entfallen mit der neuen Situation. Teams, die ursprünglich davon lebten, dass man sich morgens, mittags und nachmittags intensiv austauscht, werden bei der Umstellung auf ein vollständig virtuelles System die oben beschriebenen vertrauensbildenden Effekte persönlicher Treffen nicht mehr in gleichem Maße erleben. Es ist anzunehmen, dass die oben dargestellten hormonellen Prozesse bei Online-Meetings nicht vollständig ausbleiben. Allerdings kann unterstellt werden, dass die Effekte, die bei unmittelbaren Kontakten entstehen, stärker sind. Genauere Forschungen werden diesen Sachverhalt allerdings noch untersuchen müssen.

3. Hinweise zur Lösung

Die in der Lösung aufgegriffenen Problemfelder behandeln das Thema Teamprozesse in virtuellen Situationen. Mit der Beschreibung der Probleme ist es in der Praxis natürlich nicht getan. Wer als Führungskraft vor der Aufgabe steht, das Team neu zu justieren, kann sich an den folgenden Interventionen orientieren, die jeweils auf die konkrete Situation (den Kontext) abgestimmt sein sollten (vgl. dazu und zum Folgenden Nickel/Keil 2021, S. 149 ff.).

Tab. 4.4: Teamorientierte Interventionen in virtuellen Teams.
Quelle: Modifiziert nach Nickel/Keil 2021, S. 149 ff.

Vorschlag von teamorientierten Interventionen in virtuellen Teams
– Vision, Ziel und Strategie des Teams klären
– Besondere Pflege gemeinsame Rituale und gemeinsame Symbole pflegen
– Einfachen Zugang zu teambezogenen Informationen gestalten
– Besonders rasch Klärung von Konflikten einleiten
– Verstärkt gegenseitiges Vertrauen fördern
– Aktiv Begegnungen auf Distanz gestalten

Ziele geben Orientierung. Deshalb ist es in Zeiten von fast ausschließlich virtuellen Teams besonders wichtig, die Ziele klar zu machen, um die es in einer konkreten Organisation geht.

Ziele alleine reichen in der Regel nicht aus. Schon gar nicht sind sie alleine geeignet, in rein virtuellen Teamsituationen den Zusammenhalt von Teams abzusichern. Ziele dienen dazu, den Erfolg einer Bemühung zu messen und geben die von allen Beteiligten in der Regel gewünschte Resonanz für das eigene Leistungsverhalten. Das ist sicher nicht unwichtig und sollte auch bedacht werden, um in einem Team Erfolge messbar nachzuweisen.

Visionen sind demgegenüber in gewisse Weise mehr und beinhalten emotionale Komponenten. Das berühmte Beispiel von Antoine de Saint-Exupéry, das für eine Vision herangezogen werden kann, lautet (zitiert in Nickel/Keil 2021, S. 145):

> „Wenn du ein Schiff bauen willst, dann rufe nicht die Menschen zusammen, um Holz zu sammeln, Aufgaben zu verteilen und die Arbeit einzuteilen, sondern lehre sie die Sehnsucht nach dem großen, weiten Meer."

Die Mission drückt etwas anderes aus. Bei ihr geht es um die Frage, warum es eine bestimmte Organisation überhaupt gibt (vgl. dazu und zum Folgenden Nickel/Keil 2021, S. 149 ff.). Die Zielrichtung der Mission sind die Kunden, die Lieferanten oder die Gesellschafter eines Unternehmens.

Wenn schon kein unmittelbarer Kontakt vor Ort möglich ist, können gemeinsame Rituale oder gemeinsame Symbole den Zusammenhalt auch in virtuellen Zeiten stärken. Wer eine Onlinesitzung mit einer offenen Phase vor der Sitzung einleitet, wird in vielen Fällen feststellen, dass das guttut, weil die Beteiligten sich ungezwungen und ohne Zeitdruck miteinander austauschen können. Wenn dann am Ende dieser Anwärm-Phase alle die Daumen-nach-oben-Taste einschalten, wird das in vielen Fällen ein hilfreiches Startsignal in eine gelungene Onlinesitzung sein.

Onlinezeiten können dazu führen, dass Teams oder Teammitglieder von Informationen abgeschnitten sind, weil zum Beispiel das übliche Kantinengespräch oder der Flurfunk entfallen. Es hat sich durchaus bewährt, eine Team-Website einzurichten, um allen Teammitgliedern Informationen zugänglich zu machen. Informationsdefizite schließen aus. Das ist in virtuellen Teams besonders fatal und eine überaus konfliktträchtige Situation.

Konfliktmanagement ist schon für Präsenzteams gelegentlich eine gewaltige Herausforderung. In virtuellen Zeiten sind Konflikte zügig anzugehen, um Schlimmeres zu vermeiden und nicht höhere Eskalationsstufen zu erreichen, von denen aus die Lösung der Konflikte immer schwieriger wird.

Die Distanz, die sich durch die virtuelle Situation zur Konfliktlösung ergibt, kann den Konflikt entschärfen. Sie kann allerdings auch dazu führen, dass die Beteiligten roh miteinander umgehen. Hier ist die Konfliktkompetenz (insbesondere Empathie) der Führungskraft besonders gefragt. Regeln vereinbaren, Regeln einhalten, konstruktives Feedback geben und den Prozess gemeinsam reflektieren sind Elemente, die gerade in virtuellen Situationen besonders gefordert sind. Die Bewältigung auch der schwierigen Situationen schafft Vertrauen untereinander, das in virtuellen Zeiten besonders wichtig ist.

Das fördert letztlich echte Begegnungen zwischen den Teammitgliedern. Begegnungen sind Kontakte zwischen den Beteiligten, in denen sich Menschen als Subjekte und nicht als Objekte wahrnehmen. Es geht also darum, dem anderen deutlich zu machen, dass er nicht für eigene Ziele instrumentalisiert wird, sondern als Mensch letztlich um seiner selbst willen angenommen wird. Das mag sehr abgehoben klingen, ist allerdings auch in virtuellen Zeiten ein Schlüsselfaktor für den Zusammenhalt im Team.

4. Literaturempfehlungen

Nickel, Susanne/Keil, Gunhard (2021): Führen auf Distanz, Freiburg, S. 149–155.

Aufgabe 7: Rangfolge der Erfolgsfaktoren für virtuelle Führung

---

Wissen, Erläutern
10 Minuten

---

1. Fragestellung

Wer virtuell führt, kann dies mehr oder weniger intuitiv tun oder sich Gedanken machen, was bei dabei besonders wichtig ist. Wer sich planmäßig mit virtueller Führung befassen will, kann sich überlegen, welche Werte er oder sie leben und vorleben möchte, damit Führung auch in virtueller Zeit gelingt.

Das, was dann entsteht, kann man als virtuelle Führungskultur bezeichnen. Wer diese bewusst leben und thematisieren will, ist gut beraten, wenn die besonders wichtigen Bausteine einer derartigen Kultur benannt werden.

Nennen und beschreiben Sie die aus Ihrer Sicht drei Faktoren, die aus Ihrer Sicht besonders wichtig sind, wenn es um den Aufbau einer virtuellen Führungskultur geht.

2. Lösung

Die hier genannte Lösung ist sicher diskussionsbedürftig. Vergleichen Sie Ihre Lösung mit der hier Genannten und suchen Sie nach Argumenten, die für Ihre oder für die hier vorgeschlagene Lösung sprechen (vgl. zum Folgenden Nickel/Keil 2021, S. 246 ff.).

(1) Es spricht sehr viel dafür, dass der Faktor des gegenseitigen Vertrauens oben auf der Liste stehen muss. Wer anderen Menschen nicht vertraut, wird mit ihnen nur begrenzt oder gar nicht in Kontakt treten oder gemeinsam zusammenarbeiten wollen. Vertrauen ist im Grunde auch im Alltag von entscheidender Bedeutung, weil es zum

Beispiel irrational wäre, bei einem Bäcker ein Brötchen zu kaufen und anschließend zu essen, wenn der jeweilige Käufer nicht weiß, ob das Brötchen vergiftet ist. Übrigens gilt nach wie vor der Satz „Wer einmal lügt, dem glaubt man nicht!" – jedenfalls sehr lange.

(2) In Zeiten, in denen sich viel verändert, kommen immer wieder Fehler vor. Beim Change Management in Richtung virtueller Führung wird es trotz aller Bemühung am Anfang von allen Beteiligten Fehler geben. Genauso wie der Faktor Vertrauen dürfte der Faktor Fehlerkultur in Zeiten von virtueller Führung eine hohe Bedeutung haben. Er wird dann produktiv genutzt, wenn Fehler zum Anlass genommen werden zu lernen. Werden Fehler konstruktiv bewältigt, sind sie eine Chance für jedes Team, besser zu werden. Führungskräfte sollten Fehler zulassen und dazu ermutigen, nach der Fehlerbewältigung umso engagierter weiterzumachen.

Das ist leicht gesagt, durchaus schwer getan und manchmal teuer. Die Forschung zum Thema Angst beweist, dass Angst, die daraus erwächst, dass Fehler gnadenlos bestraft werden, erstens zu weiteren Fehlern führt und zweitens die Produktivität nachhaltig verringert. Die Grenze der Fehlerkultur sollte nicht verschwiegen werden. Wenn immer wieder der gleiche Fehler passiert, macht entweder die Führungskraft bei der behutsamen Korrektur des Verhaltens von Mitarbeiterinnen und Mitarbeitern einen Fehler oder die fragliche Arbeitskraft ist hochgradig unkonzentriert. Das wäre dann ein weiteres Arbeitsfeld, bei dem Führungskräfte beweisen müssten, dass sie in der Lage sind, Probleme zu benennen und für das identifizierte Problem eine zuverlässige Lösung zu finden.

(3) Führungskräfte haben in der Entwicklung der letzten Jahre eine deutliche Erweiterung ihrer Aufgaben erfahren. Wer führt, ist nicht nur für die Verteilung und Beurteilung von Arbeit zu ständig, sondern auch dafür zuständig, Mitarbeiterinnen und Mitarbeitern Unterstützung zu geben. Führungskräfte sind in diesem Sinnen jeweils ein Coach für die Arbeitskraft. Die Fähigkeiten zu coachen fallen nicht vom Himmel und sind gegebenenfalls als Weiterbildung für junge oder auch ältere Führungskräfte anzubieten.

3. Hinweise zur Lösung

Die drei soeben genannten Punkte sind sicher überaus bedeutsam, weil sie generell wichtige Faktoren im Führungsgeschehen darstellen. Möglicherweise haben Sie aber auch andere Punkte benannt. Zu diesen wird möglicherweise gehören, dass virtuelle Führung das ausnutzen soll, was in virtuellen Zeiten persönliche Begegnung fördert.

Videokonferenzen sind keine Präsenz in herkömmlicher Form. Sie sind in der Tendenz sicher unpersönlicher als Präsenzkontakte. Umso wichtiger ist es, in einer Konferenz seine Kamera einzuschalten und wenigstens einen Teil von dem zu ermöglichen, was bei einer Präsenz selbstverständlich ist. Nämlich die Wahrnehmung von Gestik und Mimik auf der anderen Seite des Bildschirms.

Sprechen Sie in Videokonferenzen ihre Gesprächspartner bewusst und öfter mit Namen an. Ein Name personalisiert. Fördern Sie Kontakte, die jenseits der offiziellen Sitzungen am Bildschirm stattfinden. So manches Gespräch zwischen Kolleginnen und Kollegen wird sogar in virtuellen Zeiten einfacher. Wer sich früher vielleicht mühsam einen Termin mit einem Kollegen freigeschaufelt hat, wird durch die Möglichkeit, sehr schnelle eine Videokonferenz mit zwei, drei Personen zu gestalten, das eine oder andere Problem schneller lösen als vorher.

Für vieles gilt der Grundsatz „*Walk what you talk!*". Gehen Sie mit gutem Beispiel voran. Beweisen Sie, dass Sie als Führungskraft offen für Neues sind. Führungskräfte sind gefordert, sich in schwierigen Zeiten mindestens sehr zu bemühen, etwas auszuprobieren und, was durchaus menschlich ist, dabei zu scheitern. Setzen Sie dann alles daran, es beim nächsten Mal richtig zu machen und machen Sie es richtig.

4. Literaturempfehlungen
Nickel, Susanne/Keil, Gunhard (2021): Führen auf Distanz, Freiburg, S. 246–249.

4.3 Virtuelle Führung im internationalen Kontext

Aufgabe 1: Kulturelle Unterschiede und mögliche Wirkungen

Wissen, Erläutern
10 Minuten

---

1. Fragestellung

Stellen Sie sich vor, Sie haben als Mitarbeiter/Mitarbeiterin in einem deutschen Unternehmen einen arabischen Verhandlungspartner (vgl. zum folgenden Beispiel Blom/Meier 2017, S. 49) mit dem Sie nun in eine Verhandlung gehen. Es geht um mehrere Millionen Euro Auftragswert.

Sie sind guter Dinge und Ihr Gegenüber ist ebenfalls in guter Stimmung. Möglicherweise wird der arabische Geschäftspartner eine Reihe von Anekdoten erzählen, die nicht unmittelbar mit dem Vertrag zu tun haben. Am Ende haben Sie es geschafft und der Vertrag ist fertig formuliert, gedruckt und unterschriftsreif.

Sie setzen sich am Ende der Verhandlung bequem auf Ihren Stuhl, sind entspannt und überreichen den Vertrag mit der linken Hand an Ihren Gesprächspartner. Ihr Geschäftspartner aus Syrien verweigert daraufhin die Unterschrift. Sie sind völlig überrascht.

Was ist in dieser Vertragsverhandlung falsch gelaufen?

2. Lösung

Aus der Schilderung des Falles könnten zwei Sachverhalte einen Beitrag für die Reaktion der Vertragsablehnung geleistet haben. Es geht um Eigenarten, die in der jeweiligen Kultur hochgradig bedeutsam sind und implizit wirken können.

In unserem Fall ist es zum einen die Sitzhaltung, die unter Umständen ein Signal enthält, das aus der Sicht des arabischen Geschäftspartners als unangemessene Geste empfunden werden könnte. Wäre die Fußsohle in der entsprechenden Sitzhaltung erkennbar, wirkt das in arabischen Kulturen üblicherweise beleidigend. Zum anderen wird die Übergabe des Vertrages mit der linken Hand als negatives Zeichen gedeutet. Geschäfte, die mit der linken Hand gemacht werden, bringen im arabischen Kontext angeblich Unglück. Sie gilt als unrein.

3. Hinweise zur Lösung

Die beiden Beispiele machen deutlich, dass es kulturelle Unterschiede gibt, die zu erheblichen Missverständnissen führen können. Die in dem Beispiel angedeuteten Unterschiede gehen auf eine von Edward Hall in die Diskussion eingebrachte Differenzierung zurück (vgl. hierzu und zum Folgenden Blom/Meier 2017, S. 47 und die dort gegebenen Hinweise). Er betont die unterschiedlichen Kulturen im nordamerikanisch-nordeuropäischen Umfeld und die im südeuropäischen, afrikanischen und asiatischen.

Hall spricht von high context, wenn eine Botschaft indirekt und implizit zum Ausdruck kommt und umgekehrt von low context, wenn sie explizit und direkt vermittelt wird. Hall gilt als Pionier der Kulturvergleichsstudien, auf die in den nächsten Fragen (insbesondere bei Hofstede) eingegangen wird.

In high context-Kulturen wird also vieles zwischen den Zeilen gelesen. Man könnte auch sagen, dass in high context-Kulturen eher durch die Blume gesprochen wird. Ist dann ein Kontakt zwischen den Kulturen nötig, wird der Kommunikationspartner aus der low context-Kultur das Bestreben haben, endlich die Dinge auf den Punkt zu bringen, wohingegen das aus der Sicht von high context-Kulturen in der Regel eher plump und beleidigend empfunden wird.

Nicht nur Führungskräfte, sondern alle, die in Kontakt mit fremden Kulturen stehen, sind sehr gut beraten, sich über die Konsequenzen kultureller Unterschiede klar zu werden. Wie dann im Einzelnen damit umgegangen wird, ist eine offene und situative Frage. In den letzten Jahren zeigt sich durchaus, dass es jenseits der immer noch bestehenden deutlichen Unterschiede zu Annäherungen kommt. Diese haben wahrscheinlich damit zu tun, dass das Kennenlernen der jeweils fremden Kultur zumindest die Chance eröffnet, durch vielfache Erfahrung ein reflektiertes Bild der zunächst weniger vertrauten Kultur zu erlangen.

Hall wurde nicht nur mit der Kulturdifferenzierung von high context und low context bekannt. Er hat darüber hinaus auf die Dimension des Raumes und die Dimension der Zeit hingewiesen. Im Zusammenhang mit der Beziehung zum Raum weist er auf eine imaginäre Trennlinie hin, die den je nach Anlass definierten Wohlfühlbereich markiert. In der Regel wird dabei zwischen der persönlichen Zone, der sozialen Zone und der Zone im öffentlichen Bereich unterschieden. In Deutschland gilt zum Beispiel für die private Zone ein Abstand von ca. 0,5 m, in der sozialen Zone ein Abstand von ca. 0,5 bis ca. 1,5 m und im öffentlichen Bereich eine Distanz von ca. 3,5 m bis 7,5 m. Mit dem Zirkel sollten diese Werte nicht vermessen werden, sie geben aber Anhaltspunkte für die Ausprägung der Raumorientierung in einzelnen Kulturen (vgl. dazu insgesamt Oppel 2015: Business Knigge international, Freiburg).

4. Literaturempfehlungen
Blom, Hermann/Meier, Harald (2017): Interkulturelles Management, Herne, S. 47–52.
Oppel, Kai (2015): Business Knigge international, Freiburg.

Aufgabe 2: Präzisierung des Begriffes Kultur

Wissen, Erläutern
10 Minuten

---

1. Fragestellung
Der Begriff Kultur ist insbesondere im internationalen Kontext zu klären, um die damit verbundenen, möglichen Probleme beschreiben und lösen zu können. Dazu kann man das erkennbare Bild von Strukturen und Prozessen in verschiedenen Kulturen beleuchten. Das reicht allerdings nicht, da unter den sichtbaren und offenen Phänomenen Verhaltensweisen Haltungen versteckt sind, die nicht sofort ins Auge fallen.

Benennen Sie die von Ihnen gewählten Dimensionen zunächst. In der Lösung werden sieben Dimensionen benannt.

Um an die eher verborgenen Dimensionen zu gelangen, hilft es, sich vorzustellen, dass das beobachtete Verhalten von Menschen grundsätzlich auf den Haltungen aufsetzt, die die einzelnen Menschen im Laufe eines Lebens entwickelt haben. Haltungen werden von ethischen Vorstellungen geprägt (Ethik als Handeln auf der Grundlage von der Vorstellung, was gut oder böse ist). Ethische Vorstellungen werden ihrerseits von dem Sinn geprägt, den Menschen in ihrem Leben sehen. Wir müssen also unter die sichtbare Oberfläche schauen, wenn wir mit verschiedenen Kulturen umgehen wollen oder sollen. Das hat selbstverständlich zur Folge, dass wir vor allem Hypothesen bilden, deren Wahrheitsgehalt immer wieder überprüft werden sollte.

2. Lösung
Das, was sich unterhalb des beobachtbaren Verhaltens von Menschen befindet, kann im Hinblick auf die Dimensionen der Kultur mit den folgenden Begriffen umschrieben

werden (vgl. dazu Herrmann/Hüneke/Rohrberg 2012, S. 197 in Anlehnung an Schein 2003, S. 32).

- Strategien
- Ziele
- Philosophien
- Gedanken
- Wahrnehmungen
- Gefühle
- Glaubenssätze

3. Hinweise zur Lösung

Im Zusammenhang mit den Unterschieden, die sich durch die verschiedenen internationalen und interkulturellen Teams ergeben, ist mittlerweile bekannt, dass die damit verbundene Diversität für Teams hochinteressant ist. Es dürfte allerdings auch sofort einleuchten, dass die dargestellten Dimensionen ebenfalls zu erheblichen Schwierigkeiten bei der Führung beitragen können. Internationale Diversität macht Führung grundsätzlich noch komplexer, als dies im nationalen Kontext der Fall ist.

Diversität, die durchaus gewünscht ist, um Probleme umfassender zu ergründen und zu lösen, wird im Alltag an verschiedenen Stellen offenbar. Herangehensweisen an Probleme, die Steuerung etwa in Projekten und die Kontrolle von Ergebnissen sind kulturell höchst unterschiedlich.

Kommunikationsbedürfnisse unterscheiden sich massiv in den einzelnen Kulturen. Zu denken ist auch daran, dass zum Beispiel das für das erfolgreiche Handeln von Teams so wichtige Konfliktmanagement kulturübergreifend besonders schwer sein kann und zusätzlich noch über die Distanz und das mediale Geschehen erschwert wird.

Um eine Vorstellung davon zu erhalten, an welchen signifikanten Stellen sich Kulturen unterscheiden, wird sehr häufig auf das Modell von Hofstede zurückgegriffen. Es liefert einen Vorschlag, worin sich Einstellungen und Verhalten von Teammitgliedern unterscheiden, die kulturell verschieden geprägt sind. Die Dimensionen von Hofstede werden in der nächsten Frage thematisiert.

4. Literaturempfehlungen

Herrmann, Dorothea/Hüneke, Knut/Rohrberg, Andrea (2012): Führung auf Distanz. Mit virtuellen Teams zum Erfolg, S. 195–213.
Schein, Edgar (2003): Organisationskultur, Bergisch Gladbach, S. 32 ff.

Aufgabe 3: Einstellungen und Verhaltensweisen (Hofstede)

Wissen, Verstehen
10 Minuten

1. Fragestellung

Die von Hofstede genannten Dimensionen können den Blick von Führungskräften für kulturelle Unterschiede schärfen und so Anhaltspunkte für Führungsinterventionen im nationalen und internationalen Kontext liefern. Sie stellen einen Schlüssel dar, um interkulturelle, virtuelle Teams erfolgreich führen zu können. Sie liefern allerdings zunächst nur Anhaltspunkte, Probleme vor Ort zu lösen und eignen sich nicht für die Verstärkung undifferenzierter Stereotypen im Umgang mit den jeweils für die Führungskraft fremden Kulturen.

Benennen Sie die von Hofstede genannten Dimensionen.

2. Lösung

Die Kulturdimensionen von Hofstede (vgl. dazu insgesamt Hofstede 2017) sind zunächst die Folgenden.

Die von Hofstede genannten Dimensionen werden im Folgenden genannt.

Tab. 4.5: Die Ausprägungen der kulturellen Dimensionen nach Hofstede.
Quelle: Hofstede 2017, S. 35 ff.

Die Ausprägungen der kulturellen Dimensionen nach Hofstede
– Machtdistanz
– Individualismus - Kollektivismus
– Maskulinität - Femininität
– Unsicherheitsvermeidung
– Langzeitorientierung – Kurzzeitorientierung
– Genuss - Zurückhaltung

3. Hinweise zur Lösung

Der Ansatz von Hofstede baut auf den Untersuchungen von Hall auf (vgl. dazu Hall 1976) und wird durchaus kontrovers diskutiert. Im Blickpunkt der Kritik steht zum Beispiel der universalistische Ansatz der zugrundeliegenden Studie. Allerdings werden die Ergebnisse von neueren Studien zumindest in Teilen gestützt.

Der Ansatz eignet sich auf jeden Fall, um systematisch mit dem Thema der Interkulturalität umzugehen und eine Handlungsbasis im interkulturellen Führungsgeschehen zu finden. Über Hofstede und Hall hinaus ist die Studie von Trompenaars erwähnenswert (vgl. dazu insgesamt Trompenaars 1993).

Die von Trompenaars genannten Dimensionen werden im Folgenden genannt.

Tab. 4.6: Die Ausprägungen der kulturellen Dimensionen nach Trompenaars. Quelle: Trompenaars 1993, S. 46 ff.

Ausprägungen der kulturellen Dimensionen nach Trompenaars	
– Universalismus	– Partikularismus
– Neutralität	– Emotionalität
– Individualismus	– Kollektivismus
– Spezifität	– Diffusität
– Leistung	– Herkunft
– Serialität	– Parallelität
– Interne Kontrolle	– Externe Kontrolle

Ein Blick in die verschieden Ansätze lohnt sich immer, um gegebenenfalls Anregungen für die Analyse der jeweiligen Führungssituation zu erhalten. Eine konkrete Vorgehensweise, wie mit den Ansätzen zu den verschiedenen Dimensionen umgegangen werden kann, finden Sie weiter unten.

4. Literaturempfehlungen

Hall, Edward (1976): Beyond Culture, New York 1976.
Hofstede, Geert (2017): Lokales Denken, globales Handeln. Interkulturelle Zusammenarbeit und globales Management, München.
Trompenaars, Alfons (1993): Riding the waves of culture: Understanding cultural diversity in business, New York.

Aufgabe 4: Die Kulturdimension der Machtdistanz

Wissen, Erläutern
15 Minuten

1. Fragestellung

Stellen Sie sich vor, dass Sie eine neue Stelle am Auslandsstandort des Unternehmens erhalten haben, bei dem Sie zurzeit arbeiten. Sie haben in Ihrer neuen Stelle Führungsverantwortung übernommen und denken nun nach, was im Einzelnen zu bedenken ist. Dazu gehört, dass Sie sich darüber klar werden sollten, welche Bedeutung das von Hofstede genannte Kriterium Machtdistanz haben könnte und wie es sich äußert.

Erläutern Sie zunächst, was unter dem Stichwort Machtdistanz im interkulturellen Kontext verstanden wird. Beschreiben Sie anschließend exemplarisch einen Problembereich, der unter dem Stichwort Machtdistanz in internationalen Teams auftreten kann. Zeigen Sie auf, wie das beschriebene Problem eventuell gelöst werden könnte.

2. Lösung

In jeder Gesellschaft wird Macht typischerweise verteilt (vgl. dazu Herrmann/Hüneke/Rohrberg 2012, S. 195 ff.). Ist eine hohe Machtdistanz beobachtbar, besteht ein gesellschaftlich (durchaus akzeptierter) deutlicher Unterschied zwischen den obersten und den untersten gesellschaftlichen Schichten. Umgekehrt ist bei einer niedrigen Machtdistanz Macht in den gesellschaftlichen Schichten ausgeglichener verteilt.

Wer es gewohnt ist, dass eine hohe Machtdistanz zwischen den einzelnen Mitarbeitern und der Führungsebene besteht, hält sich mit Äußerungen, egal in welchem Kontext tendenziell eher zurück. Das betrifft sogar Fälle, in denen deutliche Widersprüche angemeldet werden müssten, um ein Problem zu lösen. Es entsteht dann der Eindruck der Einmütigkeit, obwohl zum Beispiel die Lösung eines bestimmten Problems in Wahrheit anders gesehen wird.

Die Lösung derartiger Probleme ist nicht schematisch möglich. Ansatzpunkte liegen zum Beispiel in einer gezielten Ansprache von Menschen, bei denen eine hohe Machtdistanz vorliegt. Das birgt natürlich Risiken, weil je nach Kontext auch dann Zurückhaltung bleiben kann. Dies ist mitunter vor größeren Gruppen anzunehmen, so dass gegebenenfalls eine Ansprache unter vier Augen sinnvoll erscheint.

3. Hinweise zur Lösung

Das Beispiel macht deutlich, dass der Schlüssel zur interkulturellen Kompetenz unter anderem in der Empathie der Führungskräfte zu suchen ist, die im internationalen Kontext Verantwortung übernehmen. Es wäre übrigens naiv anzunehmen, dass Versuche die Machtdistanz kurzfristig zu reduzieren, bei denjenigen, die sich entfernter von Macht befinden, sofort gewünscht ist. Nicht selten beobachtbar ist das Phänomen, dass durch den Abbau von Distanz Unsicherheiten entstehen und Versuche, die Distanz zu verringern, mit noch mehr Verweigerung beantwortet wird.

Es dürfte auch auf der Hand liegen, dass das Phänomen der Machtdistanz in virtuellen Teams noch mehr der Gefahr unterliegt, dass das Problem durch die mediale Distanz noch mehr verschleiert wird und sich ungeahnte Missverständnisse ergeben können. In telefonischen Konferenzen oder in Videokonferenzen ist die Hürde, sich zu melden noch höher als vor Ort.

Das Beispiel der Machtdistanz soll die Aussage verstärken, dass es sich bei den Kulturdimensionen nicht nur um bestimmte Verhaltensweisen handelt, sondern um Haltungen, die über Erfahrung und Erziehung verinnerlicht sind. Veränderungen von Haltungen lassen sich deshalb nicht durch kurzfristige Interventionen verändern. Sie bedürfen einer längerfristigen Strategie. Wer internationale und darüber hinaus auch noch virtuelle Teams führt, braucht einen langem Atem, wache Augen und ein offenes Ohr, um zielbezogene und gewünschte Veränderungen herbeizuführen.

4. Literaturempfehlungen

Herrmann, Dorothea/Hüneke, Knut/Rohrberg, Andrea (2012): Führung auf Distanz. Mit virtuellen Teams zum Erfolg, S. 200–205.

Aufgabe 5: Individualismus versus Kollektivismus

Wissen, Verstehen
10 Minuten

1. Fragestellung

Beschreiben Sie kurz, wie sich die kulturellen Unterschiede ausprägen, die durch das Verhältnis von Individuum und übergeordneter Gruppe zustandekommen. Man umschreibt dieses Phänomen üblicherweise mit der Neigung zu Individualismus oder zu Kollektivismus. Das hat zum Beispiel zur Folge, dass Menschen eher dazu neigen, ihre Aufgaben alleine oder im Team zu lösen.

Beschreiben Sie einen (möglichen) Lösungsansatz, wie mit der angesprochenen Dimension umgegangen werden könnte.

2. Lösung

Bei der Dimension Individualismus versus Kollektivismus werden Haltungen angesprochen, die entweder auf Eigeninitiative und Selbstversorgung (Individualismus) gerichtet sind oder, bei denen es um Gruppenehre und -fürsorge geht (Kollektivismus) (vgl. Blom/Meier 2017, S. 45).

Durch die jeweilige Ausrichtung werden u. a. die gegenseitigen Erwartungen der Teammitglieder untereinander geprägt. Wer mehr zum Individualismus tendiert, wird sich im Zweifel klar und unmissverständlich äußern und erwartet dies auch von den anderen Kolleginnen und Kollegen. Wer mehr kollektivistisch geprägt ist, wartet eher ab und führt zunächst individuelle Gespräche, klärt die Standpunkte der anderen Beteiligten und meldet sich dann zu Wort.

Das hat durchaus Wirkung auf die Art und Weise der Führung (vgl. dazu Herrmann/Hüneke/Rohrberg 2012: S. 205 f.). Wer zur individualistischen Seite tendiert, wird von der Führungskraft Entscheidungsfreude, individuelle Kommunikation und persönliche Ansprache erwarten. Kollektivistisch ausgerichtete Teammitglieder brauchen mehr Zeit für integrative Prozesse, Findung und Ausgleich von Interessen und legen mehr Gewicht auf die Prozesskomponente von Teams.

Bedenkt man, dass in virtuellen Kontakten die Wahrnehmung von Körpersprache und Zwischentönen schwieriger ist, ist Vorsicht in Teams geboten, die vor allem kollektivistisch orientiert sind. Hier ist der Stand der Gruppe wesentlich undeutlicher wahrnehmbar. Die Lösung könnte in einer deutlich ausgeprägten Moderation der Führungskraft liegen, die die Möglichkeit bietet, die Unterschiede der einzelnen Gruppenmitglieder wahrnehmbar zu machen.

Wer die Gesprächspartnerinnen und Gesprächspartner lediglich auf scheckkartengroßen Bildern sieht, wird es schwer haben, Gestik und Mimik zu erkennen. Es wäre deshalb eine (!) Möglichkeit, die jeweils im virtuellen Geschehen am Bildschirm aktive Person bei ihrer Wortmeldung vergrößert einzublenden. Das hätte gleichermaßen den Vorteil, dass im Rahmen der Möglichkeiten die Körpersprache der aktiven Person zumindest ein wenig erkennbarer wird.

3. Hinweise zur Lösung

Es ist deutlich geworden, dass es für Unternehmen und insbesondere für Führungskräfte sehr viel Sinn macht, sich mit den kulturellen Dimensionen auseinanderzusetzen, um erfolgreich im Markt zu agieren. Zu den neueren Ansätzen zählt die folgende Studie:

– Global Leadership and Organizational Behaviour Effectiveness Research Program (GLOBE-Studie)

Bei der Studie werden die Zusammenhänge zwischen der Kultur von Gesellschaften, der Organisationskultur und von Führung untersucht (vgl. dazu vor allem DGFP e. V. 2012, S. 60 ff.). Die GLOBE-Studie greift insgesamt neun Dimensionen auf.

Die Ergebnisse der GLOBE-Studie zeigen, dass kulturelle Werte und Handlungen einer Gesellschaft die Unternehmenskultur und das Verhalten der Menschen in Organisationen wirksam beeinflussen. Selbst bei stark wirksamen Unternehmenskulturen von Großunternehmen ist aus der Studie ableitbar, dass landeskulturelle Einflüsse be-

Tab. 4.7: Ausprägungen der kulturellen Dimensionen der GLOBE-Studie.

Ausprägungen der kulturellen Dimensionen der GLOBE-Studie
– Unsicherheitsvermeidung
– Machtdistanz
– Institutioneller Kollektivismus
– Intrakollektivismus
– Geschlechtergleichheit
– Bestimmtheit
– Zukunftsorientierung
– Leistungsorientierung
– Humanorientierung

deutsam sind. Daraus folgt unmittelbar, dass jede Auslandsinvestition sinnvollerweise davon begleitet sein sollte, sich über die Werte und Normen des Stammhauses und des Gastlandes und die gegebenenfalls vorhandenen, deutlichen Differenzen bewusst zu werden, um daraus erwachsende, begründbare und sinnvolle Konsequenzen abzuleiten.

4. Literaturempfehlungen

DGFP e. V. (Hrsg.) (2012): Internationales Personalmanagement gestalten, Bielefeld, S. 60–64.
House, Robert u. a. (Hrsg.) (2004b): Culture, Leadership and Organisations, London und Delhi.
Herrmann, Dorothea/Hüneke, Knut/Rohrberg, Andrea (2012): Führung auf Distanz. Mit virtuellen Teams zum Erfolg, S. 205 f.

Aufgabe 6: Interkulturelle Kommunikation erfassen und konkrete Führungsinterventionen ableiten

---

Wissen, Verstehen, Transfer
20 Minuten

---

1. Fragestellung

Wer sich mit den kulturellen Dimensionen in Organisationen befasst, wird sehr schnell feststellen, dass die Differenziertheit der Ansätze und Erkenntnisse verwirrend sein kann. Für die Praxis ist es sicher sinnvoll, wenn die Überlegungen einer Führungskraft systematisch und mit realistischen Lösungen angegangen werden sollten, um die Beteiligten nicht zu überfordern.

Schnelle Anpassungen und die Veränderung von Haltungen sind überdies nicht zu erwarten. Es ist deshalb sinnvoll, eine grobe Skizze zu entwerfen, wie Führungskräfte im interkulturellen Kontext vorgehen könnten, um sich dem Problem der verschiedenen kulturellen Dimensionen so zu stellen, dass einigermaßen praktikable Konsequenzen für das praktische Handeln vollzogen werden können.

Versuchen Sie, einen kleinen Leitfaden für ein Vorgehen zu entwerfen, das Führungskräfte anwenden könnten, um die interkulturelle Kommunikation zu analysieren und konkrete Handlungen vornehmen zu können. Das Gesagte sollte auch für den virtuellen Kontext gelten.

2. Lösung

Für die Lösung bietet sich folgendes Vorgehen an (vgl. hierzu und zum Folgenden vor allem Herrmann/Hüneke/Rohrberg 2012, S. 218 f.).

(1) Führungskräfte sollten
– konkrete Situationen beschreiben, in denen sie das interkulturelle Team beobachtet haben
– dabei unterschiedliche Phänomene möglichst konkret benennen
– Irritationen, Missverständnisse und Ähnliches festhalten
– die Beobachtungen sollten exakt dokumentiert werden und langfristig angelegt sein

(2) Aufbauend auf den Beobachtungen könnten Führungskräfte Hypothesen zum Grad des Einflusses der verschiedenen Kulturdimensionen entwerfen (Machtdistanz, Individualismus/Kollektivismus u. s. w.). Sie sollten versuchen, die Hypothesen durch eine nachvollziehbare Argumentation zu begründen.

(3) Um den Anteil von Effekten, die im virtuellen Führungsgeschehen Wirkung haben, zu ermitteln, sollte darüber hinaus der Einfluss einer konkreten Mediennutzung im Team auf die beobachtbaren Phänomene geprüft werden. Auch das erfordert, das Geschehen zeitgenau zu notieren und über einen längeren Zeitraum auszuwerten.

(4) Aus dieser Dokumentation leitet sich ab, welche Interventionen ergriffen werden sollen, um die kulturellen Unterschiede aufzufangen und im günstigen Fall sogar produktiv zu nutzen. Dabei spielt sicher mit unterschiedlichem Gewicht der Einsatz der verschiedenen Medien eine Rolle. Beispielsweise wäre eine Telefonkonferenz durch eine Videokonferenz zu ersetzen, wenn dadurch der persönliche Kontakt positiv verändert werden kann.

Das ist allerdings angesichts des bisher Gesagten nicht immer so. Es kann sogar sein, dass es umgekehrt nützlicher ist, die Videokonferenz durch ein Telefongespräch zu ersetzen. Die Betrachtung des Einzelfalls steht im interkulturellen Kontext am Ende klar im Vordergrund und nicht die unreflektierte Anwendung von Rezepten.

3. Hinweise zur Lösung

Die bei der Lösung beschriebenen Aktivitäten eignen sich nicht nur als Reflexionsangebot für Einzelkontakte. Sie können auch dazu dienen, Teamentwicklungsprozesse zu gestalten. Hermann, Hüneke und Rohrberg weisen in diesem Zusammenhang auf ein anschauliches Beispiel eines deutsch-amerikanischen Teams hin (vgl. dazu Herrmann/Hüneke/Rohrberg 2012, S. 219).

Das im deutschen Umfeld durchaus häufig eingesetzte 360-Grad-Feedback kann in unterschiedlichen Kontexten zu sehr unterschiedlichen Konsequenzen führen. In einem deutschen Team, das mit dem Instrument vertraut und häufig konfrontiert ist, wird eine einzelne Führungskraft bei einem kritischen Feedback in vielen Fällen eine kurze Zeit nachdenklich werden und im günstigen Fall eine zielführende Intervention ableiten und ausprobieren.

Im nordamerikanischen Raum ist ein kritisches Feedback anders zu bewerten. Im ungünstigen Fall bedeutet ein kritisches Feedback den Verlust des Arbeitsplatzes. Arbeiten beide Teams zusammen, wird man deshalb häufig nach einem 360-Feedback, das deutlich kritische Aussagen enthält, auf amerikanischer Seite eher eine gewisse Zurückhaltung erleben. Die entsprechenden amerikanischen Teammitglieder werden sich dann mit Bewertungen gegenüber anderen Personen eine Zeit lang zurückhalten.

Wenn das Verhalten dann nicht vor dem Hintergrund der unterschiedlichen Kulturen gesehen wird, sondern als Verschlossenheit und Kontaktverweigerung gewertet wird, kann das den Eindruck mangelnder Offenheit (in diesem Fall der Amerikaner gegenüber den Deutschen) suggerieren. Für die verantwortliche Führungskraft ist es sicher ratsam, den Prozess vorsichtig zu thematisieren und die unterschiedlichen kulturellen Einstellungen herauszuarbeiten, um eine für beide Seiten praktikable Lösung zu finden.

Handelt es sich zwischen den Beteiligten vor allem oder ausschließlich um virtuelle Kommunikation, gestaltet sich die Situation häufig noch schwieriger, weil die Wahrnehmung systembedingt eingeschränkt ist. Virtuelle Führung wird dann besonders aufwendig und verlangt noch mehr Sensibilität von allen Beteiligten.

Das dürfte ein Beleg dafür sein, dass insbesondere die Auswahl für die Leitungsebene im internationalen Kontext noch mehr die Fähigkeiten zur Empathie und zur Offenheit für Neues berücksichtigen sollte. Das Phänomen der Empathie kollidiert allerdings tendenziell mit der gleichzeitig im Führungsgeschehen notwendigen Fähigkeit zur Durchsetzungskraft.

Die Aufgabe für die Führungskraft der Zukunft dürfte in einer neuen Kombination aus den genannten Eigenschaften sein, die sich situativ erfolgreich auswirken müsste. Vergessen werden darf allerdings nicht, dass die Definition von Anforderungen nicht zu einer latenten Überforderung der Menschen führen darf, die im Führungsgeschehen immer komplexere Situationen bewältigen sollen. Die Frage der oben bereits beschriebenen Fehlerkultur ist deshalb auch in Zukunft ein wichtiges Arbeitsfeld für alle Beteiligten in den einzelnen Organisationen.

4. Literaturempfehlungen

Herrmann, Dorothea/Hüneke, Knut/Rohrberg, Andrea (2012): Führung auf Distanz. Mit virtuellen Teams zum Erfolg, S. 217–219.

5 Strategien in internationalen Unternehmen

5.1 Grundlagen des strategischen Managements in internationalen Unternehmen

Aufgabe 1: Definitionen von Strategie und Strategischem Management

Wissen, Verstehen
10 Minuten

1. Fragestellung
Erläutern Sie die Begriffe „Strategie" und „Strategisches Management".

2. Lösung
Strategien können aufgefasst werden als Handlungsalternativen zur Erreichung der festgelegten obersten Unternehmensziele, welche das Gesamtunternehmen wesentlich beeinflussen und die meist langfristig angelegt sind.

Strategisches Management umfasst dabei alle Aufgaben der Planung, Organisation, Kontrolle und Mitarbeiterführung in Bezug auf die Strategien. Strategisches Management wird in der Regel als Prozess, bestehend aus den Phasen Strategische Analyse, Strategieentwicklung, Strategieimplementierung und Strategische Kontrolle, aufgefasst.

3. Hinweise zur Lösung
In der Literatur existieren vielfältige Definitionen für beide Begrifflichkeiten. Eine Strategie beschreibt die langfristige Ausrichtung der Aufgabenbereiche eines Unternehmens, das in einem sich verändernden Umfeld Wettbewerbsvorteile durch den Einsatz von Ressourcen und Kompetenzen anstrebt, mit dem Ziel, die Erwartungen der Interessengruppen zu erfüllen. Entscheidend ist auch, eine Strategie nicht als Garant für Unternehmenserfolg zu betrachten – erst durch die Umsetzungsarbeit lässt sich erkennen, ob die gewählte Strategiealternative tatsächlich „die richtige" war und es stellt sich Erfolg oder Misserfolg ein. Daher wird im Zusammenhang mit dem Strategiebegriff oft vom „Aufbau von Erfolgspotenzialen" gesprochen.

4. Literaturempfehlungen
Holtbrügge, Dirk/Welge, Martin K. (2015): Internationales Management: Theorien, Funktionen, Fallstudien, 6. Aufl., Stuttgart, S. 97.

Hungenberg, Harald (2014): Strategisches Management in Unternehmen: Ziele – Prozesse – Verfahren, Wiesbaden, S. 3–7.

https://doi.org/10.1515/9783110737547-005

Johnson, Gerry u. a. (2018): Strategisches Management. Eine Einführung, 11. Aufl., Hallbergmoos, S. 21–48.

Kutschker, Michael/Schmid, Stefan (2011): Internationales Management, 7. Aufl., München, S. 825–829.

Perlitz, Manfred/Schrank, Randolf (2013): Internationales Management, 6. Aufl., Konstanz, S. 173–174.

Sure, Matthias (2017): Internationales Management: Grundlagen, Strategien und Konzepte, Wiesbaden, S. 86–87.

Aufgabe 2: Merkmale des Strategischen Managements

Wissen, Verstehen
10 Minuten

1. Fragestellung

Bitte tragen Sie bei den folgenden Aussagen ein, ob sie richtig („R") oder falsch („F") sind.

a) ☐ Unter „Strategien" wird der Aufbau von Markterfolgspotenzialen verstanden.

b) ☐ Eine einmal durch die Unternehmensleitung ausgewählte Strategie sollte ohne Anpassungen genau wie geplant verfolgt werden, um den größtmöglichen Erfolg zu erreichen.

c) ☐ Operatives Management ist vollkommen unabhängig von Strategischem Management.

d) ☐ Die 5Ps nach Mintzberg sind ein Instrument, welches der Phase der Strategischen Analyse zuzuordnen ist.

e) ☐ Strategieentwicklung kann gelingen, wenn sich die Beteiligten möglichst offen für viele Alternativen zeigen.

f) ☐ Strategien können unabhängig von den vorhandenen Kompetenzen im Unternehmen ausgewählt und umgesetzt werden.

g) ☐ Zur erfolgreichen Strategieumsetzung ist es nicht erforderlich, auf die Kommunikationsfähigkeiten von Führungskräften zu vertrauen, wenn das Unternehmen ein gutes Intranet hat, in welchem alles zur Strategie nachlesbar ist.

h) ☐ Strategische Kontrolle ist eher etwas aus der Theorie, da Pläne sowieso nicht so umgesetzt werden wie gedacht.

2. Lösung

a) ☐R Unter „Strategien" wird der Aufbau von Markterfolgspotenzialen verstanden.

b) ☐F Eine einmal durch die Unternehmensleitung ausgewählte Strategie sollte ohne Anpassungen genau wie geplant verfolgt werden, um den größtmöglichen Erfolg zu erreichen.

c) ☐F Operatives Management ist vollkommen unabhängig von Strategischem Management.

d) ☐F Die 5Ps nach Mintzberg sind ein Instrument, welches der Phase der Strategischen Analyse zuzuordnen ist.

e) ☐R Strategieentwicklung kann vor allem dann gelingen, wenn sich die Beteiligten möglichst offen für viele Alternativen zeigen.

f) ☐F Strategien können unabhängig von den vorhandenen Kompetenzen im Unternehmen ausgewählt und umgesetzt werden.

g) ☐F Zur erfolgreichen Strategieumsetzung ist es nicht erforderlich, auf die Kommunikationsfähigkeiten von Führungskräften zu vertrauen, wenn das Unternehmen ein gutes Intranet hat, in welchem alles zur Strategie nachlesbar ist.

h) ☐F Strategische Kontrolle ist eher etwas aus der Theorie, da Pläne sowieso nicht so umgesetzt werden wie gedacht.

3. Hinweise zur Lösung

In Bezug auf die als „falsch" einzuordnenden Antworten soll es nachfolgende Hinweise geben.

Zu b): Im Sinne emergenter Strategien sollte eine Unternehmensleitung immer auch offen für ungeplante strategische Potenziale sein. Während der Umsetzung der geplanten Strategie findet ebenfalls strategisches Lernen statt – diese Erkenntnisse sollten regelmäßig Berücksichtigung im weiteren Strategieprozess finden.

Zu c): Im Sinne der drei Handlungsebenen des Managements (normatives, strategisches und operatives Management) ist die Aufgabe des operativen Managements, die Umsetzung der Strategie voranzutreiben.

Zu d): Die 5Ps der Strategie sind ein Konzept, mit welchem der Strategiebegriff besser umschrieben und verstanden werden kann.

Zu f): Unabhängig von der Existenz und Nutzung eines Intranets wird den Führungskräften in der Strategieumsetzung eine zentrale Rolle zuteil. Nur durch die persönliche Kommunikation und abgestimmte Zielvereinbarungsprozesse in der Organisationsstruktur kann eine Strategie umgesetzt werden.

Zu h): Auch wenn Pläne adaptiert werden, ist eine Kontrolle unerlässlich.

4. Literaturempfehlungen

Dillerup, Ralf/Stoi, Roman (2013): Unternehmensführung, 4. Aufl., München 2013, S. 165–339.
Hungenberg, Harald (2014): Strategisches Management in Unternehmen: Ziele – Prozesse –
      Verfahren, Wiesbaden, S. 1–64 sowie S. 87–369.
Johnson, Gerry u. a. (2018): Strategisches Management. Eine Einführung, 11. Aufl., Hallbergmoos,
      S. 21–50 sowie S. 57–353.
Reisinger, Sabine/Gattringer, Regina/Strehl, Franz (2013): Strategisches Management: Grundlagen
      für Studium und Praxis, München u. a. 2013, S. 17–226.

Aufgabe 3: Intendierte und emergente Strategien von Unternehmen

Wissen, Verstehen, Anwenden
25 Minuten

1. Fragestellung

Erläutern Sie bitte die „5Ps der Strategie" nach Mintzberg. Gehen Sie in diesem Zusammenhang insbesondere auf den Zusammenhang intendierter und emergenter Strategien ein.

2. Lösung

Mintzberg nennt folgende fünf definitorische Merkmale, um den Begriff „Strategie" umfassend zu charakterisieren:

1. Strategy as a plan (als intendierte Strategie)
2. Strategy as a pattern (als realisierte Strategie, die auch emergente Möglichkeiten aufgreift)
3. Strategy as a position (als Festlegung Produkt-/Marktposition)
4. Strategy as a perspective (als Ideen für zukünftige Möglichkeiten, auch vor dem Hintergrund der Vision)
5. Strategy as a ploy (als „Manöver" gegenüber einem Wettbewerber)

Idealtypisch entwickelt ein Unternehmen auf Basis seiner Situation verschiedene Strategiealternativen, selektiert die erfolgversprechendste Alternative und beginnt mit deren Umsetzung. Unternehmensstrategien formieren sich jedoch nicht ausschließlich im Rahmen eines „bewussten Planungsprozesses" (intendierte Strategie nach Mintzberg). Sie können ebenfalls ohne eine explizite Planung und Formulierung entstehen. Es gibt ebenfalls die Möglichkeit, dass Strategien als „unbewusster Prozess" entstehen können. Diese sogenannten „emergenten Strategien" sind das Ergebnis einzelner, zunächst unabhängiger Handlungen, die später im Zeitablauf ein kohärentes Muster erkennen lassen.

3. Hinweise zur Lösung

Der Zusammenhang zwischen intendierten Strategien („Strategy as a plan" nach Mintzberg) und emergenten Strategien kann in nachfolgender Abbildung 5.1 noch einmal nachvollzogen werden.

Abb. 5.1: Prozess des strategischen Managements unter Berücksichtigung emergenter Strategien. Quelle: Eichenberg 2015, S. 415–426.

4. Literaturempfehlungen

Dillerup, Ralf/Stoi, Roman (2013): Unternehmensführung, 4. Aufl., München 2013, S. 172–173.

Eichenberg, Timm (2015): Impulse aus dem Projektportfolio für die Strategieentwicklung, in: Steinle, C./Eichenberg, T. (Hrsg.), Handbuch Multiprojektmanagement und -controlling: Projekte erfolgreich strukturieren und steuern, 3. Aufl., Berlin 2015, S. 415–426.

Hungenberg, Harald (2014): Strategisches Management in Unternehmen: Ziele – Prozesse – Verfahren, Wiesbaden, S. 3–7.

Johnson, Gerry u. a. (2018): Strategisches Management. Eine Einführung, 11. Aufl., Hallbergmoos, S. 554–584.

Kutschker, Michael/Schmid, Stefan (2011): Internationales Management, 7. Aufl., München, S. 835–837.

Macharzina, Klaus/Wolf, Joachim (2015): Unternehmensführung. Das internationale Management-wissen: Konzepte – Methoden – Praxis, 9. Aufl., Wiesbaden 2015, S. 259–266.

Mintzberg, Henry/Ahlstrand, Bruce/Lampel, Joseph (2005): Strategy safari: A guided tour through the wilds of strategic management, New York 2005, S. 9–21.

Müller-Stewens, Günter/Lechner, Christoph (2011): Strategisches Management. Wie strategische Initiativen zum Wandel führen, 4. Aufl., Stuttgart 2011, S. 53–54.

Reisinger, Sabine/Gattringer, Regina/Strehl, Franz (2013): Strategisches Management: Grundlagen für Studium und Praxis, München u. a. 2013, S. 41–44.

Aufgabe 4: Ansoff-Matrix am Beispiel von Coca-Cola

Wissen, Verstehen, Anwenden, Transfer
20 Minuten

1. Fragestellung

Ordnen Sie den nachfolgenden Aussagen die vier möglichen Strategien aus der Ansoff-Matrix zu.

Das Unternehmen Coca-Cola ist eines der weltweit bekanntesten US-amerikanischen Unternehmen und hat seine Geschäftstätigkeit in mehr als 100 Jahren Unternehmenshistorie stets ausgebaut.

1. In einer jährlichen Kampagne zur Weihnachtszeit versucht das Unternehmen durch den Aufdruck von Weihnachtsmotiven auf den Getränkedosen/-flaschen eine Assoziation zwischen Coca-Cola und Weihnachten zu erzeugen, um den Absatz zu steigern. Das Unternehmen verfolgt damit die Strategie der

    _____.

2. Das Unternehmen hat 1985 das erste Mal die traditionelle Rezeptur verändert und in den USA die „Cherry Coke" eingeführt. Es verfolgte die

    _____.

3. Das Unternehmen hat in den 80er Jahren die „Diet Coke" herausgebracht, um eine kalorienbewusste die Zielgruppe zu erschließen. Es verfolgte damit die

    _____.

4. Es stellte sich heraus, dass männliche Konsumenten die „Diet Coke" als „Frauengetränk" wahrgenommen haben und deswegen sie deswegen nicht gerne gekauft haben. Daher wurde 2005 die „Coke Zero" in einer schwarzen Dose auf den Markt gebracht, um die kalorienreduzierte Alternative für die männliche Zielgruppe attraktiver zu machen. Das Unternehmen verfolgt damit die

    _____.

5. 2007 hat das Unternehmen die Firma „Glaceau" übernommen, welche eine Gesundheitsdrinkmarke „Vitaminwater" auf dem Markt etabliert hatte. Das Unternehmen Coca-Cola verfolgt damit die _____.

6. Im Laufe der Zeit wurden auch Merchandising-Artikel mit „Coca-Cola"-Aufdruck vermarktet. „Fans" der Marke konnten z. B. Stifte oder Kühlschränke mit dem Markenlogo von „Coca-Cola" erwerben. Das Unternehmen verfolgt die

    _____.

2. Lösung

1. In einer jährlichen Kampagne zur Weihnachtszeit versucht das Unternehmen durch den Aufdruck von Weihnachtsmotiven auf den Getränkedosen/-flaschen

eine Assoziation zwischen Coca-Cola und Weihnachten zu erzeugen, um den Absatz zu steigern. Das Unternehmen verfolgt damit die Strategie der **Marktdurchdringung**.

2. Das Unternehmen hat 1985 das erste Mal die traditionelle Rezeptur verändert und in den USA die „Cherry Coke" eingeführt. Es verfolgte die **Produktentwicklungsstrategie**.

3. Das Unternehmen hat in den 80er Jahren die „Diet Coke" herausgebracht, um eine kalorienbewusste die Zielgruppe zu erschließen. Es verfolgte damit die **Marktentwicklungsstrategie**.

4. Es stellte sich heraus, dass männliche Konsumenten die „Diet Coke" als „Frauengetränk" wahrgenommen haben und deswegen sie deswegen nicht gerne gekauft haben. Daher wurde 2005 die „Coke Zero" in einer schwarzen Dose auf den Markt gebracht, um die kalorienreduzierte Alternative für die männliche Zielgruppe attraktiver zu machen. Das Unternehmen verfolgt damit die **Marktentwicklungsstrategie**.

5. 2007 hat das Unternehmen die Firma „Glaceau" übernommen, welche eine Gesundheitsdrinkmarke „Vitaminwater" auf dem Markt etabliert hatte. Das Unternehmen Coca-Cola verfolgt damit die **Diversifikationsstrategie**.

6. Im Laufe der Zeit wurden auch Merchandising-Artikel mit „Coca-Cola"-Aufdruck vermarktet. „Fans" der Marke konnten z. B. Stifte oder Kühlschränke mit dem Markenlogo von „Coca-Cola" erwerben. Das Unternehmen verfolgt die **Diversifikationsstrategie**.

3. Hinweise zur Lösung

Die Ansoff-Matrix ist ein Instrument, welches der Phase der Strategieentwicklung zuzuordnen ist. Anhand der beiden Dimensionen „Produkte" und „Märkte" werden Grundtypen von Strategien eingeordnet.

Weitere Informationen zum Fallbeispiel Coca-Cola finden sich bei Oakley 2015.

4. Literaturempfehlungen

Ansoff, Igor (1957): Strategies for diversification, in: Harvard Business Review, September–October, S. 113–124.

Holtbrügge, Dirk/Welge, Martin K. (2015): Internationales Management: Theorien, Funktionen, Fallstudien, 6. Aufl., Stuttgart, S. 105.

Oakley, Tom (2015): Coca-Cola: Ansoff Matrix, https://themarketingagenda.com/2015/03/28/coca-cola-ansoff-matrix, abgerufen am 06.01.2021.

Perlitz, Manfred/Schrank, Randolf (2013): Internationales Management, 6. Aufl., Konstanz, S. 238–244.

	Gegenwärtige Produkte	**Neue Produkte**
Gegenwärtige Märkte	**Marktdurchdringung** (typischerweise 1. Schritt)	**Produktentwicklung** (typischerweise 2. oder 3. Schritt)
Neue Märkte	**Marktentwicklung** (typischerweise 2. oder 3. Schritt)	**Diversifikation** (typischerweise 4. Schritt)

Abb. 5.2: Die Ansoff-Matrix.
Quelle: Johnson u. a. 2018, S. 320.

5.2 Wahl des Zielmarktes

Aufgabe 1: Kriterien zur Auswahl eines Zielmarktes

Wissen, Verstehen
10 Minuten

1. Fragestellung
Nennen Sie zentrale Kategorien für Kriterien der Markt- und Standortauswahl.

2. Lösung
Zentrale Kategorien Kriterien der Markt- und Standortauswahl sind:
- Politische Faktoren
- Rechtliche Faktoren
- Steuerliche Faktoren
- Makroökonomische Faktoren
- Kulturelle, sprachliche, religiöse Faktoren
- Technologische Faktoren
- Bildungstechnische und demographische Faktoren
- Natürliche und ökologische Faktoren

3. Hinweise zur Lösung
Die Auswahl eines Zielmarktes erfolgt auf Basis geeigneter Kriterien. Die Anzahl an zu erhebenden Kriterien ist sehr hoch, weswegen in der Aufgabenstellung lediglich nach Kategorien gefragt wurde. Innerhalb jeder genannten Kategorie können jeweils

ganze Listen potenzieller Prüf- und Entscheidungskriterien eingeordnet werden. Die zentrale Herausforderung für Unternehmen liegt vor allem darin, dass die Verfügbarkeit, Qualität und Vollständigkeit dieser Daten je nach Zielland sehr unterschiedlich ist. Es gibt ebenfalls Probleme bei der Vergleichbarkeit der entsprechenden Daten, da sie durch unterschiedliche Erhebungsmethoden, zugrundeliegenden Definitionen oder Annahmen geprägt sind. Insgesamt gibt es kein allgemeingültiges Modell.

4. Literaturempfehlungen

Holtbrügge, Dirk/Welge, Martin K. (2015): Internationales Management: Theorien, Funktionen, Fallstudien, 6. Aufl., Stuttgart, S. 97–107.
Kutschker, Michael/Schmid, Stefan (2011): Internationales Management, 7. Aufl., München, S. 942–985.
Sure, Matthias (2017): Internationales Management: Grundlagen, Strategien und Konzepte, Wiesbaden, S. 87–89.

Aufgabe 2: Portfolio-Analyse zur Marktauswahl

Wissen, Verstehen, Anwenden
10 Minuten

1. Fragestellung

Stellen Sie Portfolioanalyse zur Marktauswahl nach Backhaus/Büschken/Voeth vor.

2. Lösung

Die Autoren schlagen für ihren Portfolio-Ansatz folgende Dimensionen vor:
- Marktbarrieren
- Marktattraktivität

Die Dimension der Marktbarrieren greift somit die Risikoperspektive auf, während die Dimension der Marktattraktivität das Erfolgspotenzial berücksichtigt.

Die Autoren erstellen eine 4x4-Matrix und bezeichnen die Quadranten als Peripher-/Gelegenheitsmärkte, Abstinenzmärkte, Kernmärkte und Hoffnungsmärkte. Dies wird in nachfolgender Abbildung 5.3 visualisiert.

3. Hinweise zur Lösung

Durch das gewählte Portfolioinstrument ist eine Einordnung verschiedener Ländermärkte möglich. Die gewählten Dimensionen lassen es zu, dass verschiedene Bewertungskriterien subsumierbar sind. Das Konzept kann somit eine Einordnung mehrerer

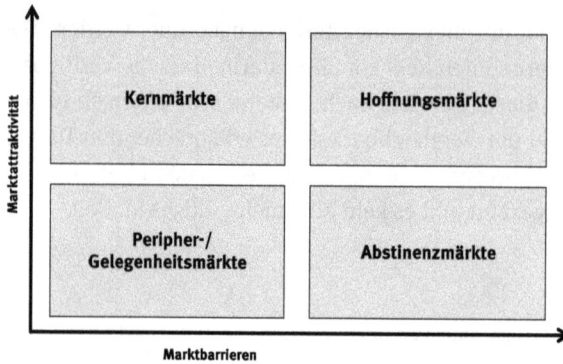

Abb. 5.3: Portfolio-Analyse zur Marktauswahl.
Quelle: Backhaus/Büschken/Voeth 2003, S. 124.

Ländermärkte ermöglichen (In Bearbeitung befindliche und potenzielle Märkte) und damit zur Risikodiversifikation beitragen.

4. Literaturempfehlungen

Backhaus, Klaus/Büschken, Joachim/Voeth, Markus (2003): Internationales Marketing, 4. Aufl., Stuttgart 2003.

Holtbrügge, Dirk/Welge, Martin K. (2015): Internationales Management: Theorien, Funktionen, Fallstudien, 6. Aufl., Stuttgart, S. 97–107.

Kutschker, Michael/Schmid, Stefan (2011): Internationales Management, 7. Aufl., München, S. 942–985.

Sure, Matthias (2017): Internationales Management: Grundlagen, Strategien und Konzepte, Wiesbaden, S. 87–89.

5.3 Markteintritts- und Bearbeitungsstrategien

Aufgabe 1: Definitionen und Begriffsabgrenzung

Wissen, Verstehen
5 Minuten

1. Fragestellung

Definieren Sie die Begriffe „Markteintrittsstrategie" und „Marktbearbeitungsstrategie". Nehmen sie dabei auch eine Abgrenzung der beiden Begriffe vor.

2. Lösung

Als *Markteintrittsstrategie* ist im internationalen Management die Form des erstmaligen Markteintritts eines Unternehmens in einen Auslandsmarkt zu verstehen.

Die *Marktbearbeitungsstrategie* beschreibt die Form der sich nach dem Markteintritt *anschließenden,* kontinuierlichen Ausgestaltung der Geschäftstätigkeiten in Auslandsmärkten, in denen das Unternehmen bereits tätig ist. Im Laufe der Zeit kann das Unternehmen die gewählte Form anpassen, um ihre Erfolgspotenziale zu steigern.

3. Hinweise zur Lösung

Es existieren zahlreiche strategische Formen des Markteintritts und der Marktbearbeitung, zwischen denen eine Unternehmensleitung auswählen kann. Im Rahmen des internationalen Managements werden in Bezug auf Markteintritts- und -bearbeitungsformen in der Regel Auslandsmärkte betrachtet, nicht jedoch die Aktivitäten auf Inlandsmärkten.

4. Literaturempfehlungen

Holtbrügge, Dirk/Welge, Martin K. (2015): Internationales Management: Theorien, Funktionen, Fallstudien, 6. Aufl., Stuttgart, S. 107–136.

Kutschker, Michael/Schmid, Stefan (2011): Internationales Management, 7. Aufl., München, S. 848–854.

Perlitz, Manfred/Schrank, Randolf (2013): Internationales Management, 6. Aufl., Konstanz, S. 336–340.

Sure, Matthias (2017): Internationales Management: Grundlagen, Strategien und Konzepte, Wiesbaden, S. 86–89.

Aufgabe 2: Überblick über Markteintritts- und Marktbearbeitungsstrategien

---

Wissen, Verstehen
5 Minuten

---

1. Fragestellung

Nennen Sie wesentliche Markteintritts- und Marktbearbeitungsstrategien.

2. Lösung

Wesentliche Markteintritts- und Marktbearbeitungsstrategien sind:

- Export
- Lizenzvergabe
- Franchising
- Vertragsfertigung

- Strategische Allianz
- Joint Venture
- Minderheitsbeteiligung
- Tochtergesellschaft
- Fusion

3. Hinweise zur Lösung

Es existieren zahlreiche strategische Formen des Markteintritts und der Marktbearbeitung, zwischen denen eine Unternehmensleitung auswählen kann. Im Rahmen des internationalen Managements werden in Bezug auf Markteintritts- und -bearbeitungsformen in der Regel Auslandsmärkte betrachtet, nicht jedoch die Aktivitäten auf Inlandsmärkten. Als Markteintrittsstrategie ist im internationalen Management die Form des erstmaligen Markteintritts eines Unternehmens in einen Auslandsmarkt zu verstehen. Die Marktbearbeitungsstrategie beschreibt die Form der sich nach dem Markteintritt anschließenden, kontinuierlichen Ausgestaltung der Geschäftstätigkeiten in Auslandsmärkten, in denen das Unternehmen bereits tätig ist. Im Laufe der Zeit kann das Unternehmen die gewählte Form anpassen, um ihre Erfolgspotenziale zu steigern. Auch Kombinationen von Markteintritts- und -bearbeitungsformen sind möglich. Es gilt, dass keine der Formen grundsätzlich als vorteilhaft oder nachteilhaft einzuordnen ist.

4. Literaturempfehlungen

Holtbrügge, Dirk/Welge, Martin K. (2015): Internationales Management: Theorien, Funktionen, Fallstudien, 6. Aufl., Stuttgart, S. 107–136.

Kutschker, Michael/Schmid, Stefan (2011): Internationales Management, 7. Aufl., München, S. 848–854.

Perlitz, Manfred/Schrank, Randolf (2013): Internationales Management, 6. Aufl., Konstanz, S. 336–340.

Sure, Matthias (2017): Internationales Management: Grundlagen, Strategien und Konzepte, Wiesbaden, S. 86–89.

Aufgabe 3: Markteintritts- und -bearbeitungsformen im Vergleich

---

Wissen, Verstehen, Anwenden
15 Minuten

---

1. Fragestellung

Betrachten Sie die nachfolgende Abbildung 5.4, in welcher ausgewählte Markteintritts- und -bearbeitungsformen dargestellt sind. Teilen Sie die Formen in drei sinnvolle Kategorien ein, die voneinander klar abgegrenzt sind.

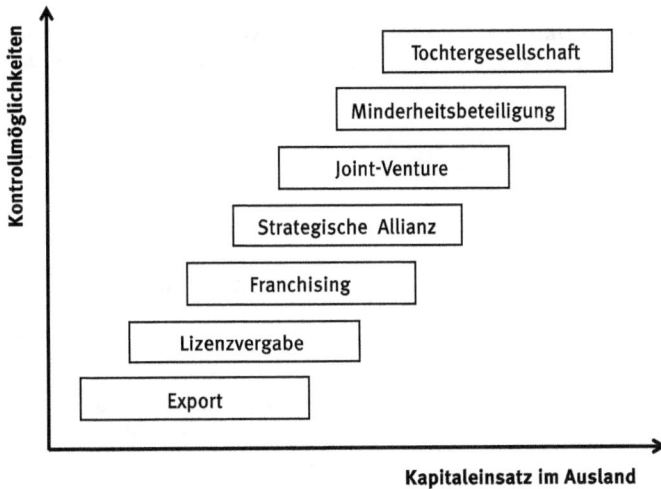

Abb. 5.4: Markteintritts- und -bearbeitungsformen im Vergleich.
Quelle: In Anlehnung an Sure 2017, S. 89.

2. Lösung

Als klar abgrenzbare Kategorien bieten sich mit folgender Einteilung an:

– Vertretung durch Dritte: Export, Lizenzvergabe und Franchising
– Kooperationen: Vertragsfertigung, Strategische Allianz und Joint Venture
– Tochtergesellschaften: Minderheitsbeteiligung oder Vollbeherrschung

3. Hinweise zur Lösung

Die Systematisierung der Markteintritts- und -bearbeitungsformen mittels der beiden Dimensionen „Kapitaleinsatz im Ausland" und „Kontrollmöglichkeiten" stellt eine typische Unterscheidung dar.

Bei der *Vertretung durch Dritte* erfolgt die Marktbearbeitung vor Ort nicht durch das Unternehmen selber, sondern durch die Geschäftätigkeit eines lokalen Vertragspartners, der rechtlich selbstständig agiert. Im Rahmen von *Kooperationen* erfolgt eine intensiviere wechselseitige Zusammenarbeit zwischen zwei oder mehr Partnerunternehmen, welche im Falle des Joint Ventures auch eine Kapitalbeteiligung umfasst. Durch die Kooperation entsteht ein eigenes, kooperationsspezifisches Geschäftsmodell. *Tochtergesellschaften* entstehen durch Neugründung oder Akquise von bzw. Fusion mit einem lokalen Unternehmen. Unterschiedliche Beteiligungsquoten bis zu 100 % sind möglich, wobei typischerweise erst ab einer Beteiligungsquote von mindestens 10 % von einer langfristig Direktinvestition ausgegangen wird.

Markteintritts- und -bearbeitungsformen ohne bzw. mit geringem Kapitaleinsatz im Ausland eignen sich vor allem für die „ersten Schritte" im Zuge einer Internationalisierung und weisen ein geringes Kapitalrisiko auf. Nachteilig ist jedoch die geringe

Kontrollmöglichkeiten, da das Unternehmen stark abhängig von den Handlungen lokaler Marktpartner im Ausland ist (z. B. vom Importeur, vom Lizenznehmer oder Franchisenehmer).

4. Literaturempfehlungen

Holtbrügge, Dirk/Welge, Martin K. (2015): Internationales Management: Theorien, Funktionen, Fallstudien, 6. Aufl., Stuttgart, S. 107–136.

Kutschker, Michael/Schmid, Stefan (2011): Internationales Management, 7. Aufl., München, S. 848–854.

Perlitz, Manfred/Schrank, Randolf (2013): Internationales Management, 6. Aufl., Konstanz, S. 336–340.

Sure, Matthias (2017): Internationales Management: Grundlagen, Strategien und Konzepte, Wiesbaden, S. 86–89.

Aufgabe 4: Zusammenfassende Betrachtung von Markteintritts- und -bearbeitungsformen

---

Wissen, Verstehen, Anwenden
10 Minuten

---

1. Fragestellung

Bitte tragen Sie bei den folgenden Aussagen ein, ob sie richtig („R") oder falsch („F") sind.

a) ☐ Die Vertretung durch Dritte ist für Unternehmen geeignet, die wenig Internationalisierungserfahrung haben.

b) ☐ Eine Vertragsfertigung ist der Markteintritts- und -bearbeitungsstrategie der Vertretung durch Dritte zuzuordnen.

c) ☐ Kombinationen von Markteintritts- und -bearbeitungsformen sind nicht zu empfehlen.

d) ☐ Markteintritts- und -bearbeitungsformen ohne bzw. mit geringem Kapitaleinsatz im Ausland ziehen eine geringe Kontrollmöglichkeit der Geschäftsaktivitäten im Auslandsmarkt nach sich.

e) ☐ Tochtergesellschaften entstehen durch Neugründung oder Akquise von bzw. Fusion mit einem lokalen Unternehmen.

f) ☐ Im Laufe der Zeit kann ein Unternehmen die gewählte Form der Marktbearbeitung anpassen, um die Erfolgspotenziale zu steigern.

g) ☐ Bei der Kooperation erfolgt die Marktbearbeitung vor Ort nicht durch das Unternehmen selber, sondern durch die Geschäftstätigkeit eines lokalen Vertragspartners, der rechtlich selbstständig agiert.

h) ☐ Die Markteintritts- und -bearbeitungsformen sollten u. a. in Abhängigkeit des möglichen Kapitaleinsatzes und des Wunsches nach Kontrollmöglichkeiten gewählt werden.

2. Lösung

Die Lösung sieht wie folgt aus:

a) R Die Vertretung durch Dritte ist für Unternehmen geeignet, die wenig Internationalisierungserfahrung haben.

b) F Eine Vertragsfertigung ist der Markteintritts- und -bearbeitungsstrategie der Vertretung durch Dritte zuzuordnen.

c) F Kombinationen von Markteintritts- und -bearbeitungsformen sind nicht zu empfehlen.

d) R Markteintritts- und -bearbeitungsformen ohne bzw. mit geringem Kapitaleinsatz im Ausland ziehen eine geringe Kontrollmöglichkeit der Geschäftsaktivitäten im Auslandsmarkt nach sich.

e) R Tochtergesellschaften entstehen durch Neugründung oder Akquise von bzw. Fusion mit einem lokalen Unternehmen.

f) R Im Laufe der Zeit kann ein Unternehmen die gewählte Form der Marktbearbeitung anpassen, um die Erfolgspotenziale zu steigern.

g) F Bei der Kooperation erfolgt die Marktbearbeitung vor Ort nicht durch das Unternehmen selber, sondern durch die Geschäftstätigkeit eines lokalen Vertragspartners, der rechtlich selbstständig agiert.

h) R Die Markteintritts- und -bearbeitungsformen sollten u. a. in Abhängigkeit des möglichen Kapitaleinsatzes und des Wunsches nach Kontrollmöglichkeiten gewählt werden.

3. Hinweise zur Lösung

Weitere Erläuterungen zum Verständnis, warum die Antworten richtig oder falsch sind, finden sich in den Lösungen und Lösungshinweisen der Aufgaben 1–3 dieses Abschnitts.

4. Literaturempfehlungen

Holtbrügge, Dirk/Welge, Martin K. (2015): Internationales Management: Theorien, Funktionen, Fallstudien, 6. Aufl., Stuttgart, S. 107–136.

Kutschker, Michael/Schmid, Stefan (2011): Internationales Management, 7. Aufl., München, S. 848–854.

Perlitz, Manfred/Schrank, Randolf (2013): Internationales Management, 6. Aufl., Konstanz, S. 336–340.

Sure, Matthias (2017): Internationales Management: Grundlagen, Strategien und Konzepte, Wiesbaden, S. 86–89.

Aufgabe 5: Export

Wissen, Verstehen

10 Minuten

---

1. Fragestellung

a) Definieren Sie den Begriff „Export".

b) Vervollständigen Sie die nachfolgende Abbildung 5.5 in den leeren Kästchen, um die Unterschiede zwischen direktem und indirektem Export darzustellen.

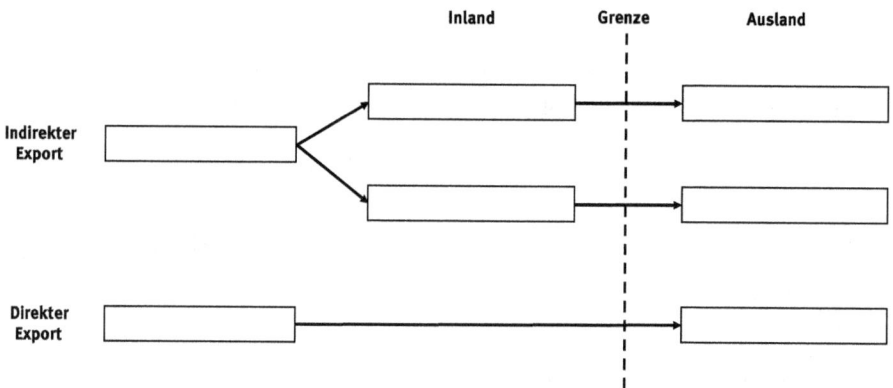

Abb. 5.5: Formen des Exports (zum Ausfüllen).
Quelle: Eigene Darstellung.

2. Lösung

a) Export ist der Absatz von Gütern oder Dienstleistungen eines inländischen Herstellers in fremden Wirtschaftsgebieten.

b) Ausgefüllte Abbildung 5.6:

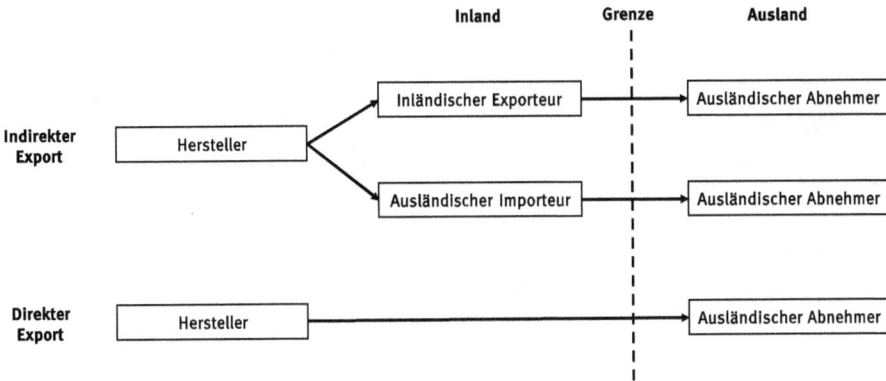

Abb. 5.6: Formen des Exports.
Quelle: Holtbrügge/Welge 2015, S. 111.

3. Hinweise zur Lösung

Beim direkten Export wird ohne Zusammenarbeit mit einem Intermediär (Zwischenhändler) ein direkter Absatz an einen ausländischen Abnehmer (Kunden) vorgenommen. Der indirekte Export kann in zwei Varianten stattfinden. In beiden Fällen erfolgt der Absatz nicht direkt an den Kunden sondern über einen Intermediär. Nachteilhaft ist aus Sicht des Herstellers z. B. der mangelnde direkte Kundenkontakt, vorteilhaft hingegen z. B. ein geringerer Ressourceneinsatz. Eine vollständige Übersicht der jeweiligen Vor- und Nachteile kann in der angegebenen Literatur nachgeschlagen werden.

4. Literaturempfehlungen

Holtbrügge, Dirk/Welge, Martin K. (2015): Internationales Management: Theorien, Funktionen, Fallstudien, 6. Aufl., Stuttgart, S. 107–136.

Kutschker, Michael/Schmid, Stefan (2011): Internationales Management, 7. Aufl., München, S. 855–865.

Perlitz, Manfred/Schrank, Randolf (2013): Internationales Management, 6. Aufl., Konstanz, S. 336–340.

Sure, Matthias (2017): Internationales Management: Grundlagen, Strategien und Konzepte, Wiesbaden, S. 89–90.

Aufgabe 6: Lizenzvergabe

Wissen, Verstehen
10 Minuten

---

1. Fragestellung
a) Definieren Sie den Begriff „Lizenzvergabe"
b) Nennen Sie mögliche Objekte der Lizenzierung.

2. Lösung
a) Die Lizenzvergabe basiert im Rahmen des internationalen Managements auf einem vertraglichen Abkommen, bei dem ein inländischer Lizenzgeber intangible Vermögenswerte einem ausländischen Lizenznehmer unter vereinbarten Vertragsbedingungen zur Verfügung stellt.
b) Objekte der Lizenzierung sind intangible Vermögenswerte. Zu ihnen zählen:
   – Patente
   – Gebrauchsmuster
   – Geschmacksmuster
   – Warenzeichen (Marken)
   – Urheberrechte
   – Technisches Wissen
   – Kaufmännisches Wissen

3. Hinweise zur Lösung
Lizenzvergabe eignet sich vor allem für Markteintritts- und -bearbeitungsstrategien im Falle von Forschung und Entwicklung, Produktion und Vertrieb. Mehrere intangible Vermögenswerte können auch in Kombination Gegenstand eines Lizenzvertrags sein. Lizenzen können verschiedenen Restriktionen unterliegen, z. B. geographisch, zeitlich, sachlich oder hinsichtlich ihrer Exklusivität. Als Zahlungen kommen sowohl Pauschalzahlungen sowie auch laufende Gebühren. Eine Übersicht der jeweiligen Vor- und Nachteile kann in der angegebenen Literatur nachgeschlagen werden.

4. Literaturempfehlungen
Holtbrügge, Dirk/Welge, Martin K. (2015): Internationales Management: Theorien, Funktionen, Fallstudien, 6. Aufl., Stuttgart, S. 107–136.

Kutschker, Michael/Schmid, Stefan (2011): Internationales Management, 7. Aufl., München, S. 866–874.

Perlitz, Manfred/Schrank, Randolf (2013): Internationales Management, 6. Aufl., Konstanz, S. 336–340.

Sure, Matthias (2017): Internationales Management: Grundlagen, Strategien und Konzepte, Wiesbaden, S. 90–91.

Aufgabe 7: Franchising

Wissen, Verstehen
20 Minuten

---

1. Fragestellung

a) Definieren Sie den Begriff „Franchising".

b) Beschreiben Sie, was Gegenstand eines Franchisingvertrags sein kann.

c) Nennen Sie prominente Beispiele.

2. Lösung

a) „Als Franchising wird die vertikale Kooperation zwischen rechtlich selbstständigen Unternehmen auf der Basis eines Dauerschuldverhältnisses bezeichnet." (Holtbrügge/Welge 2015, S. 110). Im Rahmen des internationalen Managements bedeutet dies, dass ein inländischer Franchisegeber einen Vertrag mit einem ausländischen Franchisenehmer eingeht.

b) Gegenstand eines Franchisingvertrags zumeist ein existentes Geschäftsmodell im Sinne eines unternehmerischen Gesamtkonzepts. Die englischsprachige Literatur wählt dazu auch oft die Bezeichnungen des „Business Package".

c) Bekannte Beispiele finden sich etwa in der Systemgastronomie, wie z. B.. McDonalds, Subway, Pizza Hut. Auch in anderen Branchen, wie etwa der Hotellerie (z. B.. Accor) oder dem Einzelhandel (z. B.. The Body Shop) wird Franchising als Marktbearbeitungsstrategie verwendet.

3. Hinweise zur Lösung

Für viele Unternehmen ist die Rolle des Franchisegebers eine ideale Markteintritts- und -bearbeitungsform, da sie mit lokalen Partnern, die eigenes unternehmerisches Risiko eingehen, ein schnelles Wachstum realisieren können. Für den Franchisenehmer bietet sich die Chance, an einem erprobten Geschäftsmodell zu partizipieren. Eine umfassende Übersicht weiterer Vor- und Nachteile kann in der angegebenen Literatur nachgeschlagen werden.

4. Literaturempfehlungen

Holtbrügge, Dirk/Welge, Martin K. (2015): Internationales Management: Theorien, Funktionen, Fallstudien, 6. Aufl., Stuttgart, S. 107–136.

Kutschker, Michael/Schmid, Stefan (2011): Internationales Management, 7. Aufl., München, S. 875–880.

Perlitz, Manfred/Schrank, Randolf (2013): Internationales Management, 6. Aufl., Konstanz, S. 336–340.

Sure, Matthias (2017): Internationales Management: Grundlagen, Strategien und Konzepte, Wiesbaden, S. 91–92.

Aufgabe 8: Strategische Allianz

Wissen, Verstehen
20 Minuten

---

1. Fragestellung

a) Erläutern Sie die Grundzüge der „Strategische Allianz".

b) Nennen Sie Vor- und Nachteile der Strategischen Allianz als Markteintritts- und -bearbeitungsform.

c) Nennen Sie prominente Beispiele.

2. Lösung

a) Eine strategische Allianz ist eine vertragsbasierte Form der Zusammenarbeit zwischen mindestens zwei Partnerunternehmen in einem genau definierten Bereich. In diesem Bereich erfolgt eine gemeinsame Leistungserstellung. Die Partnerunternehmen können dabei in anderen Bereichen weiterhin Konkurrenten bleiben. Auf eine Kapitalbeteiligung oder die Gründung eines Gemeinschaftsunternehmens wird verzichtet.

b) Wesentliche Vor- und Nachteile sind:

Tab. 5.1: Vor- und Nachteile der Strategischen Allianz.
Quelle: In Anlehnung an Kutschker/Schmid 2011, S. 885–901.

Vorteile	Nachteile
– Erreichung von Größeneffekten (Economies of Scale) – Erreichen von Verbundeffekten (Economies of Scope) – Teilen von Risiken – Beschleunigung des Markteintritts	– Umsetzungsmöglichkeiten ggf. eingeschränkt durch Wettbewerbs- und Kartellrecht – Hohe Abstimmungsbedarf zwischen den Partnerunternehmen – Gefahr von Wissensabflüssen – Wahrung der Balance zwischen Kooperation und Konkurrenz – Erschwerte Zurechnung von (Miss)erfolg – Falsche Partnerwahl – Managementaufwand

c) Bekannte Beispiele aus der Unternehmenspraxis finden sich im Bereich der Luftfahrt (z. B. Star Alliance, Oneworld, SkyTeam als führende Netzwerke von Fluggesellschaften) oder auch im Automobilbereich (z. B. gemeinsame Entwicklung einer Fahrzeugplattform durch BMW und Daimler).

3. Hinweise zur Lösung

Strategische Allianzen verzichten zwar auf eine Kapitalbeteiligung und werden damit häufig als weniger stabil und kürzer in ihrer Lebensdauer beschrieben. Dies sollte nicht generalisiert werden. Während eine strategische Allianz einerseits einen zeitlich befristeten Projektcharakter tragen kann (z. B. in der F&E oder bei der Produktentwicklung), vermag sie alternativ auf unbestimmte Zeit und sehr langfristig angelegt sein. Letzteres wird durch die strategischen Allianzen in der Luftfahrtbranche im Grundsatz verdeutlicht: Die Allianz an sich ist langfristig angelegt, gleichzeitig variiert die Zusammensetzung der Mitgliedsairlines im Laufe der Zeit.

4. Literaturempfehlungen

Holtbrügge, Dirk/Welge, Martin K. (2015): Internationales Management: Theorien, Funktionen, Fallstudien, 6. Aufl., Stuttgart, S. 107–136.

Kutschker, Michael/Schmid, Stefan (2011): Internationales Management, 7. Aufl., München, S. 885–901.

Perlitz, Manfred/Schrank, Randolf (2013): Internationales Management, 6. Aufl., Konstanz, S. 336–340.

Sure, Matthias (2017): Internationales Management: Grundlagen, Strategien und Konzepte, Wiesbaden, S. 93–94.

Aufgabe 9: Joint Venture

Wissen, Verstehen
20 Minuten

1. Fragestellung

a) Definieren Sie den Begriff „Joint Venture".

b) Nennen Sie Vor- und Nachteile des Joint Ventures als Markteintritts- und -bearbeitungsform.

2. Lösung

a) Ein Joint Venture ist die Neugründung eines Gemeinschaftsunternehmens durch zwei oder mehr Partnerunternehmen.

b) Wesentliche Vor- und Nachteile sind:

Tab. 5.2: Vor- und Nachteile des Joint Ventures.
Quelle: In Anlehnung an Kutschker/Schmid 2011, S. 885–901.

Vorteile	Nachteile
– Alternative zu direktinvestivem Alleingang, insbesondere durch Reduzierung des Kapitalbedarfs	– Umsetzungsmöglichkeiten ggf. eingeschränkt durch Wettbewerbs- und Kartellrecht
– Beschleunigung des Markteintritts	– Risiko von Zielkonflikten, Unstimmigkeiten und langwierigen Entscheidungen
– Nutzung von Marktkenntnissen eines lokalen Partnerunternehmens	– Hoher Koordinationsaufwand
– Erreichung von Größenvorteilen (Economies of Scale) und Verbundvorteilen (Economies of Scope)	– Eingeschränkte Integrationsmöglichkeit in denen eigenen Unternehmensverbund
	– Problematische Erfolgsmessung
– Teilen von Risiken	– Teilung von Gewinnen
– Lernen vom Partnerunternehmen	– Wissensabfluss und damit indirekter Aufbau eines späteren lokalen Konkurrenten
	– Falsche Partnerwahl

3. Hinweise zur Lösung

Joint Ventures stellen eine sehr typische und weit verbreitete Form der Internationalisierung auf Auslandsmärkten dar. Durch die Gründung eines Gemeinschaftsunternehmens mittels Kapitalbeteiligung und erheblichen Beiträgen in Form von Managementarbeit ist ein Joint Venture langfristig angelegt. Eine typische Kombination besteht daraus, dass ein Partnerunternehmen Know-how in Form von technischem Wissen oder Produktwissen einbringt, der andere Partner hingegen liefert lokale Produktionskapazitäten oder Vertriebszugänge im Auslandsmarkt. Auch in der Forschung und Entwicklung werden Joint Ventures oftmals etabliert. Joint Ventures werden auch häufig zum Markteintritt in Schwellen- oder Entwicklungsländern genutzt.

4. Literaturempfehlungen

Holtbrügge, Dirk/Welge, Martin K. (2015): Internationales Management: Theorien, Funktionen, Fallstudien, 6. Aufl., Stuttgart, S. 107–136.

Kutschker, Michael/Schmid, Stefan (2011): Internationales Management, 7. Aufl., München, S. 885–901.

Perlitz, Manfred/Schrank, Randolf (2013): Internationales Management, 6. Aufl., Konstanz, S. 336–340.

Sure, Matthias (2017): Internationales Management: Grundlagen, Strategien und Konzepte, Wiesbaden, S. 92–93.

Aufgabe 10: Minderheitsbeteiligung

Wissen, Verstehen
10 Minuten

1. Fragestellung

a) Erläutern Sie den Begriff der „Minderheitsbeteiligung" indem Sie auch auf Beteiligungsquoten eingehen.

b) Nennen Sie Vor- und Nachteile der Minderheitsbeteiligung als Markteintritts- und -bearbeitungsform.

2. Lösung

a) Eine Minderheitsbeteiligung besteht, wenn ein inländisches Unternehmen eine Beteiligung an einem ausländischen Unternehmen erwirbt, ohne dieses Unternehmen damit zu beherrschen. Somit liegt eine Minderheitsbeteiligung dann vor, wenn maximal 49,9 % an Kapital oder Stimmrechten gehalten werden. Liegt die Beteiligung bei maximal 25 % handelt es sich um eine Minoritätsbeteiligung. Eine Beteiligung zwischen 25 % und 49,9 % wird als Sperrminorität bezeichnet.

b) Wesentliche Vor- und Nachteile sind:

Tab. 5.3: Vor- und Nachteile der Minderheitsbeteiligung.
Quelle: In Anlehnung an Kutschker/Schmid 2011, S. 902–904.

Vorteile	Nachteile
– Sicherung eines frühzeitigen Einstiegs bei einem ausländischen Unternehmen	– Beteiligung nur möglich, wenn Liquidität vorhanden ist
– Möglichkeit des „Kennenlernens" und anschließender Erhöhung der Beteiligungsquote oder vollständige Übernahme	– Beitrag finanzieller oder personeller Ressourcen zur Sanierung im Falle einer Krise
– Abhalten von Wettbewerbern	– Eingeschränkte Einflussnahme auf strategische und operative Entscheidungen
– Möglichkeit des Markteintritts bzw. der Marktbearbeitung, wenn rechtliche, finanzielle oder politische Gründe eine Mehrheitsbeteiligung ausschließen	– Andere Anteilseigner können zu Mehrheitseigner werden

3. Hinweise zur Lösung

Eine anteilige Beteiligung an einem ausländischen Unternehmen stellt ein probates Mittel für den Ersteinstieg dar. Je nach Eigentümerstruktur und Rechtsform kann der Anteil zu einem späteren Zeitpunkt ausgebaut oder auch wieder reduziert werden.

4. Literaturempfehlungen

Holtbrügge, Dirk/Welge, Martin K. (2015): Internationales Management: Theorien, Funktionen, Fallstudien, 6. Aufl., Stuttgart, S. 107–136.

Kutschker, Michael/Schmid, Stefan (2011): Internationales Management, 7. Aufl., München, S. 902–904.

Perlitz, Manfred/Schrank, Randolf (2013): Internationales Management, 6. Aufl., Konstanz, S. 336–340.

Sure, Matthias (2017): Internationales Management: Grundlagen, Strategien und Konzepte, Wiesbaden, S. 94–95.

Aufgabe 11: Vollbeherrschte Tochtergesellschaft

Wissen, Verstehen

5 Minuten

1. Fragestellung

a) Erläutern Sie, was unter einer „vollbeherrschten Tochtergesellschaft" zu verstehen ist.

b) Nennen Sie Varianten zur Etablierung von Tochtergesellschaften.

2. Lösung

a) Eine vollbeherrschte Tochtergesellschaft ist dann gegeben, wenn die Beteiligung in Form von Kapital und Stimmrechten durch die Muttergesellschaft 100 % beträgt. Dadurch kann die Muttergesellschaft vollständigen unternehmerischen Führungs- und Kontrolleinfluss auf sämtliche Geschäftsaktivitäten ausüben. Im internationalen Kontext stehen dabei die Rechtsformen zur Auswahl, die im Gastland rechtlich möglich sind.

b) Varianten zur Etablierung von Tochtergesellschaften sind:
   - Neugründung einer Gesellschaft im ausländischen Markt (sog. „Greenfield Approach")
   - Akquisition einer bestehenden ausländischen Gesellschaft (sog. „Brownfield Approach")

3. Hinweise zur Lösung

Rechtlich unselbständige Auslandseinheiten (z. B. Betriebsstätten, Niederlassungen, Filialen oder Repräsentanzen) sind für viele Unternehmen nicht oder nicht dauerhaft attraktiv. Dies liegt vor allem darin begründet, dass die Imagewirkung bei lokalen Geschäftspartnern leidet. Oftmals machen auch lokale rechtliche Rahmenbedingungen die Gründung einer rechtlich selbständigen Gesellschaft notwendig. Die vollbeherrschte Tochtergesellschaft ermöglicht es dem Unternehmen, die Geschäftstätigkeit in den Unternehmensverbund „passgenau" zu integrieren. Vorteile der Neugründung liegen vor allem in der strategischen und strukturellen Flexibilität und in der leichten Integrierbarkeit. Auch ist es möglich, z. B.. eine Produktionsstätte mit neuster Technologie auszustatten. Für eine Akquisition spricht z. B.. der meist schnellere Markteintritt im Vergleich zur Neugründung und die weitergehende Nutzung von Mitarbeiter Know-how und von Geschäftskontakten zu Lieferanten und Kunden. Eine umfassende Übersicht der Vor- und Nachteile, auch der unter b) behandelten Varianten kann in der angegebenen Literatur nachgeschlagen werden.

4. Literaturempfehlungen

Holtbrügge, Dirk/Welge, Martin K. (2015): Internationales Management: Theorien, Funktionen, Fallstudien, 6. Aufl., Stuttgart, S. 107–136.

Kutschker, Michael/Schmid, Stefan (2011): Internationales Management, 7. Aufl., München, S. 905–922.

Perlitz, Manfred/Schrank, Randolf (2013): Internationales Management, 6. Aufl., Konstanz, S. 336–340.

Sure, Matthias (2017): Internationales Management: Grundlagen, Strategien und Konzepte, Wiesbaden, S. 94–95.

Aufgabe 12: Fusion

Wissen, Verstehen
20 Minuten

---

1. Fragestellung

a) Erläutern Sie, was unter der Markteintritts- und -bearbeitungsstrategie der „Fusion" zu verstehen ist.

b) Nennen Sie zwei grundlegende Arten von Fusionen.

c) Nennen Sie Vor- und Nachteile der Fusion als Markteintritts- und -bearbeitungsform.

2. Lösung

a) Eine internationale Fusion bezeichnet ein Zusammenschluss eines inländischen Unternehmens mit einem ausländischen Unternehmen.

b) Zwei grundlegende Arten von Fusionen sind:
   - Fusion durch Aufnahme: Eines der beiden Unternehmen verliert seine Identität und wird in das andere Unternehmen integriert.
   - Fusion durch Neubildung: Beide Unternehmen verlieren ihre ursprüngliche Identität zugunsten eines neuen Unternehmens.

c) Wesentliche Vor- und Nachteile sind:

Tab. 5.4: Vor- und Nachteile der Minderheitsbeteiligung.
Quelle: In Anlehnung an Kutschker/Schmid 2011, S. 923–926.

Vorteile	Nachteile
– Erreichung von Größenvorteilen (Economies of Scale) oder Verbundvorteilen (Economies of Scope) – Erreichen einer Monopolstellung im Markt – „Empire-Building"-Motiv der Unternehmensleitung	– Umsetzungsmöglichkeiten ggf. eingeschränkt durch Wettbewerbs- und Kartellrecht – Berücksichtigung von ggf. differierenden länderspezifischen rechtlichen Rahmenbedingungen – Interesse für einen Zusammenschluss muss in beiden Unternehmen gegeben sein – Wahl des falschen Partners und hohe Kosten einer späteren Trennung – Integrationsarbeit und damit ggf. verbundene Probleme (z. B. Prozesse, Systeme, Strukturen, Kultur) sowie damit verbundene Kosten

3. Hinweise zur Lösung

Fusionen sind oftmals von hoher Medien- und Öffentlichkeitsaufmerksam geprägt. Viele Fusionen scheitern jedoch an den genannten Nachteilen. Im internationalen Kontext sind hier häufig kulturelle Unterschiede ausschlaggebend, was in einer oft festzustellenden „Merger-Euphorie" anfangs nicht an die Oberfläche gerät und sich erst im Zeitablauf als Hemmschuh, der schwer „zu managen" ist herausstellt.

4. Literaturempfehlungen

Holtbrügge, Dirk/Welge, Martin K. (2015): Internationales Management: Theorien, Funktionen, Fallstudien, 6. Aufl., Stuttgart, S. 107–136.

Kutschker, Michael/Schmid, Stefan (2011): Internationales Management, 7. Aufl., München, S. 923–926.

Müller-Stewens, Günter (2016): Mergers & Acquisitions: Eine Einführung, in: Müller-Stewens, Günter/Kunisch, Sven/Binder, Andreas (Hrsg.), Mergers & Acquisitions: Handbuch für Strategen, Analysten, Berater und Juristen, 2. Aufl., Stuttgart, S. 3–13.

Perlitz, Manfred/Schrank, Randolf (2013): Internationales Management, 6. Aufl., Konstanz, S. 336–340.

Steinle, Claus/Eichenberg, Timm/Weber-Rymkovska, Julia (2016): Cultural Due Diligence als Erfolgsfaktor für internationale M&A-Transaktionen Konzept, Praxisschlaglicht und Empfehlungen, in: Müller-Stewens, Günter/Kunisch, Sven/Binder, Andreas (Hrsg.), Mergers & Acquisitions: Handbuch für Strategen, Analysten, Berater und Juristen, 2. Aufl., Stuttgart, S. 400–413.

5.4 Wahl des Markteintrittszeitpunktes

Aufgabe 1: Länderspezifische Timingstrategien

Wissen, Verstehen, Anwenden
30 Minuten

1. Fragestellung

a) Erläutern Sie die beiden wesentlichen länderspezifischen Strategien zur Wahl des Markteintrittszeitpunktes

b) Welche Vor- und Nachteile haben die beiden Strategien jeweils?

2. Lösung

a) Es gibt zwei zentrale länderspezifische Timingstrategien:

- *Pionierstrategie*: Hier tritt ein Unternehmen als erstes ausländisches Unternehmen in einen Markt ein. Die Strategie wird auch als „First-Mover-Strategie" bezeichnet. Diese Vorgehensweise kann nur gegenüber internationalen Konkurrenzunternehmen angewendet werden, da im betrachteten Auslandsmarkt in der Regel schon nationale (inländische) Konkurrenten tätig sind.

- *Folgerstrategie*: Hier tritt ein Unternehmen zu einem späteren Zeitpunkt in einen Auslandsmarkt ein und zwar dann, wenn internationale Konkurrenzunternehmen den Markt bereits bearbeiten. Das betrachtete Unternehmen findet dann im Auslandsmarkt sowohl die internationale als auch die nationale Konkurrenz vor.

b) Wesentliche Vor- und Nachteile der Pionierstrategie sind:

Tab. 5.5: Vor- und Nachteile der Pionierstrategie.
Quelle: In Anlehnung an Kutschker/Schmid 2011, S. 986–997.

Vorteile	Nachteile
– Bekanntheitsvorsprung	– Hohe Kosten der Markterschließung
– Schnelleres Lernen	– Gefahr von Imitationseffekten
– Rekrutierung der besten Mitarbeiter	– Gefahr von „Free-Rider-Effekten" durch Folger
– Aufbau von Beziehungen in Netzwerke, zu Lieferanten etc.	– Überschätzung des Marktpotenzials
– Aufbau einer Kundenbasis und Sicherung von Kundenbindung	– Fehleinschätzung von Rahmenbedingungen des Marktes
– Durchsetzen von Standards	
– Abschöpfen von Monopol-/Pioniergewinnen	

Wesentliche Vor- und Nachteile der Folgerstrategie sind:

Tab. 5.6: Vor- und Nachteile der Pionierstrategie.
Quelle: In Anlehnung an Kutschker/Schmid 2011, S. 986–997.

Vorteile	Nachteile
– Lernen von den Fehlern des Pioniers – Profitieren von einem stabileren Umfeld – Zuverlässigere Informationen über den Markt – Partizipation an einem stark wachsenden Markt – Übernahme bereits gesetzter Standards	– Überwindung der durch den Pionier gesetzten Markteintrittsbarrieren – Vertrauensaufbau bei potenziellen Kunden und Mitarbeitern – Aufbrechen bestehender Geschäftsbeziehungen des Pioniers – Einklinken in bestehende Netzwerke – Einholen des Erfahrungsvorsprungs des Pioniers – Größenvorteile des Pioniers ausgleichen

3. Hinweise zur Lösung

Beide Strategiealternativen sind legitime Vorgehensweisen mit ihren spezifischen Vor- und Nachteilen. Die Vorteilhaftigkeit hängt vor allem von der Unternehmensgröße und den zur Verfügung stehenden Ressourcen ab. Kleine Unternehmen profitieren oftmals von der Pionierstrategie, während größere, und damit oft etablierte Unternehmen über die Finanzkraft verfügen, eine Folgerstrategie erfolgreich zu beschreiten. Allerdings ist auch zu berücksichtigen, dass mit der Wahl des Markteintrittszeitpunkt der Wettbewerb und die „Aufteilung" des Zielmarktes keineswegs festgeschrieben ist.

4. Literaturempfehlungen

Holtbrügge, Dirk/Welge, Martin K. (2015): Internationales Management: Theorien, Funktionen, Fallstudien, 6. Aufl., Stuttgart, S. 134–136.

Kutschker, Michael/Schmid, Stefan (2011): Internationales Management, 7. Aufl., München, S. 986–997.

Sure, Matthias (2017): Internationales Management: Grundlagen, Strategien und Konzepte, Wiesbaden, S. 95–98.

Aufgabe 2: Länderübergreifende Timingstrategien

Wissen, Verstehen
10 Minuten

1. Fragestellung

Bitte tragen Sie bei den folgenden Aussagen ein, ob sie richtig („R") oder falsch („F")
sind.

a) ☐ Die Wasserfallstrategie bezeichnet einen sukzessiven Eintritt in verschiedene Ländermärkte.

b) ☐ Die Wasserfallstrategie kann nur angewendet werden, wenn eine hohe Kapitalausstattung vorhanden ist.

c) ☐ Die Wasserfallstrategie birgt das Risiko, dass ein Unternehmen zu spät in den Markt eintritt.

d) ☐ Die Sprinklerstrategie birgt das Risiko, dass ein Unternehmen zu spät in den Markt eintritt.

e) ☐ Mit der Sprinklerstrategie können Pioniervorteile gesichert werden.

f) ☐ Mit der Sprinklerstrategien können Fixkosten schneller amortisiert werden.

g) Die Sprinklerstrategie ermöglicht einen optimalen Wissenstransfer.

h) ☐ Die kombinierte Wasserfall-Sprinkler-Strategie eignet sich dann, wenn einige Ländermärkte als ähnlich beurteilt werden.

2. Lösung

a) R Die Wasserfallstrategie bezeichnet einen sukzessiven Eintritt in verschiedene Ländermärkte.

b) F Die Wasserfallstrategie kann nur angewendet werden, wenn eine hohe Kapitalausstattung vorhanden ist.

c) R Die Wasserfallstrategie birgt das Risiko, dass ein Unternehmen zu spät in den Markt eintritt.

d) F Die Sprinklerstrategie birgt das Risiko, dass ein Unternehmen zu spät in den Markt eintritt.

e) R Mit der Sprinklerstrategie können Pioniervorteile gesichert werden.

f) **R** Mit der Sprinklerstrategien können Fixkosten schneller amortisiert werden.

g) **F** Die Sprinklerstrategie ermöglicht einen optimalen Wissenstransfer.

h) **R** Die kombinierte Wasserfall-Sprinkler-Strategie eignet sich dann, wenn einige Ländermärkte als ähnlich beurteilt werden.

3. Hinweise zur Lösung

Nachfolgende Hinweise beziehen sich auf die als „falsch" zu beurteilenden Fragen. Zu b): Die Wasserfallstrategie ist insbesondere geeignet, um bei beschränkten Kapitalressourcen Schritt für Schritt in Märkte einzutreten. Zu d): Die Sprinklerstrategie ermöglicht einen frühen Eintritt in Märkte, da dieser mehr oder weniger zeitgleich erfolgt. Zu g): Da der Markteintritt simultan erfolgt, ist es schwierig, aus Erfahrungen oder Fehlern, die in einem Markt gemacht wurden, für andere Märkte zu lernen und diese dort zu vermeiden.

4. Literaturempfehlungen

Holtbrügge, Dirk/Welge, Martin K. (2015): Internationales Management: Theorien, Funktionen, Fallstudien, 6. Aufl., Stuttgart, S. 134–136.
Kutschker, Michael/Schmid, Stefan (2011): Internationales Management, 7. Aufl., München, S. 986–997.
Sure, Matthias (2017): Internationales Management: Grundlagen, Strategien und Konzepte, Wiesbaden, S. 95–98.

5.5 Konfigurations- und Leistungsstrategien

Aufgabe 1: Konfigurationsstrategien: Zentralisierung und Dezentralisierung

---

Wissen, Verstehen
10 Minuten

---

1. Fragestellung

Erläutern Sie die die Zentralisierungsstrategie und die Dezentralisierungsstrategie.

2. Lösung

Die beiden Strategien sind dem Themenfeld der Konfigurationsstrategie zuzuordnen. Es geht um die Frage, wie Wertschöpfungsaktivitäten geographisch verortet werden. Eine *Zentralisierungsstrategie* liegt dann vor, wenn sämtliche Wertschöpfungsaktivitäten an einem Standort ausgeübt werden. Dies ist in der Regel der Stammsitz im Heimatland. Eine *Dezentralisierungsstrategie* hingegen streut sämtliche Wertschöpfungsaktivitäten derart, dass in jedem einzelnen Ländermarkt die komplette Wertschöpfungskette abgebildet wird.

3. Hinweise zur Lösung

Die Zentralisierungsstrategie und die Dezentralisierungsstrategie bezeichnen dabei Extremausprägungen bzw. Grundformen, in der Praxis sind Mischformen zu beobachten. Es handelt sich somit um ein Kontinuum, dessen Endpunkte durch die beiden Begriffe beschrieben werden. Eine reine Zentralisierung ist in internationalen Unternehmen kaum praktisch umsetzbar, da meist irgendeine Wertschöpfungsaktivität per Definition an einem Auslandsstandort erbracht wird. Eine Ausnahme stellt der indirekte Export dar.

4. Literaturempfehlungen

Holtbrügge, Dirk/Welge, Martin K. (2015): Internationales Management: Theorien, Funktionen, Fallstudien, 6. Aufl., Stuttgart, S. 144–147.

Kutschker, Michael/Schmid, Stefan (2011): Internationales Management, 7. Aufl., München, S. 998–1014.

Sure, Matthias (2017): Internationales Management: Grundlagen, Strategien und Konzepte, Wiesbaden, S. 98–104.

Aufgabe 2: Leistungsstrategien: Standardisierung und Differenzierung

Wissen, Verstehen
10 Minuten

1. Fragestellung

Bitte tragen Sie bei den folgenden Aussagen ein, ob sie richtig („R") oder falsch („F") sind.

a) ☐ Die Standardisierung von Produkten über Ländermärkte hinweg führt zu schnelleren Kostendegressionseffekten.

b) ☐ Durch die Standardisierung von Produkten kann die Qualität leiden.

c) ☐ Eine Standardisierung der Kommunikationspolitik ist immer anzustreben, da ein einheitliches Auftreten auf dem Weltmarkt wichtiger ist als die Berücksichtigung kultureller Faktoren.

d) ☐ Eine Standardisierung der Distributionspolitik führt zu Kostenreduzierungen.

e) ☐ Eine Differenzierung im Rahmen der Produktpolitik ermöglicht eine kulturelle Adaption an den Ländermarkt.

f) ☐ Eine Differenzierung der Kommunikationspolitik ist immer anzustreben, da eine Berücksichtigung kultureller Faktoren wichtiger ist, als ein einheitliches Auftreten auf dem Weltmarkt.

g) ☐ Eine Differenzierung der Distributionspolitik führt zu Kostenreduzierungen.

h) ☐ Eine Differenzierung der Preispolitik ermöglicht eine kulturelle Adaption an den Ländermarkt.

2. Lösung

a) R Die Standardisierung von Produkten über Ländermärkte hinweg führt zu schnelleren Kostendegressionseffekten.

b) F Durch die Standardisierung von Produkten kann die Qualität leiden.

c) F Eine Standardisierung der Kommunikationspolitik ist immer anzustreben, da ein einheitliches Auftreten auf dem Weltmarkt wichtiger ist als die Berücksichtigung kultureller Faktoren.

d) R Eine Standardisierung der Distributionspolitik führt zu Kostenreduzierungen.

e) R Eine Differenzierung im Rahmen der Produktpolitik ermöglicht eine kulturelle Adaption an den Ländermarkt.

f) F Eine Differenzierung der Kommunikationspolitik ist immer anzustreben, da eine Berücksichtigung kultureller Faktoren wichtiger ist, als ein einheitliches Auftreten auf dem Weltmarkt.

g) F Eine Differenzierung der Distributionspolitik führt zu Kostenreduzierungen.

h) R Eine Differenzierung der Preispolitik ermöglicht eine kulturelle Adaption an den Ländermarkt.

3. Hinweise zur Lösung

Nachfolgende Hinweise beziehen sich auf die als „falsch" zu beurteilenden Fragen. Zu b): Eine Standardisierung führt nicht unbedingt zu niedrigerer Qualität, da davon ausgegangen werden kann, dass die weltweit besten Ideen in die Produkte einfließen. Zu c) und f): Es handelt sich eine Abwägung, die branchenabhängig unterschiedlich zu beantworten ist. Zu g): Eine Differenzierung der Distributionspolitik führt in der

Regel zu Kostensteigerungen, da eine Anpassung an landesübliche Vertriebskanäle Größenvorteile reduziert.

4. Literaturempfehlungen

Holtbrügge, Dirk/Welge, Martin K. (2015): Internationales Management: Theorien, Funktionen, Fallstudien, 6. Aufl., Stuttgart, S. 144–147.

Kutschker, Michael/Schmid, Stefan (2011): Internationales Management, 7. Aufl., München, S. 998–1014.

Sure, Matthias (2017): Internationales Management: Grundlagen, Strategien und Konzepte, Wiesbaden, S. 98–104.

5.6 Koordinationsstrategien

Aufgabe 1: Grundformen von Koordinationsstrategien internationaler Unternehmen

Wissen, Verstehen
15 Minuten

1. Fragestellung

a) Aus welchen Gründen kommt es zu einem Koordinationsbedarf in internationalen Unternehmen? Nennen Sie wesentliche Gründe.

b) Nennen Sie die wesentlichen Koordinationsstrategien internationaler Unternehmen und ordnen sie diese relevanten Kategorien zu, indem Sie eine Zeichnung oder Tabelle anfertigen.

2. Lösung

a) Wesentliche Gründe für die Entstehung von Koordinationsbedarf sind:
   – Arbeitsteilung durch Spezialisierung
   – Interdependenzen zwischen verschiedenen Unternehmenseinheiten
   – Schnittstellen zwischen und innerhalb von Unternehmenseinheiten

b) Folgende Abbildung 5.7 liefert einen Überblick über die Kategorien und Grundformen der wesentlichen Koordinationsstrategien internationaler Unternehmen.

3. Hinweise zur Lösung

Koordination beschreibt eine wechselseitige Abstimmung mit dem Ziel der Optimierung. Wie die Aufgaben in diesem und auch in vorhergehenden Kapiteln aufzeigen, bestehen in internationalen Unternehmen weitaus komplexe Zusammenhänge als

Koordinationsstrategien	
Koordinationsbedarfs-reduzierende Strategien	**Koordinationsbedarfs-deckende Strategien**
Outsourcing	Strukturelle Koordinationsstrategien
Aufbau von Überschuss-ressourcen	Technokratische Koordinationsstrategien
Flexibilisierung von Ressourcen	Personenorientierte Koordinationsstrategien

Abb. 5.7: Koordinationsstrategien internationaler Unternehmen.
Quelle: Kutschker/Schmid 2011, S. 1016.

in Unternehmen, die auf eine internationale Geschäftstätigkeit verzichten. Entsprechend steigen auch die Erfordernisse, diese Komplexität, die Form von Arbeitsteilung, gegenseitigen Abhängigkeiten und Schnittstellen zutage tritt, handzuhaben. Koordinationsstrategien können entweder so ausgestaltet werden, dass sie den vorhandenen Koordinationsbedarf reduzieren oder ihn (ab)decken.

4. Literaturempfehlungen

Holtbrügge, Dirk/Welge, Martin K. (2015): Internationales Management: Theorien, Funktionen, Fallstudien, 6. Aufl., Stuttgart, S. 144–147.
Kutschker, Michael/Schmid, Stefan (2011): Internationales Management, 7. Aufl., München, S. 1015–1065.

Aufgabe 2: Koordinationsbedarfsreduzierende und Koordinationsbedarfsdeckende Strategien

Wissen, Verstehen, Anwenden
10 Minuten

1. Fragestellung

Bitte tragen Sie bei den folgenden Aussagen ein, ob sie richtig („R") oder falsch („F") sind.

a) ☐ Outsourcing resultiert aus der Forderung nach der Konzentration auf Kernkompetenzen.

b) ☐ Outsourcing resultiert aus dem Wunsch nach der Ausnutzung von Faktorkostenunterschieden.

c) ☐ Im Falle eines Outsourcings bleibt die Einflussnahmemöglichkeit auf die ausgelagerten Aktivitäten unverändert.

d) ☐ Der Aufbau von freien Kapazitäten kann nur im Produktionsbereich erfolgen.

e) ☐ Das Instrument der Überstunden zählt nicht zu den koordinationsbedarfsdeckenden Strategien.

f) ☐ Der Transfer von Führungskräften ist den personenorientierten Koordinationsstrategien zuzuordnen.

g) ☐ Das Schaffen von Regeln ist den strukturellen Koordinationsstrategien zuzuordnen.

h) ☐ Die Anpassung der Organisationsstruktur zählt zu den koordinationsbedarfsreduzierenden Strategien.

2. Lösung

a) R Outsourcing resultiert aus der Forderung nach der Konzentration auf Kernkompetenzen.

b) R Outsourcing resultiert aus dem Wunsch nach der Ausnutzung von Faktorkostenunterschieden.

c) F Im Falle eines Outsourcings bleibt die Einflussnahmemöglichkeit auf die ausgelagerten Aktivitäten unverändert.

d) F Der Aufbau von freien Kapazitäten kann nur im Produktionsbereich erfolgen.

e) F Das Instrument der Überstunden zählt nicht zu den koordinationsbedarfsdeckenden Strategien.

f) R Der Transfer von Führungskräften ist den personenorientieren Koordinationsstrategien zuzuordnen.

g) F Das Schaffen von Regeln ist den strukturellen Koordinationsstrategien zuzuordnen.

h) F Die Anpassung der Organisationsstruktur zählt zu den koordinationsbedarfsreduzierenden Strategien.

3. Hinweise zur Lösung

Nachfolgende Hinweise beziehen sich auf die als „falsch" zu beurteilenden Fragen. Zu c): Im Falle eines Outsourcings reduzieren sich die Einflussnahmemöglichkeiten deutlich und genau das ist ein zentrales Motiv hinsichtlich der Reduktion des Koordinationsbedarfs. Zu d): Der Aufbau von freien Kapazitäten kann auch in anderen Unternehmensbereichen erfolgen. Zu e): Das Instrument der Überstunden zählt zu den koordinationsbedarfsdeckenden Strategien, da es sich um eine zusätzliche Nutzung vorhandener Ressourcen und damit um eine Strategie des Aufbaus von Überschussressourcen handelt. Zu g): Das Schaffen von Regeln ist den technokratischen Koordinationsstrategien zuzuordnen. Zu h) Die Anpassung der Organisationsstruktur zählt zu den koordinationsbedarfsdeckenden Strategien.

4. Literaturempfehlungen

Holtbrügge, Dirk/Welge, Martin K. (2015): Internationales Management: Theorien, Funktionen, Fallstudien, 6. Aufl., Stuttgart, S. 144–147.

Kutschker, Michael/Schmid, Stefan (2011): Internationales Management, 7. Aufl., München, S. 1015–1065.

Literatur

Aharoni, Y. (2015): The foreign investment decision process, in: Buckley, P. (Hrsg.), Ghauri: International business strategy. Theory and practice, New York, S. 10–20.

Armutat, S. (2012): Elemente, Zusammenhänge und Formen internationaler HR-Governance-Strukturen, in: DGFP e.V. (Hrsg.), Internationales Personalmanagement gestalten. Perspektiven, Strukturen, Erfolgsfaktoren, Praxisbeispiele, S. 25–49.

Aycan, Z./Kanungo, R. N./Sinha, J. B. (1999): Organizational culture and human resource management practices: The model of culture fit, in: Journal of Cross-Cultural Psychology, Nr. 30, S. 501–526.

Aycan, Z./Kanungo, R. N./Mendonca, M./Yu, K./Deller, J./Stahl, G./Kurshid, A. (2000): Impact of culture on human resource management practices: A 10-country comparison, in: Applied Psychology: An International Review, Nr. 49(1), S. 192–221.

Backhaus, K./Büschken, J./Voeth, M. (2003): Internationales Marketing, 4. Aufl., Stuttgart.

Badura, B./Walter, U./Hehlmann, T. (2010): Betriebliche Gesundheitspolitik. Der Weg zur gesunden Organisation, Heidelberg, S. 41–58.

Barmeyer, C. (2010): Kulturdimensionen und Kulturstandards, in: Barmeyer, C./Genkova, P./Scheffer, J. (Hrsg.), Interkulturelle Kommunikation und Kulturwissenschaft. Grundbegriffe, Wissenschaftsdisziplinen, Kulturräume, Passau, S. 87–117.

Bartlett, C. A./Ghoshal, S. (2002): Managing across borders: The transnational solution 2. Aufl., Boston.

Bauer, J. (2014): Prinzip Menschlichkeit. Warum wir von Natur aus kooperieren, München, S. 26–49.

Bauer, J. (2015): Arbeit. Warum sie uns glücklich oder krank macht. Taschenbucherstausg, München, S. 28–31.

BDAE (2019): Die besten Städte der Welt für Expats, Abgerufen am 20. 03. 2021 von https://www.bdae.com/journalbeitraege/september-2019-leben-und-arbeiten-im-ausland/1604-die-besten-staedte-der-welt-fuer-expats.

Becker, M. (2015): Systematisches Diversity Management: Konzepte und Instrument für die Personal- und Führungspolitik, Stuttgart.

Bittner, A./Reisch, B. (2012): Interkulturelles Personalmanagement, Wiesbaden.

Blom, H./Meier, H. (2017): Interkulturelles Management, Herne.

Bolten, J. (2018): Einführung in die interkulturelle Wirtschaftskommunikation 3. Aufl., Göttingen, S. 37.

Bösch, M. (2019): Globalisierung und Internationales Finanzmanagement, Stuttgart.

Brodbeck, F. C. (2006): Navigationshilfe für Internationales Change Management. Erkenntnisse aus dem GLOBE-Projekt, in: Organisationsentwicklung, Nr. 3, S. 16–31.

Brodbeck, F. C./Kirchler, E./Woschèe, R. (2016): Internationale Führung: Das GLOBE-Brevier in der Praxis, Heidelberg.

Brookfield Survey. (2016): Abgerufen am 23. 03 2021 von http://globalmobilitytrends.bgrs.com/#/highlights-manufacturing-engineering-reducing-mobility-costs.

Büter, C. (2020): Außenhandel. Grundlagen internationaler Handelsbeziehungen, 5. Aufl., Heidelberg, S. 13–34.

Countrymeters. (2021): Vereinigte Arabische Emirate Bevölkerung. Abgerufen am 23. 03 2021 von https://countrymeters.info/de/United-Arab-Emirates.

Dillerup, R./Stoi, R. (2013): Unternehmensführung, 4. Aufl., München, S. 165–339.

DGFP e.V. (Hrsg.) (2012): Internationales Personalmanagement gestalten, Bielefeld, S. 60–64.

El Sauaf, S. (2017): Kultur in den Vereinigten Arabischen Emiraten und ihre Auswirkungen auf das Management, Wiesbaden.

https://doi.org/10.1515/9783110737547-006

Eichenberg, T. (2015): Impulse aus dem Projektportfolio für die Strategieentwicklung, in:
    C. Steinle/T. Eichenberg (Hrsg.), Handbuch Multiprojektmanagement und -controlling: Projekte
    erfolgreich strukturieren und steuern, 3. Aufl., Berlin, S. 415–426.
Erll, A./Gymnich, M. (2007): Interkulturelle Kompetenzen: Erfolgreich kommunizieren zwischen den
    Kulturen, Stuttgart, S. 116.
Fereidooni, K./Zeoli, A. P. (2016): Managing Diversity. Die diversitätsbewusste Ausrichtung des
    Bildungs- und Kulturwesen, der Wirtschaft und Verwaltung, Wiesbaden.
Ferdows, K. (März-April 1997): Making the most of foreign factories, in: Harward Business Review,
    Jg. 75, S. 73–88.
Franken, S. (2019): Verhaltensorientierte Führung, Wiesbaden.
Gelbrich, K./Müller, S. (2011): Handbuch Internationales Management, München.
Golub, S./Chang-Tai, H. (2000): Classical Ricardian theory of comparative advantage revisited, in:
    Review of International Economics, Jg. 8, Nr. 2, S. 221–234.
Gupta, A. L./Govindarajan, V. (1991): Knowledge flows and the structure of control within
    multinational corporations, in: Academy of Management Review, Jg. 16, Nr. 4, S. 768–792.
Gupta, A. L./Govindarajan, V. (1994): Organizing for knowledge flows within MNCs, in: International
    Business Review, Jg. 3, Special Issue Nr. 4, S. 443–457.
Güttel, C./Schneider, P. (2018): Chancen und Herausforderungen der Digitalisierung für das
    internationale Personalmanagement, in: Covarrubias Venegas, Barbara u. a. (Hrsg.),
    Personalmanagement. Internationale Perspektiven und Implikationen für die Praxis,
    Wiesbaden, S. 19–41.
Hall, E. (1990a): The hidden dimensionen, New York.
Hall, E. (1990b): The silent language, New York.
Hall, E. (1976): Beyond culture, New York.
Hall, E. T. (1977): Beyond culture, New York.
Hall, E. T. (1989): The dance of life: The other dimension of time, New York, S.6.
Hall, E. T./Hall, M. (1992): Understanding cultural differences, Yarmouth.
Haufe Online Redaktion. (2017). *Kulturdimensionen: Interkulturelle Unterschiede verstehen*.
    Abgerufen am 10. 03 2021 von https://www.haufe.de/personal/hr-management/
    interkulturelle-fuehrung-die-kulturdimensionen-von-geert-hofstede_80_397852.html.
Heenan, D. A./Perlmutter, H. V. (1979): Multinational organizational development, Reading,
    S. 18–20.
Herrmann, D./Hüneke, K./Rohrberg, A. (2012): Führung auf Distanz. Mit virtuellen Teams zum Erfolg,
    Wiesbaden.
Hofstede, G. (1983): The cultural relativity of organizational practices and theories, in: Journal of
    International Business Studies, Nr. 14(2), S. 75–89.
Hofstede, G. (2006): What did GLOBE really measure? Researchers' minds versus respondents'
    minds, in: Journal of International Business Studies, Nr. 37, S. 882–896.
Hofstede, G./Hofstede, G. J. (2011): Lokales Denken, globales Handeln: Interkulturelle
    Zusammenarbeit und globales Management, 5. Aufl., München.
Hofstede, G./Hofstede, G. J. (2017): Lokales Denken, globales Handeln: Interkulturelle
    Zusammenarbeit und globales Management, 6. Aufl., München.
Hofstede, G. (2017): Lokales Denken, globales Handeln. Interkulturelle Zusammenarbeit und
    globales Management, München.
Hofstede, G./Hofstede, G. J./Minkov, M. (2010): Cultures and organizations: Software of the mind,
    Revised and expanded, 3. Aufl., New York.
Hofstede, G./Hofstede, G. J./Minkov, M. (2017): Lokales Denken, globales Handeln: Interkulturelle
    Zusammenarbeit und globales Management, 6. Aufl., München.
Holtbrügge, D./Welge, M. K. (2015): Internationales Management: Theorien, Funktionen, Fallstudien,
    6. Aufl., Stuttgart.

Homma, N./Bauschke, R./Hofmann, L. M. (2014): Einführung Unternehmenskultur. Grundlagen, Perspektiven, Konsequenzen, Wiesbaden, S. 49–66.

House, R. J./Hanges, P. J./Javidan, M./Dorman, P. W./Gupta, V. (2004a): Culture, leadership, and organizations: The GLOBE study of 62 societies, Thousand Oaks, S. 3 und S. 18 ff.

House, R. u. a. (Hrsg.) (2004b). Culture, leadership and organisations, London und Dehli.

Hungenberg, H. (2014): Strategisches Management in Unternehmen: Ziele – Prozesse – Verfahren, Wiesbaden.

Hutchings, K./Weir, D. (2006): Guanxi and Wasta: A comparison, in: Thunderbird International Business Review, Nr. 48(1), S. 141–156.

Intercultural Success. (2018): Kurzzeitorientierte und langzeitorientierte Kulturen. Abgerufen am 17. 03 2021 von https://www.intercultural-success.de/59-kurzzeitorientierte-und-langzeitorientierte-kulturen/.

Jammal, E./Schwegler, U. (2007): Interkulturelle Kompetenz im Umgang mit arabischen Geschäftspartnern: ein Trainingsprogramm, Bielefeld.

Johnson, G., u. a. (2018): Strategisches Management. Eine Einführung, 11. Aufl., Hallbergmoos.

Jones, S. (2011): Dubai: Wasta, das soziale Schmiermittel der arabischen Welt, in The Epoch Times, Abgerufen am 17. 03 2021 von https://www.epochtimes.de/politik/ausland/dubai-wasta-das-soziale-schmiermittel-der-arabischen-welt-a661704.html.

Keup, M. (2010): Internationale Kompetenz. Erfolgreich kommunizieren und handeln im Global Business, Wiesbaden, S. 17–24.

Krugman, P. R. (2019): Internationale Wirtschaft. Theorie und Politik der Außenwirtschaft, Hallbergmoos, S. 59–90.

Krugman, P. R. u. a. (2019): Außenhandel, Hallbergmoos, S. 28–31.

Kühlmann, T. M. (2004): Auslandseinsatz von Mitarbeitern, Göttingen, S. 177–231.

Kunze, F./Hampel, K./Zimmermann, S. (2021): Homeoffice und mobiles Arbeiten? Klare Antworten aus erster Hand, München.

Kutschker, M./Schmid, S. (2011): Internationales Management 7, Aufl., München.

Landes, M./Steiner, E./Wittmann, R./Utz, T. (2020): Führung von Mitarbeitenden im Homeoffice. Umgang mit dem Heimarbeitsplatz aus psycholigischer und ökologischer Perspektive, Wiesbaden.

Lang, R./Baldauf, N. (2016): Interkuturelles Management, Wiesbaden, S. 70.

Lindner, D. (2020): Virtuelle Teams und Homeoffice, Wiesbaden, S. 1–12.

Macharzina, K./Wolf, J. (2015): Unternehmensführung. Das internationale Management-wissen: Konzepte – Methoden – Praxis, 9. Aufl., Wiesbaden, S. 259–266.

McSweeney, B. (2002): Hofstede's model of national cultural differences and their consequences: A triumph of faith – a failure of analysis, in: Human Relations, Nr. 55(1), S. 89–117.

Mercer (2013): Auslandsentsendungen nehmen zu. Abgerufen am 23. 03 2021 von https://www.mercer.de/newsroom/auslandsentsendungen-nehmen-zu-.html.

MindTools. (2020): The seven dimensions of culture. Understanding and managing cultural differences: Abgerufen am 10. 03 2021 von https://www.mindtools.com/pages/article/seven-dimensions.htm.

Mintzberg, H./Ahlstrand, B./Lampel, J. (2005): Strategy safari: A guided tour through the wilds of strategic management, New York, S. 9–21.

Müller-Stewens, G. (2016): Mergers & Acquisitions: Eine Einführung, in: Müller-Stewens, G./Kunisch, S./Binder, A. (Hrsg.), Mergers & Acquisitions: Handbuch für Strategen, Analysten, Berater und Juristen, 2. Aufl., Stuttgart, S. 3–13.

Müller-Stewens, G.% Lechner, C. (2011): Strategisches Management. Wie strategische Initiativen zum Wandel führen, 4. Aufl., Stuttgart, S. 53–54.

Nickel, S./Keil, G. (2021): Führen auf Distanz, Freiburg.

Oakley, T. (2015): Coca-Cola: Ansoff Matrix. Abgerufen am 06. 01 2021 von https://
themarketingagenda.com/2015/03/28/coca-cola-ansoff-matrix.

Oppel, K. (2015): Business Knigge international, Freiburg.

Osterhammel, J./Petersson, N. P. (2019): Geschichte der Globalisierung. Dimensionen, Prozesse,
Epochen, 6. Aufl., München, S. 7–26.

Perlitz, M./Schrank, R. (2013): Internationales Management, 6. Aufl., Konstanz.

Perlmutter, H. V. (1969): The tortuous evolution of the multinational corporation, in: Columbia
Journal of World Business, Jg. 4, Nr. 1, S. 9–18.

Pawlik, T. (2000): Personalmanagement und Auslandseinsatz, Wiesbaden, S. 117–119.

Piech, S. (2015): Internationale Talententwicklung im Human Resources Management, Wiesbaden,
S. 15–29.

Reisinger, S./Gattringer, R./Strehl, F. (2013): Strategisches Management: Grundlagen für Studium
und Praxis, München.

Sackmann, S. (2017): Unternehmenskultur: Erkennen-Entwickeln-Verändern. Erfolgreich durch
kulturbewusstes Management, 2. Aufl., Wiesbaden, S. 139–169.

Schein, E. H./Schein, P. (2018): Organisationskultur und Leadership, 5. Aufl., München.

Schein, E. H. (1984): Coming to a new awareness of organizational culture. Sloan Management
Review, Nr. 25(2), S. 3–16.

Schein, E. H. (2003): Organisationskultur. The Ed Schein Corporate culture survival guide, Bergisch
Gladbach, S. 32 ff.

Scherrer, C./Kunze, C. (2011): Globalisierung, Göttingen, S. 7–21.

Schmidt, G. (2013): Einführung in die hypnosystemische Therapie und Beratung, Heidelberg,
S. 50–57.

Schneider, S./Barsoux, J. L. (2003): Managing across cultures, London.

Scholz, C./Scholz, T. M. (2019): Grundzüge des Personalmanagements, München, S. 138–162.

Scholz, C./Stein, V. (2013): Interkulturelle Wettbewerbsstrategien, Stuttgart.

Schreyögg, G. (2016): Grundlagen der Organisation. Basiswissen für Studium und Praxis, 2. Aufl.,
Wiesbaden, S. 175–195.

Schreyögg, G./Koch, J. (2014): Grundlagen des Managements: Basiswissen für Studium und Praxis,
3. Aufl., Wiesbaden. E-Book.

Schreyögg, G./Koch, J. (2020): Management. Grundlagen der Unternehmensführung, 8. Aufl.,
Wiesbaden, S. 581–620.

Schwuchow, K. (Hrsg.) (2019): Internationales Personalmanagement, Freiburg.

Stahl, G. K. (2002): Internationaler Einsatz von Führungskräften: Probleme, Bewältigung, Erfolg, in:
Krystek, U./Zur, E. (Hrsg.), Handbuch Internationalisierung, 2. Aufl., Berlin, S. 277–302.

Statista. (2020): Vereinigte Arabische Emirate: Gesamtbevölkerung von 1980 bis 2005 und
Prognosen bis 2025. Abgerufen am 23. 03 2021 von https://de.statista.com/statistik/daten/
studie/259705/umfrage/gesamtbevoelkerung-der-vereinigten-arabischen-emirate/.

Steinle, C./Eichenberg, T./Weber-Rymkovska, J. (2016): Cultural Due Diligence als Erfolgsfaktor
für internationale M&A-Transaktionen Konzept, Praxisschlaglicht und Empfehlungen, in:
Müller-Stewens, G./Kunisch, S. B. (Hrsg.), Mergers & Acquisitions: Handbuch für Strategen,
Analysten, Berater und Juristen, 2. Aufl., Stuttgart, S. 400–413.

Sternad, D./Höfferer, M./Haber, G. (Hrsg.) (2020): Grundlagen Export und Internationalisierung, 2.
Aufl., Wiesbaden.

Sure, M. (2017): Internationales Management: Grundlagen, Strategie und Konzepte, Wiesbaden.

Towers, I./Peppler, A. (2017): Geert Hofstede und die Dimensionen einer Kultur, in: Trrnès,
A./Towers, I. (Hrsg.), Interkulturelle Kommunikation, Wiesbaden.

Trompenaars, A. (1993): Riding the waves of culture. Understanding cultural diversity in business,
New York.

Trompenaars, F./Hampden-Turner, C. (2012): Riding the waves of Culture. Understanding diversity in global business, London, Boston.

Vossen, R. (2020): Globalisierung, München, S. 289–354.

Wagener, H. J./Eger, T. (2011): Europäische Integration. Wirtschaft und Recht, Geschichte und Politik, München, S. 189–236.

Wagner, D. (2002): Grundsatzfragen der Auslandsentsendung, in: Krystek, U./Zur, E. (Hrsg.), Handbuch Internationalisierung, 2. Aufl., Berlin, S. 263–267.

Wang, C. (2014): Gestaltungsfaktoren und Internationales Management, Wiesbaden.

Weibler, J. (2016): Personalführung, München, S. 13–26.

Yousefi, H. R. (2014): Grundbegriffe der interkulturellen Kommunikation, Konstanz, S. 13–16.

Stichwortverzeichnis

https://doi.org/10.1515/9783110737547-007

Tabellenverzeichnis

https://doi.org/10.1515/9783110737547-008

Abbildungsverzeichnis

https://doi.org/10.1515/9783110737547-009

Über die Autoren

Prof. Dr. rer. pol. **Timm Eichenberg,** Dipl.-Ök. ist Professor für Personalmanagement und Projektmanagement am Fachbereich Wirtschaft der Hochschule Weserbergland in Hameln.

Prof. Dr. rer. pol. **Olga Hördt,** Dipl.-Ök. ist Professorin für Allgemeine BWL, insbesondere Organisation, Führung und Personal an der Hochschule Ruhr West in Mülheim an der Ruhr.

Prof. Dr. rer. pol. Dipl.-Hdl. **Thomas Stelzer-Rothe** lehrt und forscht mit dem Schwerpunkt Personalmanagement an der FH SWF, Hochschule für Technik und Wirtschaft, Abteilung Hagen, und ist Präsident des Hochschullehrerbund Nordrhein-Westfalen.

https://doi.org/10.1515/9783110737547-010

Lehr- und Klausurenbücher der angewandten Ökonomik

Zuletzt in dieser Reihe erschienen:

Band 9
Nils Hafner/Werner A. Halver/Axel Lippold/Elina Petersone/André von Zobeltitz
Marketing. Klausuren, Übungen und Lösungen, 2021
ISBN 978-3-11-051679-1, e-ISBN (PDF) 978-3-11-051686-9,
e-ISBN (EPUB) 978-3-11-051707-1

Band 8
Timm Eichenberg/Martin Hahmann/Olga Hördt/Maren Luther/Thomas Stelzer-Rothe
Organisation und Projektmanagement. Fallstudien, Klausuren, Übungen und
Lösungen, 2021
ISBN 978-3-11-048082-5, e-ISBN (PDF) 978-3-11-048183-9,
e-ISBN (EPUB) 978-3-11-048204-1

Band 7
Timm Eichenberg/Martin Hahmann/Olga Hördt/Maren Luther/Thomas Stelzer-Rothe
Personalmanagement, Führung und Change-Management. Fallstudien, Klausuren,
Übungen und Lösungen, 2019
ISBN 978-3-11-048080-1, e-ISBN (PDF) 978-3-11-048186-0,
e-ISBN (EPUB) 978-3-11-048203-4

Band 6
Martin Hahmann/Werner A. Halver/Jörg-Rafael Heim/Jutta Lommatzsch/Manuel
Teschke/Michael Vorfeld
Klausurtraining für allgemeine Betriebswirtschaftslehre. Originalaufgaben mit
Musterlösungen, 2018
ISBN 978-3-11-048181-5, e-ISBN (PDF) 978-3-11-043960-1,
e-ISBN (EPUB) 978-3-11-043963-2

Band 5
Timm Eichenberg/Martin Hahmann/Olga Hördt/Maren Luther/Thomas Stelzer-Rothe
Unternehmensführung. Fallstudien, Klausuren, Übungen und Lösungen, 2017
ISBN 978-3-11-043834-5, e-ISBN (PDF) 978-3-11-043833-8,
e-ISBN (EPUB) 978-3-11-042931-2

www.degruyter.com